영한대역문고 **42**

The Call of the Wild

야성의 절규

Jack London

KB186565

YBM Si-sa

간행에 부쳐

  영어실력을 기르는 비결은 무엇보다도 많이 읽는 데 있다. 근래에 들어와 「듣고 말하기」
의 필요성이 부쩍 강조되고 있지만 실상 영어의 기본은 읽기에 있다. 영문 해독이 서투르다
면 듣고 말하기를 제대로 할 수 없을 것이다. 단어와 관용구, 그리고 문법을 실제 영문을 통
해서 익히는 가운데 독해력을 길러야 듣고 말하기도 수월해지는 것이다.

  YBM)Si-sa는 한국 영어학도들의 독해력 배양을 위해 이미 세계명작 영어학습문고 전
80권, 대학영어문고 전 20권을 내놓은 바 있다. 여기에 더하여 이번에는 영한대역문고 시
리즈를 새로 발간한다. 본 시리즈는 문학, 철학, 역사, 예술, 전기 등 광범한 분야의 세계명
작들을 통해 영어학도들이 독해력을 기르고, 아울러 현대 지성인으로서 소양을 쌓을 수 있
도록 기획한 것이다.

  본 시리즈의 특징은 다음과 같다.
1. 각권마다 작품의 이해를 돕기 위해 권두에 친절한 「작가 및 작품 해설」을 실었다.
2. 작품은 독해력 배양에 가장 적절하다고 판단되는 것으로 했다. 가능한 한 학문적 깊이와
   흥미를 아울러 지닌 것들을 골랐다.
3. 본문 번역은 최대한 완벽을 기하려고 했다. 대역이니만큼 적역을 위주로 하되 부드러운
   우리말 표현을 고르기 위해 애를 썼다.
4. 각주(footnote)에서는 어려운 단어, 관용구, 구문에 대한 간결명료한 설명, 그리고 적절
   한 예문과 참고사항들을 두어 독자의 이해를 돕고자 했다.

  이 시리즈를 캠퍼스에서, 직장에서, 차 안에서, 그리고 각자의 공부방에서 부담없이 읽고
즐기는 가운데 독자 여러분의 영어실력이 크게 향상되고, 아울러 풍부한 교양을 쌓을 수 있
기를 기대한다.

YBM)Si-sa 편집국

작가 및 작품 해설

　1876년 San Francisco에서 출생한 Jack London은 어려서 부터 신문 배달·얼음 배달 등으로 가계를 도와야 했다. 그의 악전 고투의 생애가 시작된 것이다.

　국민 학교를 졸업하자 통조림 공장에서 소년공으로 일하는 한편, Oakland 도서관의 어느 사서(司書)로부터 지도를 받아 많은 책을 읽기도 했다. 굴 양식장의 도둑, 부두 인부, 원양 어선 어부 등을 거쳐 18세 때에는 마르크스·엥겔스의 「공산당 선언」을 읽고 크게 감명받아 사회주의의 미래를 신봉하기에 이르렀다. 그는 정규 교육을 더 받으려고 19세 때에 Oakland 고등 학교에 입학했으나 노동 운동에 전념, 자본주의를 공격하는 연설을 한 죄목으로 투옥되기도 했으며 그 후 California 대학에 입학했으나 양친 부양을 위해 중퇴했다.

　Yukon 강 유역의 Klondike 지방에 금이 발견돼 세계적인 gold rush가 시작되자 1897년 그도 북극의 땅으로 향했으나 벼락 부자가 못 된 채, 병으로 1년 후 Oakland에 돌아와 우편국에 근무하면서 원고를 썼다. 이 무렵부터 출판사로 보내진 그의 원고가 조금씩 팔리기 시작, 소설가로서 문필 하나로 자립할 수 있는 전망을 얻었다.

　그에게 강력한 영향을 준 것은 Karl Marx, Darwin, Spencer, F. Nietzsche 등 대학자·대사상가였으나, 이들로부터 받은 것을 자기의 것으로 완전히 소화하지 못한 것은 무리가 아니었다. 그가 존경한 작가는 Kipling과 Stevenson이었다.

　이리하여 1903년, Klondike에서 겪은 체험의 수확이었던 작품 *The Call of the Wild*가 발표되자 일약 best seller가 되어 작가로서의 London의 지위가 확립되었고, 그 후 난작(亂作)의 문필 생활이 계속된 끝에 1916년 11월 뇨독증으로 사망한 것으로 발표되었으나 실은 자살이 사인이었다.

　그의 수 많은 작품 중, 문학적으로 우수한 가치가 있는 것이 적기는 하지만, 그는 역시 Stephen Crane, Jack London,

Frank Norris, Winston Churchill, Theodore Dreiser, Sherwood Anderson 으로 이어지는 미국 자연주의 문학의 추이 속에서 큰 위치를 차지하는 작가이다.

그의 작품은 크게 나누어 두 가지로 볼 수 있다. 그 하나는 사회주의의 영향 아래 쓰여진 프롤레타리아 문학으로 그는 미국 프롤레타리아 문학의 창시자가 되었다. 다른 하나는 Darwin 또는 Nietzsche 의 영향을 받은 것으로 생각되는 작품들로 이것은 생존 본능·야성·폭력이 지배하는 세계를 그린 문학이다.

*The Call of the Wild*는 물론 후자에 속하는 작품이다. 주인공은 Buck 이라는 개다. Buck 은 남쪽 나라 California 주의 호화 저택에서 사육되었으나, 어느 날 그 집 하인이 Buck 을 훔쳐 내어 gold rush 에 들어 있는 Alaska 로, 즉 「원시의 세계」로 팔아 치운다. 벅은 재빨리 「곤봉과 송곳니의 법도」를 배워 곧 환경에 순응해 간다. 먹느냐 먹히느냐의 엄한 생존 경쟁에서 이기고, 동료 개(犬)인 Spitz 와의 치열한 경쟁에서도 승리를 거두어 지배자로 되어 간다. 곧 벅은 황야에서 들려 오는 야성의 부르는 소리에 유혹되어 늑대의 무리 속으로 가 버린다.

이 작품이 단순한 모험 소설에 그치지 않고 있는 점은 역시 작가의 사상이다. 확신을 갖고 작가는 Buck 을 통해 primitivism, primordialism, atavism 을 강조하고 있다. London 이 야성의 개들의 투쟁 — 생존 경쟁에 이기기 위한 투쟁 — 을 생생하게 묘사할 때의 그 정확하고 명료하며 힘찬 필력은 때로 시적인 아름다움을 동반하여 독자를 매료시킨다. 오늘날에도 이 작품은 유럽, 특히 소련에서 많은 독자를 갖고 있는 것으로 알려지고 있다.

마지막으로, 편집상 일부 원문은 우리말 줄거리로 축약 소개하였음을 밝힌다. 그렇지만 작품의 흐름을 파악하는 데는 아무런 어려움이 없을 줄 안다.

CONTENTS

I
INTO THE PRIMITIVE

"Old longings nomadic leap,
　　Chafing at custom's chain;
Again from its brumal sleep
　　Wakens the ferine strain."

Buck did not read the newspapers, or he would have known that trouble was brewing not alone for himself, but for every tidewater dog, strong of muscle and with warm, long hair, from Puget Sound to San Diego. Because men, groping in the Arctic darkness, had found a yellow metal, and because steamship and transportation companies were booming the find, thousands of men were rushing into the Northland. These men wanted dogs, and the dogs they wanted were heavy dogs, with strong muscles by which to toil, and furry coats to protect them from the frost.

Buck lived at a big house in the sun-kissed Santa Clara Valley. Judge Miller's place, it was called. It stood back from the road, half hidden among the trees, through which glimpses could be caught of the wide cool veranda that ran around its four sides. The house was approached by gravelled driveways which wound about through wide-spreading lawns and under the interlacing boughs of tall poplars. At the rear things were on even a more spacious scale than at the front. There were great stables, where a dozen grooms and boys held forth, rows of vine-clad servants' cottages, an endless and orderly array of out-houses, long grape arbours, green pastures, orchards,

I
원시의 세계로

"묵은 방랑에의 열망은 고동 치며
관습의 사슬에 애를 태우고,
겨울잠에서 야성의 피는
또다시 깨어난다."

벅은 신문을 읽지 않았다. 만일 읽었다면 그는 자기뿐만 아니라 퓨 짓 사운드에서 샌디에이고에 이르는 해안지방에 살고 있는, 근육이 강하고, 따뜻하고 긴 털이 있는 모든 개에게 재난이 임박하고 있다는 것을 알았을 것이다. 북극의 어둠 속에서 사람들이 무턱대고 더듬어 찾다가 노란 쇠붙이를 발견했기 때문에, 또 기선회사와 운송회사들이 그 발견을 선전해서 경기를 부채질하고 있었기 때문에 수많은 사람들이 북극으로 밀려들고 있었다. 이 사람들은 개를 갖고 싶어했는데 그들이 원한 개는 힘써 활동할 수 있는 강력한 근육과 혹한을 막아 보호해 주는 털가죽이 있는 튼실한 개들이었다.

벅은 양지 바른 산타클라라 계곡에 있는 큰 집에 살고 있었다. 밀러 판사 저택이라고 그 집은 불리웠다. 그 집은 길에서 쑥 들어간 곳에 자리 잡아 반은 나무숲에 가려져 있었는데 그 나무숲 사이로 그 저택의 사방을 둘러싸고 있는 넓고 시원스러운 베란다를 힐끗 꿰뚫어 볼수 있었다. 그 저택은 널찍한 잔디밭 사이와 높은 포플러 나무의 서로 얽힌 큰 가지 밑을 꾸불꾸불 지나는, 자갈을 간 마차 길을 통해서 가게 되어 있었다. 저택 뒤쪽은 모든 것이 앞보다는 한층 더 규모가 컸다. 큰 마굿간들이 있어 그곳에서 12명이나 되는 마부와 어린 머슴들이 장광설을 늘어놓기도 했고, 덩굴 풀에 뒤덮인 고용인들의 줄지어선 오두막집, 끝없이 질서 정연하게 늘어선 헛간, 긴 포도 시렁, 푸른

---

⑧ **Puget Sound**—미국 Washington주 서북부에 있는 태평양 연안의 만(灣). ⑩ **a yellow metal**—gold(금). ⑫ **Northland**—북쪽 나라. 여기서는 Alaska 나 Canada의 북부지방.
⑯ **Santa Clara Valley**—미국 California주 서부에 있음. ⑰ **place**—private house, residence(저택). ⑰ **stand back**—쑥 들어간 곳에 (서)있다. ⑱ **through which ~ veranda** —we could catch glimpses of the wide cool veranda through the trees. ㉕ **hold forth**— make harangue(장광설을 늘어놓다).

7

and berry patches. Then there was the pumping plant for the artesian well, and the big cement tank where Judge Miller's boys took their morning plunge and kept cool in the hot afternoon.

5 And over this great demesne Buck ruled. Here he was born, and here he had lived the four years of his life. It was true, there were other dogs. There could not but be other dogs on so vast a place, but they did not count. They came and went, resided in the populous kennels, or 10 lived obscurely in the recesses of the house after the fashion of Toots, the Japanese pug, or Ysabel, the Mexican hairless—strange creatures that rarely put nose out of doors or set foot to ground. On the other hand, there were the fox terriers, a score of them at least, who 15 yelped fearful promises at Toots and Ysabel looking out of the windows at them and protected by a legion of housemaids armed with brooms and mops.

But Buck was neither house-dog nor kennel-dog. The whole realm was his. He plunged into the swimming tank 20 or went hunting with the Judge's sons; he escorted Mollie and Alice, the Judge's daughters, on long twilight or early morning rambles; on wintry nights he lay at the Judge's feet before the roaring library fire; he carried the Judge's grandsons on his back, or rolled them in the 25 grass, and guarded their footsteps through wild adventures down to the fountain in the stable yard, and even beyond, where the paddocks were, and the berry patches. Among the terriers he stalked imperiously, and Toots and Ysabel he utterly ignored, for he was king—king 30 over all creeping, crawling, flying things of Judge Miller's place, humans included.

His father, Elmo, a huge St. Bernard, had been the Judge's inseparable companion, and Buck bid fair to

목초지, 과수원, 딸기밭이 있었다. 그 다음에는 땅을 깊게 판 우물물을 길어 올리는 펌프 설비와 밀러 판사의 아들들이 아침에 뛰어들고 더운 오후에는 몸을 시원하게 하는 큰 시멘트 풀이 있었다.

그리고 이 거대한 주택을 벅이 지배하고 있었다. 벅은 여기서 태어나 여기서 그의 생애의 4년을 보냈다. 사실 벅 말고도 다른 개들이 있긴 있었다. 이렇게 광대한 저택에 다른 개들이 없을 리 없었으나 대단한 것들이 아니었다. 그것들은 왔다가는 자취을 감추어 버렸는데, 북적거리는 개집에서 살거나 아니면 일본종(種)의 발바리 투츠나 멕시코종의 털 없는 이자벨처럼 이들은 낯짝을 문밖으로 내밀거나 발을 땅에 대고 일어서는 일이 좀처럼 없는 기묘한 동물들이었다 — 저택의 깊숙한 곳에서 사람의 눈에 안띄게 살아 갔다. 한편 폭스 테리어가 적어도 20마리 있었는데 이들은 창문에서 자기들을 내다보고 비와 긴 자루가 달린 걸레를 갖춘 수많은 가정부들의 보호를 받는 투츠와 이자벨을 향해 머지않아 꼭 혼내 주고 말겠다고 말하듯이 짖어 댔다.

그러나 벅은 집지키는 개도 아니었고 개집에서 사육되는 개도 아니었다. 모든 영역이 그의 것이었다. 그는 판사의 아들들과 함께 수영풀 속에 뛰어 들어가거나 사냥하러 갔다. 긴 해질녘의 산책이나 이른 아침 산책에는 판사의 딸인 몰리와 앨리스를 수행했다. 겨울밤이면 활활 타오르는 서재의 난로불 앞에서 판사의 발밑에 엎드려 잠잤다. 판사의 손자들을 자기 등에 태워주거나 아니면 그들을 잔디에서 굴렸고, 마구간 뜰에 있는 샘터까지 또 경우에 따라서는 그 너머 작은 마장(馬場)들이 있거나 딸기밭이 있는 곳까지 무모한 모험을 하는 동안 그들의 걸음걸음을 보호해 주었다. 테리어들 사이로 그는 당당하게 뽐내면서 걸었고 투츠와 이자벨을 완전히 무시했는데 그 까닭은 그가 왕이었기 때문이다 — 인간을 포함해서 밀러 판사 저택의 기는 것, 느릿느릿 걷는 것, 나는 것 모두에게 군림하는 왕 말이다.

벅이 핏줄을 이어받은 큰 세인트 버나드 종의 개 엘모는 판사에게 한시도 떨어질 수 없는 단짝이었고, 따라서 벅은 엘모의 후계자가 될

---

① **pumping plant**—펌프로 물을 올리는 설비(양수기) 한 벌. ② **artesian well**—a well which is bored into a water—bearing stratum, from which a constant supply of water rises through a narrow pipe (땅을 깊이 파서 지하수를 나오게 만든 우물). **tank**—reservoir, pool. ⑪ **pug**—발바리의 일종. ⑮ **yelp fearful promises**—혼을 내주겠다고 무서운 약속이라도 하듯 짖다. ⑯ **a legion of**—a lot of. ㉗ **paddock**— (마굿간 근처의) 들. ㉝ **bid fair ~ father**—아버지의 뒤를 이을 듯했다.

follow in the way of his father. He was not so large—he weighed only one hundred and forty pounds—for his mother, Shep, had been a Scotch shepherd dog. Nevertheless, one hundred and forty pounds, to which was added the dignity that comes of good living and universal respect, enabled him to carry himself in right royal fashion. During the four years since his puppyhood he had lived the life of a sated aristocrat; he had a fine pride in himself, was ever a trifle egotistical, as country gentlemen sometimes become because of their insular situation. But he had saved himself by not becoming a mere pampered house-dog. Hunting and kindred outdoor delights had kept down the fat and hardened his muscles; and to him, as to the cold-tubbing races, the love of water had been a tonic and a health preserver.

And this was the manner of dog Buck was in the fall of 1897, when the Klondike strike dragged men from all the world into the frozen North. But Buck did not read the newspapers, and he did not know that Manuel, one of the gardener's helpers, was an undesirable acquaintance. Manuel had one besetting sin. He loved to play Chinese lottery. Also, in his gambling, he had one besetting weakness—faith in a system; and this made his damnation certain. For to play a system requires money, while the wages of a gardener's helper do not lap over the needs of a wife and numerous progeny.

The Judge was at a meeting of the Raisin Growers' Association, and the boys were busy organising an athletic club, on the memorable night of Manuel's treachery. No one saw him and Buck go off through the orchard on what Buck imagined was merely a stroll. And with the exception of a solitary man, no one saw them arrive at the little flag station known as College Park.

듯했다. 벅은 그리 크지는 않았는데 — 벅의 체중은 겨우 140파운드였다 — 어미개인 셉이 스코틀랜드 종의 셰퍼드였기 때문이다. 그럼에도 불구하고 140파운드의 체중에 안락한 생활과 그의 주변의 모두로부터 받는 존경에서 생기는 위엄이 더해져 그는 진짜 왕처럼 행동할 수 있었다. 강아지 때부터 4년 동안 벅은 흡족한 귀족의 생활을 해 왔다. 벅은 자기 자신에 대해 높은 긍지를 갖고 있었고, 시골 귀족이 고립된 처지 때문에 이따금 그렇게 되듯 자기 멋대로 하는 데가 조금 있었다. 그러나 벅은 실컷 먹는 단순한 집 지키는 개가 되지 않음으로 해서 자신을 지켰다. 사냥과 이와 비슷한 옥외 운동이 살찌는 것을 막았고, 그의 근육을 튼튼하게 했다. 그리고 냉수욕을 즐기는 동물에게 있어서처럼 그에게 있어서 물을 사랑하는 것이 강장제가 되었고 건강 유지약이 되었다.

그리고 이것이 1897년 가을, 개 벅의 생활상이었는데 그 당시 클론다이크 지방에서 금광이 발견된 일이 사람들을 전세계로부터 얼어붙은 북극으로 끌어 당겼다. 그러나 벅은 신문을 읽지 않았고, 정원사의 한 조수인 마뉴엘이 달갑지 않은 지인이라는 것도 몰랐다. 마뉴엘에게는 끊임없이 따라다니는 유혹이 있었다. 그는 중국 도박을 하기 좋아했다. 게다가 도박을 할 때에는 항상 따라다니는 한 가지 약점 — 즉, 직업적인 도박사가 갖고 있는, 이길 수 있다고 믿는 어떤 독특한 계획에 대한 신념이 있었다. 그리고 그 때문에 그가 파멸할 것이 틀림없었다. 왜냐하면 그런 식의 도박을 하려면 돈이 필요한데 정원사 조수로서의 임금은 아내와 많은 자식들의 생활비를 충족시키고도 남을 여유 따위는 없기 때문이다.

마뉴엘이 배반을 한 잊을 수 없는 그날 밤, 판사는 건포도 생산자 조합의 회의에 참석하러 가 있었고, 아들들은 운동 클럽을 조직하느라 분주했다. 어느 누구도 마뉴엘과 벅이 과수원을 빠져 나가는 것을 보지 못했다. 벅은 그저 산책 가는 줄 알고 따라갔다. 그리고 오직 남자 한 사람 빼고는 그들이 칼리지 파크라는 작은 간이 정거장에 도착하는

---

⑥ **carry himself**— behave(행동하다). ⑧ **sate**— 충분히 만족시키다, 배불리 먹이다. ⑨ **a trifle**— slightly, somewhat(다소). ⑫ **kindred**— similar(비슷한). ⑬ **keep down~**— ~을 억제하다, ~을 늘지 않도록 하다. ⑰ **Klondike strike**— 1897~98년 Canada 서북부 yukon강 유역의 Klondike 지방에서 일어난 금광열(gold rush). ㉔ **system**— 직업적 도박꾼이 승부를 겨룰 때 독특한 계획에 따라 거는 법. ㉕ **lap over**— extend beyond some limit, go beyond(한계를 넘다). ㉜ **solitary**— sole, single. ㉝ **flag station**— 기를 흔들어 신호를 할 때에만 열차가 정차하는 작은 역(간이역).

This man talked with Manuel, and money chinked between them.

"You might wrap up the goods before you deliver 'm," the stranger said gruffly, and Manuel doubled a piece of stout rope around Buck's neck under the collar.

"Twist it, an' you'll choke 'm plentee," said Manuel, and the stranger grunted a ready affirmative.

Buck had accepted the rope with quiet dignity. To be sure, it was an unwonted performance: but he had learned to trust in men he knew, and to give them credit for a wisdom that outreached his own. But when the ends of the rope were placed in the stranger's hands, he growled menacingly. He had merely intimated his displeasure, in his pride believing that to intimate was to command. But to his surprise the rope tightened around his neck, shutting off his breath. In quick rage he sprang at the man, who met him halfway, grappled him close by the throat, and with a deft twist threw him over on his back. Then the rope tightened mercilessly, while Buck struggled in a fury, his tongue lolling out of his mouth and his great chest panting futilely. Never in all his life had he been so vilely treated, and never in all his life had he been so angry. But his strength ebbed, his eyes glazed, and he knew nothing when the train was flagged and the two men threw him into the baggage car.

The next he knew, he was dimly aware that his tongue was hurting and that he was being jolted along in some kind of a conveyance. The hoarse shriek of a locomotive whistling a crossing told him where he was. He had travelled too often with the Judge not to know the sensation of riding in a baggage car. He opened his eyes, and into them came the unbridled anger of a kidnapped king. The man sprang for his throat, but Buck was too

것을 본 사람은 아무도 없었다. 그 남자는 마뉴엘과 이야기했고, 둘 사이에서 쨍그랑하며 돈 소리가 났다.

"인도하기 전에 상품을 포장해 주면 좋겠는걸" 하고 그 낯선 남자가 통명스럽게 말했다. 그러자 마뉴엘은 벅의 목걸이 밑에다 튼튼한 밧줄로 벅의 목을 이중으로 감았다.

"이것을 비틀면 저 놈의 몸을 충분히 죌 수 있네" 라고 말했으며, 이어 낯선 사람이 즉석에서 좋다고 신음하듯 대답했다.

벅은 품위를 잃지 않고 침착하게 밧줄을 감게 내버려 두었다. 이렇게 결박당하는 것은 확실히 드문 일이었지만 자기가 아는 인간들을 신뢰하고 그 인간들이 벅 자신보다 훨씬 월등한 지혜를 갖고 있다고 인정하는 것을 배웠다. 하지만 그 밧줄의 끝이 낯선 사람의 손에 넘어가자 벅은 위협하듯 으르렁거렸다. 알리는 것은 즉 명령하는 것이라고 믿는 자부심에서 벅은 다만 자신의 불쾌감을 알렸을 뿐이었다. 그러나 의외로 밧줄이 목을 꽉 조여서 숨쉴 수가 없었다. 벅은 순간적인 노여움에서 그 사내에게 뛰어 덤벼들었지만 그는 기다린 듯이 중도에서 벅을 맞아서 목을 꽉 잡아 능란한 솜씨로 비틀어 내던지는 바람에 벅은 거꾸로 벌렁 자빠졌다. 그러자 밧줄은 무자비하게 조여졌고, 그러는 가운데 벅은 입 밖으로 혀를 늘어뜨리고 큰 가슴을 부질없이 두근거리며 화가 나서 미친 듯이 몸부림 치며 뒹굴었다. 벅은 세상에 태어난 후 이렇게 형편없는 취급을 받은 일이 한 번도 없었고 이렇게 화를 낸 일도 전혀 없었다. 그러나 벅은 점점 힘이 빠졌고, 눈은 흐려졌으며, 열차가 기를 흔드는 신호로 정차하여 그 두 사내가 자기를 수화물차 속에 내던져 버렸을 때 벅은 아무 것도 몰랐다.

다음에 제정신이 들었을 때 벅은 혀가 아프다는 것과 자신이 모종의 운송 수단에 실려 흔들거리고 있다는 것을 어렴풋이 알았다. 건널목을 지나면서 울린 목 쉰 비명과도 같은 기적 소리로 벅은 자기가 어디에 있는지 알았다. 판사와 함께 자주 여행한 적이 있었기 때문에 수화물차에 탄 느낌을 모르지는 않았다. 벅은 눈을 떴다. 그러자 그 눈에 납치된 왕의 격분한 모습이 나타났다. 그 사나이는 벅의 목을 잡으려고 달려들었으나 벅이 날쌔서 호락호락 넘어가지 않았다. 벅은 아가리로

---

③ **wrap up**—싸다, 단단히 결박하다. the goods 는 Buck 을 말함. **deliver'm**—deliver him. ⑥ **an'~plentee**—and you'll choke him plenty. ⑨ **unwonted**—unaccustomed, unusual. ⑩ **give them ~ wisdom**—believe that they have naturally a wisdom(그들에게 지혜가 있다고 믿다). ㉔ **flag**—signal to stop with a flag (기를 흔들어 정지신호를 하다). ㉖ **The next ~ knew**—The next time he knew. ㉜ **unbridled**—violent(격렬한).

quick for him. His jaws closed on the hand, nor did they relax till his senses were choked out of him once more.

"Yep, has fits," the man said, hiding his mangled hand from the baggageman, who had been attracted by the sounds of struggle. "I'm takin' 'm up for the boss to 'Frisco. A crack dog-doctor there thinks that he can cure 'm."

Concerning that night's ride, the man spoke most eloquently for himself, in a little shed back of a saloon on the San Francisco water front.

"All I get is fifty for it," he grumbled; "an' I wouldn't do it over for a thousand, cold cash."

His hand was wrapped in a bloody handkerchief, and the right trouser leg was ripped from knee to ankle.

"How much did the other mug get?" the saloon-keeper demanded.

"A hundred," was the reply. "Wouldn't take a sou less, so help me."

"That makes a hundred and fifty," the saloon-keeper calculated; "and he's worth it, or I'm a squarehead."

The kidnapper undid the bloody wrappings and looked at his lacerated hand. "If I don't get the hydrophoby—"

"It'll be because you was born to hang," laughed the saloon-keeper. "Here, lend me a hand before you pull your freight," he added.

Dazed, suffering intolerable pain from throat and tongue, with the life half throttled out of him, Buck attempted to face his tormentors. But he was thrown down and choked repeatedly, till they succeeded in filing the heavy brass collar from off his neck. Then the rope was removed, and he was flung into a cagelike crate.

There he lay for the remainder of the weary night, nursing his wrath and wounded pride. He could not

그 사내의 손을 물었고, 목이 조여져 감각을 다시 잃을 때까지 아가리
의 힘을 늦추지 않았다.

"정말 저놈이 발작을 일으키는군" 하고 그 사나이는 소동 소리를
듣고 형편을 살피러 온 수화물 계원에게 안 보이도록 심한 상처를 입
은 자기 손을 숨기면서 말했다. "두목의 분부로 이놈을 샌프란시스코
까지 데리고 가는 길이오. 그곳의 용한 개의사가 이놈을 치료할 수
있다기에 말이오."

그날 밤의 기차 여행에 관해 그 남자는 샌프란시스코 바닷 가에 있
는 어느 술집의 뒤쪽 오두막에서 자기 스스로 아주 웅변적으로 얘기했다.

"그만큼 수고하여 내가 받은 것이라고는 겨우 오십 달러뿐이야."그
는 투덜거렸다. "현금으로 천 달러를 준다고 해도 그런 일은 두번 다시
하고 싶지 않아."

그의 손은 피투성이의 손수건에 싸여 있었고, 바지의 오른쪽 다리는
무릎에서 발목까지 찢어져 있었다.

"또 한 녀석은 얼마를 받았나?" 하고 술집 주인이 물었다.

"100달러"가 대답이었다. "100달러에서 한 푼이라도 적으면 싫다고
했어. 정말이야."

"그러면 150달러가 되는군." 술집 주인은 계산했다. "그리고 저놈은
확실히 그만한 값어치가 있어."

벅을 납치한 그 남자는 피투성이의 붕대를 풀어 물려 찢어진 손을
바라보았다. "공수병에 안 걸리면서—"

"그렇게 되는 것도 네가 교수형을 받도록 태어났기 때문이야" 하고
술집 주인이 웃으면서 말했다. "이봐, 가기 전에 좀 거들어 주게" 라
고 그는 덧붙였다.

목구멍과 혀가 참을 수 없을 만큼 아파 정신이 아찔해지고, 목이 죄
여져 목숨이 반은 없어졌지만 벅은 자기를 괴롭히는 자들에게 대항하
려고 꾀했다. 그러나 그는 여러 차례 내던져진 채 쓰러져 목이 죄여졌
고, 끝내 그들은 벅의 목에서 무거운 놋쇠 목걸이를 줄로 잘라 떼어
버리는 데 성공했다. 그리고는 밧줄이 제거되어 그는 우리처럼 생긴

③ yep~fits—yes, he has fits. (정말 그 친구 발작을 일으키는군.) ⑤ takin'—taking.
⑥ 'Frisco—San Francisco. crack—first-rate, possessing superior skill(일류의). ⑨
back of—behind. ⑫ do it over—do it once more, do it again. ⑮ the other mug—또
한 녀석. 즉 Manuel을 가리킴. ⑰ Wouldn't~less—He wouldn't take a cent less than
that.(그 금액에서 한푼이라도 모자라면 싫다고 했다.) sou는 France의 동전(1/20프랑). ⑱
so help me—so help me God, I swear(하느님께 맹세코).

understand what it all meant. What did they want with him, these strange men? Why were they keeping him pent up in this narrow crate? He did not know why, but he felt oppressed by the vague sense of impending calamity. Several times during the night he sprang to his feet when the shed door rattled open, expecting to see the Judge, or the boys at least. But each time it was the bulging face of the saloon-keeper that peered in at him by the sickly light of a tallow candle. And each time the joyful bark that trembled in Buck's throat was twisted into a savage growl.

But the saloon-keeper let him alone, and in the morning four men entered and picked up the crate. More tormentors, Buck decided, for they were evil-looking creatures, ragged and unkempt; and he stormed and raged at them through the bars. They only laughed and poked sticks at him, which he promptly assailed with his teeth till he realized that that was what they wanted. Whereupon he lay down sullenly and allowed the crate to be lifted into a waggon. Then he, and the crate in which he was imprisoned, began a passage through many hands. Clerks in the express office took charge of him; he was carted about in another waggon; a truck carried him, with an assortment of boxes and parcels, upon a ferry steamer; he was trucked off the steamer into a great railway depot, and finally he was deposited in an express car.

For two days and nights this express car was dragged along at the tail of shrieking locomotives; and for two days and nights Buck neither ate nor drank. In his anger he had met the first advances of the express messengers with growls, and they had retaliated by teasing him. When he flung himself against the bars, quivering and frothing, they laughed at him and taunted him. They

상자속에 처넣어졌다.

벅은 분노와 상처를 입은 자존심을 마음에 품으면서 그 쓸쓸한 밤의 나머지 시간 동안 그곳에 드러누워 있었다. 그는 그 모든 일이 무슨 의미인지 이해할 수 없었다. 이 낯선 남자들은 벅을 어떻게 하려는 심산일까? 왜 그들은 벅을 이 좁은 상자 속에 가두어 두고 있는 것인가? 그는 그 이유를 몰랐으나 재난이 곧 일어날 듯한 막연한 느낌으로 마음이 눌리는 듯한 답답함을 느꼈다. 그날밤 몇 차례나 오두막의 문이 열리면 판사나 아니면 적어도 그 아들들을 만나게 되리라고 생각하여 벌떡 일어났다. 그러나 그때마다 수지(獸脂) 양초의 약한 불빛을 비춰 그를 들여다본 것은 술집 주인의 불룩한 얼굴이었다. 그리고 그때마다 벅의 목구멍에서 떨린 기쁨에 넘쳐 짖어 댄 소리는 비틀어져 사나운 고함 소리로 변했다.

그러나 술집 주인은 그를 혼자 내버려 두었으며 아침이 되자 남자 넷이 들어와서 상자를 들어 올렸다. 자기를 괴롭힐 다른 녀석들이라고 벅은 판단했는데 이것은 그 남자들이 누더기 옷을 입고 텁수룩한 인상이 험상궂은 패거리였기 때문이었다. 그는 상자의 문살 틈으로 그들에게 맹렬히 짖어 댔다. 그들은 웃기만 하고 막대기로 벅을 쿡쿡 찌르자 벅은 즉시 달려들어 그 막대기를 물었는데 마침내 그렇게 하는 것이 그 패거리가 원하는 바라는 것을 깨달았다. 그 후 벅은 언짢은 기분으로 드러누워 상자를 마차 속에 옮겨 넣는 대로 내버려 두었다. 그리고 나서 그와 그가 갇혀 있는 상자는 많은 사람의 손을 거쳐 넘어가기 시작했다. 운송 회사의 사무원들이 그를 맡았다. 그리고는 그는 다른 마차에 실려 끌려 다녔다. 손수레가 각종 상자와 소포와 함께 벅을 연락선에 운반해 갔다. 벅은 손수레로 그 연락선에서 큰 철도역으로 옮겨진 후 마지막으로 화차에 실렸다.

이틀 동안 밤낮으로 이 화차는 날카로운 기적을 울리는 기관차들의 맨 끝에 연결되어 질질 끌려갔다. 그리고 그 이틀 동안 벅은 먹지도 마시지도 않았다. 화가 난 벅은 화물 집배원(集配員)들이 다정하게 접근했는데도 이들에게 으르렁거리며 대들었고 그들은 벅을 괴롭혀 보복했다. 벅이 몸을 떨고 거품을 물며 상자의 문살에 몸을 부딪치자 그들

⑨ **sickly light**—pale light (약한 불빛). **tallow**—수지 (獸脂). ⑮ **unkempt**—uncombed, disheveled (머리를 빗지 않은, 텁수룩한). ㉒ **express office**—통운 (通運) 회사. ㉒ **cart about**—가지고 돌아다니다, 끌고 돌아다니다. ㉖ **depot**—railroad station. **express car**—철도 화차. ㉚ **advances**—(사람에게 아첨하려는) 접근. **express messenger**—화물 집배원.

growled and barked like detestable dogs, mewed, and flapped their arms and crowed. It was all very silly, he knew; but therefore the more outrage to his dignity, and his anger waxed and waxed. He did not mind the hunger so much, but the lack of water caused him severe suffering and fanned his wrath to fever-pitch. For that matter, high-strung and finely sensitive, the ill treatment had flung him into a fever, which was fed by the inflammation of his parched and swollen throat and tongue.

He was glad for one thing: the rope was off his neck. That had given them an unfair advantage; but now that it was off, he would show them. They would never get another rope around his neck. Upon that he was resolved. For two days and nights he neither ate nor drank, and during those two days and nights of torment, he accumulated a fund of wrath that boded ill for whoever first fell foul of him. His eyes turned blood-shot, and he was metamorphosed into a raging fiend. So changed was he that the Judge himself would not have recognized him; and the express messengers breathed with relief when they bundled him off the train at Seattle.

Four men gingerly carried the crate from the waggon into a small, high-walled back yard. A stout man, with a red sweater that sagged generously at the neck, came out and signed the book for the driver. That was the man, Buck divined, the next tormentor, and he hurled himself savagely against the bars. The man smiled grimly, and brought a hatchet and a club.

"You ain't going to take him out now?" the driver asked.

"Sure," the man replied, driving the hatchet into the crate for a pry.

There was an instantaneous scattering of the four men

은 비웃고 환성을 올렸다. 그들은 밉살스러운 개들의 흉내를 내어 으
르렁거리고 짖어 댔고, 고양이의 울음 소리를 냈고, 날개 치듯 팔을
파닥거리고 수탉 울음 소리를 냈다. 그것은 모두 바보 같은 짓임을 벅
은 알고 있었다. 그러나 그러기 때문에 더한층 벅의 위신을 훼손시키
는 모욕이어서 노여움이 더욱더 커졌다. 배고픔에 그리 신경 쓰이지는
않았으나 물이 없어서 벅은 심한 고통을 받았고 벅의 분노는 부채질되
어 미치게끔 만들었다. 그 점에 관해서는 그는 아주 쉽게 흥분하고 무
척 민감했기 때문에 학대로 인해 열병과 같은 흥분에 내던져졌는데 그
흥분은 타는 듯한 부어 오른 목구멍과 혀의 염증으로 더 심해졌다.

한 가지 일만은 기뻤다. 밧줄이 목에서 벗겨진 것이었다. 밧줄은 부
당하게도 그들을 유리하게 했던 것이다. 그러나 그 밧줄이 제거되었으
므로 놈들에게 본때를 보여 주고 싶었다. 다시는 목에 밧줄을 감게 하
지는 않을 참이다. 그렇게 단호하게 그는 결심했다. 이틀 동안 밤낮으
로 그는 먹지도 마시지도 않았고, 그 이틀 동안 고통을 받을 때의 분
노를 차곡차곡 쌓아 두었는데 맨 먼저 벅과 충돌하는 사람은 누구든
혼날 것 같았다. 눈은 충혈되었고 격노한 악마로 변했다. 벅은 완전히
변했기 때문에 판사 자신도 알아보지 못했을 것이다. 화물 집배원들은
시애틀에서 벅을 서둘러 열차에서 내보내자 안도의 한숨을 쉬었다.

남자 넷이 궤짝을 짐마차로부터 높은 벽으로 둘러싸인 작은 뒤뜰로
아주 조심스럽게 운반했다. 목이 많이 늘어진 빨간색 스웨터를 입은
건장한 남자가 나와서 장부에 마부가 받아 갈 서명을 했다. 그 사람이
자신을 괴롭힐 차례라고 벅은 추측하고서 몸을 날려 문살에 세차게 부
딪쳤다. 남자는 기분 나쁜 웃음을 짓고는 손도끼와 곤봉을 갖고 왔다.

"설마 지금 이 놈을 내놓는 것은 아니겠지?" 하고 마부가 물었다.

"내놓을 거야" 하고 그 남자는 지레로 쓰려고 손도끼를 궤짝에 밀어
넣으면서 대답했다.

궤짝을 운반해 온 네 남자는 즉시 흩어져 벽위의 안전한 곳에서 구

---

③ **outrage**—무례함, 모욕. ⑥ **to fever-pitch**—to madness. **For that matter**—As
for the feverpitch. ⑫ **he would show them**—I will show them, he thought to himself.
(놈들에게 본때를 보여 주겠다고 생각했다.) **They ~ neck**—I will never allow them to tie
my neck again. ⑰ **fall foul of**—quarrel with, collide with(다투다, 충돌하다). ⑱ **fiend**
—demon, devil(악마). **so ~ that**—He was so changed that 의 강조용법. ⑳ **gingerly**—
with extreme care or caution so as to avoid injuring onself(다치지 않도록 아주 조심해
서). ㉕ **the book**—the receipt book. ㉖ **divine**—추측하다. ㉜ **pry**—지레.

who had carried it in, and from safe perches on top the wall they prepared to watch the performance.

Buck rushed at the splintering wood, sinking his teeth into it, surging and wrestling with it. Wherever the hatchet fell on the outside, he was there on the inside, snarling and growling, as furiously anxious to get out as the man in the red sweater was calmly intent on getting him out.

"Now, you red-eyed devil," he said, when he had made an opening sufficient for the passage of Buck's body. At the same time he dropped the hatchet and shifted the club to his right hand.

And Buck was truly a red-eyed devil, as he drew himself together for the spring, hair bristling, mouth foaming, a mad glitter in his blood-shot eyes. Straight at the man he launched his one hundred and forty pounds of fury, surcharged with the pent passion of two days and nights. In mid air, just as his jaws were about to close on the man, he received a shock that checked his body and brought his teeth together with an agonising clip. He whirled over, fetching the ground on his back and side. He had never been struck by a club in his life, and did not understand. With a snarl that was part bark and more scream he was again on his feet and launched into the air. And again the shock came and he was brought crushingly to the ground. This time he was aware that it was the club, but his madness knew no caution. A dozen times he charged, and as often the club broke the charge and smashed him down.

After a particularly fierce blow, he crawled to his feet, too dazed to rush. He staggered limply about, the blood flowing from nose and mouth and ears, his beautiful coat sprayed and flecked with bloody slaver. Then the

경거리를 지켜보려고 했다.

벽은 쪼개지는 나무에 달려들어 이빨로 꽉 물어 대고 그 나무와 요동을 치며 씨름을 했다. 손도끼가 궤짝 겉을 내려치는 곳마다 속에서 벽은 으르렁거리면서 덤벼들었다. 빨간 스웨터를 입은 남자가 침착하게 벽을 꺼내려고 열중할수록 그와 마찬가지로 벽은 뛰쳐 나가려고 맹렬히 애태웠다.

"자, 이 빨간 눈의 악마야" 라고 벽의 몸통이 통과하는 데 충분한 출구를 만들자 그 사내가 말했다. 그와 동시에 손도끼를 떨어뜨리고 곤봉을 오른손에다 옮겨 잡았다.

털을 곤두세우고, 입에 거품을 물고, 충혈된 눈에 광기(狂氣)를 띠고 도약하기 위해 몸을 웅크렸을 때 벽은 그야말로 빨간 눈의 악마였다. 벽은 이틀 밤낮에 걸쳐 쌓인 울분으로 터질 듯이 분노한 140파운드의 몸통을 그 남자를 향해 똑바로 날렸다. 공중에서 그 남자의 몸을 물려고 했을 때 벽은 어떤 충격을 받아 동작을 저지당했고, 고통스러운 타격에 이를 악물었다. 벽은 등과 몸통 옆을 땅바닥에 대고 빙빙 돌았다. 난생 처음 곤봉으로 얻어맞아서 벽은 뭐가 어떻게 된 것인지 알지 못했다. 짖음보다는 비명에 가까운 으르렁거리는 소리를 내면서 벽은 다시 일어나 공중으로 뛰어올랐다. 그러자 또다시 충격을 받고 끽 소리도 못할 만큼 심하게 땅에 내던져졌다. 이번에는 그것이 곤봉임을 알았으나 미친 듯한 상태였으므로 조심하는 것을 잊고 있었다. 벽은 10여 차례나 돌격했지만 그때마다 번번이 곤봉 때문에 돌격이 저지되어 호되게 얻어맞고 넘어졌다.

특별히 격렬한 타격을 받은 후 벽은 얼이 빠져서 덤벼들 수가 없게 되어 기듯이 일어섰다. 코와 입 그리고 귀에서 피를 흘렸고 아름다운 털에는 피가 섞인 침이 뿌려져 얼룩덜룩해진 상태에서 발을 절며 비틀

---

⑩ **opening**—gap(갈라진 틈, 구멍). ⑬ **draw oneself together**—몸을 둥글게 하여 공격 자세를 취하다. ⑰ **surcharge with~**—fill excessively with~. ⑳ **clip**—smart blow(강타). ㉑ **fetch the ground**—crash to the ground (땅에 떨어지다). ㉓ **that ~ scream**—that was partly barking but more like screaming (짖는다기 보다는 오히려 비명이라고 하는 편이 좋은). ㉗ **his madness ~ caution**—그는 미칠 듯이 벌컥 성을 냈으므로 조심한다는 것은 잊었다. ㉝ **coat**—털의 결.

man advanced and deliberately dealt him a frightful blow on the nose. All the pain he had endured was as nothing compared with the exquisite agony of this. With a roar that was almost lionlike in its ferocity, he again hurled himself at the man. But the man, shifting the club from right to left, coolly caught him by the under jaw, at the same time wrenching downward and backward. Buck described a complete circle in the air, and half of another, then crashed to the ground on his head and chest.

For the last time he rushed. The man struck the shrewd blow he had purposely withheld for so long, and Buck crumpled up and went down, knocked utterly senseless.

"He's no slouch at dog-breakin', that's wot I say," one of the men on the wall cried enthusiastically.

"Druther break cayuses any day, and twice on Sundays," was the reply of the driver, as he climbed on the waggon and started the horses.

Buck's senses came back to him, but not his strength. He lay where he had fallen, and from there he watched the man in the red sweater.

"'Answers to the name of Buck,'" the man soliloquized, quoting from the saloon-keeper's letter which had announced the consignment of the crate and contents. "Well, Buck, my boy," he went on in a genial voice, "we've had our little ruction, and the best thing we can do is to let it go at that. You've learned your place, and I know mine. Be a good dog and all 'll go well and the goose hang high. Be a bad dog, and I'll whale the stuffin' outa you. Understand?"

As he spoke he fearlessly patted the head he had so mercilessly pounded, and though Buck's hair involuntarily bristled at touch of the hand, he endured it without

거렸다. 그러자 그 사나이는 앞으로 나아가 잘 재어 벅의 코에 끔찍한 일격(一擊)을 가했다. 벅이 지금껏 참았던 모든 고통도 이 강렬한 고통에 비하면 새발의 피였다. 맹악(猛惡)함이 마치 사자와 같은 포효를 하며 벅은 또 그 사나이에게 몸을 젖혀 덤벼들었다. 그러나 사나이는 곤봉을 오른손에서 왼손으로 옮겨 쥐고서 침착하게 벅의 턱을 잡은 동시에 아래위로 비틀었다. 벅은 공중에서 완전히 한 번 빙글 돌고 반원을 그리더니 머리와 가슴을 아래로 하여 땅에 털썩 떨어졌다.

마지막으로 벅은 덤벼들었다. 사나이는 지금까지 한참이나 계획적으로 접어 두었던 날카로운 타격을 가했다. 그러자 벅은 얻어맞아 그야말로 의식을 잃어 꿈틀하고는 쭉 뻗어 버렸다.

"저 친구는 정말이지 개를 길들이는 데 있어선 명수란 말이야"라고 담 위에 있던 남자들 중에서 하나가 열광적으로 외쳤다.

"나는 차라리 매일 말을 길들이겠어. 일요일에 갑절 일을 해도 말이야." 마부가 짐마차에 올라가 말을 움직이기 시작하면서 말했다.

벅의 의식은 회복되었으나 기력은 회복되지 않았다. 쓰러진 곳에 그대로 누운 채 그 자리에서 빨간 스웨터를 입은 사나이를 쳐다보았다.

"'이름이 벅이라 해요'"라고 남자는 궤짝과 그 내용물을 탁송한다는 술집 주인의 편지에 적힌 말을 인용하면서 혼잣말로 중얼거렸다. "자, 벅, 이녀석아." 그는 다정한 목소리로 이어 말했다. "우리가 한바탕 싸우기는 했지만 우리들이 할 수 있는 최선의 일은 그따위 일은 그 정도로 잊어 버리는 거야. 너는 너의 처지를 알게 됐고 나는 나의 처지를 알고 있다. 얌전하게 굴어야 해. 그러면 모든 것이 잘 될 것이고 앞날이 밝다. 고분고분하지 않으면 때려서 창자가 나오게 만들거야. 알겠어?"

그렇게 말하면서 그는 그렇게도 무자비하게 때린 벅의 머리를 두려운 기색도 없이 쓰다듬어 주었으며, 그의 손이 닿자 벅의 털은 저절로 곤두섰지만 반항하지 않고 참아 냈다. 사나이가 물을 가져다 주자 벅

---

⑭ **slouch**—너절한 사람, 쓸모없는 건달. be no slouch at~ 는 be very clever at~. **wot** —what. ⑯ **Druther ~ day**—I would rather break cayuses every day (than break that dog). cayuse 는 인디언의 조랑말. ㉒ **Answers ~ Buck**—The dog responds to the name of Buck, The dog is called Buck. **solioquize**—혼잣말하다. ㉖ **ruction**—quarrel (다툼). ㉗ **let ~ that**—다른 일은 그 정도로 잊는다. ㉙ **the goose ~ high**—the goose hangs high=things look encouraging. ㉚ **outa**—out of.

protest. When the man brought him water he drank eagerly, and later bolted a generous meal of raw meat, chunk by chunk, from the man's hand.

He was beaten (he knew that); but he was not broken.
5 He saw, once for all, that he stood no chance against a man with a club. He had learned the lesson, and in all his after life he never forgot it. That club was a revelation. It was his introduction to the reign of primitive law, and he met the introduction halfway. The facts of life took on a
10 fiercer aspect; and while he faced that aspect uncowed, he faced it with all the latent cunning of his nature aroused. As the days went by, other dogs came, in crates and at the ends of ropes, some docilely, and some raging and roaring as he had come; and, one and all, he watched
15 them pass under the dominion of the man in the red sweater. Again and again, as he looked at each brutal performance, the lesson was driven home to Buck: a man with a club was a lawgiver, a master to be obeyed, though not necessarily conciliated. Of this last Buck was
20 never guilty, though he did see beaten dogs that fawned upon the man, and wagged their tails, and licked his hand. Also he saw one dog, that would neither conciliate nor obey, finally killed in the struggle for mastery.

Now and again men came, strangers, who talked
25 excitedly, wheedlingly, and in all kinds of fashions to the man in the red sweater. And at such times that money passed between them the strangers took one or more of the dogs away with them. Buck wondered where they went, for they never came back; but the fear of the
30 future was strong upon him, and he was glad each time when he was not selected.

Yet his time came, in the end, in the form of a little weazened man who spat broken English and many

24

은 정신 없이 마셨고, 나중에는 후한 음식인 날고기를 그의 손에서 한 조각 한 조각 받아 게걸스럽게 먹어 치웠다.

벅은 패했다. 벅도 그것을 알았다. 그러나 길이 든 것은 아니었다. 이 한 번으로 벅은 몽둥이를 든 사람에게는 승산이 없다는 것을 깨달았다. 벅은 교훈을 배웠으며 그 후 평생 그것을 절대로 잊지 않았다. 곤봉은 벅의 눈을 뜨게 하는 하느님의 계시였다. 그것은 원시적 법도의 지배를 가르치는 입문(入門)이었으며, 벅은 자진해서 그 초보적 가르침을 받은 것이었다. 현실 생활의 실상이 종전보다 흉악한 양상을 띠게 되었다. 그리고 벅은 조금도 기가 꺾이지 않은 채 그런 현실의 양상에 직면하면서도 자신의 천성(天性)에 잠재해 있는 온갖 교활함을 불러 깨워 이에 직면했다. 여러 날이 지나자 다른 개들이 상자에 갇히거나 밧줄에 매인 채 끌려 왔다. 그 중에는 온순한 개도 있었고, 벅이 왔을 때 처럼 미친 듯이 날뛰고 으르렁거리는 개도 있었다. 그리고 벅은 이것저것 할 것 없이 모든 개가 빨간 스웨터를 입은 남자의 지배 아래로 옮겨 가는 것을 지켜보았다. 몇 번이고 되풀이하여 그때마다 잔인한 행동을 보면서 그 교훈이 벅의 가슴 깊이 새겨졌다. 그것은 몽둥이를 잡은 인간이 입법자이자 반드시 환심을 살 필요는 없더라도 복종해야 할 지배자라는 교훈이었다. 인간에게 달라붙어 재롱을 떨고, 꼬리를 흔들고, 손을 핥는 패배한 개들을 보았지만 인간의 환심을 사는 일은 하지 않았다. 또 그는 환심을 사려고도 하지 않고 복종도 하지 않으려던 개 한 마리가 지배권을 쟁탈하려는 투쟁에서 끝내 죽음을 당한 것을 보았다.

이따금 낯선 사람들이 와서 흥분과 감언이설과 온갖 종류의 화법으로 빨간 스웨터를 입은 남자와 말을 했다. 그리고 그들 사이에서 돈이 오갔을 때는 그 낯선 사람들이 몇 마리의 개를 데리고 갔다. 그 개들은 두 번 다시 돌아오지 않았으므로 벅은 그것들이 도대체 어디로 갔을까 하고 의아해 했다. 그러나 미래에 대한 불안이 무겁게 자리 잡고 있었고 자신이 선택되지 않을 때마다 기뻤다.

그러나 드디어 그의 차례가 왔다. 쭈글쭈글한 남자 하나가 와서 어설픈 영어를 하고 벅이 알아들을 수 없는 이상하고 못 들어 본 많은 감

---

② **bolt**—swallow(꿀떡 삼키다). ④ **he ~ broken**—he was not tamed into obedience. (길들여져 유순해진 것은 아니었다.) ⑤ **stand ~ against**……—에 대해 승산이 없다. ⑭ **one and all**—everyone(이것저것 모두). ⑰ **was driven ~ Buck**—came home to Buck.(벅의 가슴에 깊이 새겨졌다.) ⑲ **conciliate~**—gain the esteem, good will or favor of~ (~의 환심을 사다). **Of ~ guilty**—Buck was never guilty of conciliation with the master.

strange and uncouth exclamations which Buck could not understand.

"Sacredam!" he cried, when his eyes lit upon Buck. "Dat one dam bully dog! Eh? How moch?"

5   "Three hundred, and a present at that," was the prompt reply of the man in the red sweater. "And seein' it's government money, you ain't got no kick coming, eh, Perrault?"

Perrault grinned. Considering that the price of dogs 10 had been boomed skyward by the unwonted demand, it was not an unfair sum for so fine an animal. The Canadian Government would be no loser, nor would its despatches travel the slower. Perrault knew dogs, and when he looked at Buck he knew that he was one in a thousand— 15 "One in ten t'ousand," he commented mentally.

Buck saw money pass between them, and was not surprised when Curly, a good-natured Newfoundland, and he were led away by the little weazened man. That was the last he saw of the man in the red sweater, and as 20 Curly and he looked at receding Seattle from the deck of the *Narwhal*, it was the last he saw of the warm Southland. Curly and he were taken below by Perrault and turned over to a black-faced giant called François. Perrault was a French-Canadian, and swarthy; but 25 François was a French-Canadian half-breed, and twice as swarthy. They were a new kind of men to Buck (of which he was destined to see many more), and while he developed no affection for them, he none the less grew honestly to respect them. He speedily learned that Per- 30 rault and François were fair men, calm and impartial in administering justice, and too wise in the way of dogs to be fooled by dogs.

In the 'tween-decks of the *Narwhal*, Buck and Curly

탄사를 내뱉었다.

"굉장하군!"라고 그 남자는 벅을 보는 순간 외쳤다. "저 개는 아주 근사한 놈이군. 뭐라고? 얼마?"

"300달러. 그 값이면 거저야." 빨간 스웨터를 입은 사나이가 즉각 대답했다. "정부의 돈이니까 자네는 누구에게도 트집 잡히지 않을 것 아닌가, 그렇지 페로?"

페로는 히죽 웃었다. 전례 없는 수요로 개 값이 하늘 높이 급상승했다는 것을 생각하면 그 금액은 그렇게 훌륭한 개의 가격으로서는 부당한 액수가 아니었다. 캐나다 정부가 손해를 안 볼 것이고, 정부의 급송 공문서도 그만큼 지연되지 않을 것이다. 페로는 개를 보는 눈이 있었으며, 벅을 보았을 때 그것이 천 마리 중에 겨우 한 마리 있는 개라는 것을 알았다 — "만 마리 중에서 한 마리뿐인 보기 드문 개다"라고 페로는 마음속으로 평가했다.

벅은 두 사람 사이에 돈이 오가는 것을 보았다. 그래서 순한 뉴파운드랜드 종인 컬리와 자신이 그 작달막하고 쭈글쭈글한 남자에 의해 끌려 나왔을 때 벅은 별로 놀라지 않았다. 이때 벅은 빨간 스웨터를 입은 사나이를 마지막으로 보았고, 또 컬리와 자신이 나르워얼 호 갑판에서 점점 멀어져 가는 시애틀 시를 바라보았을 때 그것이 따뜻한 남국을 마지막 본 것이었다. 컬리와 벅은 페로에 이끌려 아래로 내려가서 프랑스와라는 얼굴이 검은 거인 남자에게 인도되었다. 페로는 프랑스계 캐나다 사람으로 거무스름했으나 프랑스와는 프랑스계 캐나다인과 인디언의 혼혈아로 페로에 비해 곱절 거무스름했다. 두 사람은 벅에게는 새로운 종류의 인간이었고 (나중에는 이런 인간들을 더 많이 보게 될 운명이었다) 벅은 그들에게 정을 붙이지는 않았다. 그럼에도 불구하고 벅은 그들을 속으로부터 존경하게 되었다. 페로와 프랑스와는 공평하고 법을 집행하는 데 냉정하고 비편파적이고 개에 관해서 잘 알고 있으므로 개에게 바보 취급당하는 일이 없는 인간이라는 것을 벅은 재빨리 배웠다.

나르워얼 호의 갑판과 갑판 사이에서 벅과 컬리는 다른 두 마리의

③ **sacredam!**—Sacred Dame!(굉장하군!). ④ **Dat～dog!**—That one is a very good dog! **dam**—damn, very, **bully**—first rate(일류의). **How moch?**—How much? ⑤ **a present～that**—그 값으로는 공짜로 주는 거나 다름없다. ⑥ **seein'～coming**—seeing that it is government money, you have got no objection about it. **kick**—vigorous complaint or objection(강력한 불평 또는 반대). ⑫ **despatches**—급송 공문서. ⑰ **Newfoundland**—개의 일종. ㉕ **half-breed**—혼혈아(특히 백인과 미국 인디언의 혼혈아). ㉙ **honestly**—정직히 말해서.

joined two other dogs. One of them was a big, snow-white fellow from Spitzbergen who had been brought away by a whaling captain, and who had later accompanied a Geological Survey into the Barrens.

5 He was friendly, in a treacherous sort of way, smiling into one's face the while he meditated some underhand trick, as, for instance, when he stole from Buck's food at the first meal. As Buck sprang to punish him, the lash of François's whip sang through the air, reaching the culprit
10 first; and nothing remained to Buck but to recover the bone. That was fair of François, he decided, and the half-breed began his rise in Buck's estimation.

The other dog made no advances, nor received any; also, he did not attempt to steal from the newcomers.
15 He was a gloomy, morose fellow, and he showed Curly plainly that all he desired was to be left alone, and further, that there would be trouble if he were not left alone. "Dave" he was called, and he ate and slept, or yawned between times, and took interest in nothing, not
20 even when the *Narwhal* crossed Queen Charlotte Sound and rolled and pitched and bucked like a thing possessed. When Buck and Curly grew excited, half wild with fear, he raised his head as though annoyed, favoured them with an incurious glance, yawned, and went to sleep
25 again.

Day and night the ship throbbed to the tireless pulse of the propeller, and though one day was very like another, it was apparent to Buck that the weather was steadily growing colder. At last, one morning, the propeller was
30 quiet, and the *Narwhal* was pervaded with an atmosphere of excitement. He felt it, as did the other dogs, and knew that a change was at hand. François leashed them and brought them on deck. At the first step upon the cold

개와 합류했다. 그중의 한 마리는 스피쯔베르겐 산(産)의 크고 새하얀 녀석으로 한 포경선의 선장에 끌려가 나중에는 지질 조사반을 따라 카나다 북부의 툰드라 지대로 갔던 적이 있었다.

이 개는 마음속에 무슨 음흉한 생각을 하고 있는 듯이 우호적이었는데 예를 들어 첫 식사에서 벅의 음식을 훔쳤을 때 뭔가 음흉한 계획을 꾸미면서 상대방의 얼굴을 들여다보며 미소를 지었다. 벅이 혼내 주려고 뛰어 덤벼들었을 때 프랑스와의 채찍이 하늘을 찢는 듯한 소리를 내며 시비를 건 놈에게 먼저 닿았다. 그리고 벅은 아무 일 없이 그 뼈를 되찾았다. 그것은 프랑스와의 공평한 처사라고 벅은 단정했고, 혼혈아 프랑스와를 높이 평가하기 시작했다.

시비를 걸었던 개는 접근하려고도 하지 않았고, 다른 개를 받아들이려고도 하지 않았다. 그 개는 또한 새로 온 개들로부터 훔치려고도 하지 않았다. 침울하고 성미가 까다로운 녀석으로 바라는 것은 오로지 혼자 있게 내버려 둬 달라는 것이었고 그렇지 않으면 시끄러운 일이 발생하리라는 것을 컬리에게 똑똑히 나타냈다. 이름은 데이브였는데 먹고 자고, 이따금 하품만 할 뿐 아무 일에도 흥미를 갖지 않았다. 나르워얼 호가 퀸 살로트 해협을 가로질러 귀신 들린 것처럼 상하 좌우로 요동했을 때에도 그는 흥미를 보이지 않았다. 벅과 컬리는 흥분하였고 두려움에 반은 미쳤을 때도 데이브는 귀찮다는 듯이 머리를 쳐들어 벅과 컬리를 무심하게 힐끗 쳐다보고는 하품을 한 후 다시 잠들었다.

밤낮으로 배는 지칠 줄 모르는 추진기의 고동에 맞추어 진동했고, 날이면 날마다 같은 일이 되풀이되는 듯 했지만 벅에게는 날씨가 점점 추워지고 있다는 것이 분명했다. 마침내 어느 날 아침 추진기가 멈추고 나르워얼 호에는 흥분된 분위기가 충만해 있었다. 벅은 다른 개들처럼, 그것을 느꼈고, 어떤 변화가 가까이 다가왔다는 것을 알았다. 프랑스와는 개들을 가죽 끈으로 매어 갑판으로 데리고 왔다. 차가운

---

② **Spitzbergen**—북극해에 있는 군도. ③ **a whaling captain**—a captain of a whaling skip(포경선 선장). ④ **the Barrens**—the Barren Grounds(캐나다 북부 Hudson 만 주변의 동토(凍土)지대). ⑥ **the while**—during that time. ⑲ **between times**—때때로. ⑳ **Queen Charlotte Sound**—Canada 서부에 있는 Queen Charlotte 해협. ㉑ **buck**—toss (뛰어 오르다). **a thing possessed**—악마에 사로잡힌 것. ㉓ **favour**—give. ㉖ **to ~ pulse**—피로를 모르는 고동에 맞추어. *Ex.* dance to music. ㉛ **as did ~ dogs**—as the other dogs did. ㉜ **at hand**—close, in the near future (가까이에). **leash**—가죽끈으로 매다.

surface, Buck's feet sank into a white mushy something very like mud. He sprang back with a snort. More of this white stuff was falling through the air. He shook himself, but more of it fell upon him. He sniffed it curiously,
5 then licked some up on his tongue. It bit like fire, and the next instant was gone. This puzzled him. He tried it again, with the same result. The onlookers laughed uproariously, and he felt ashamed, he knew not why, for it was his first snow.

갑판 바닥에 첫발을 내딛자 벅의 발은 마치 진흙과 같은 어떤 희고 부드러운 것에 쑥 빠져 버렸다. 벅은 콧김을 내뿜음과 동시에 뛰어 물러섰다. 이 흰 것이 더 많이 하늘에서 떨어지고 있었다. 벅은 몸을 흔들어 털어 버렸으나 계속 그것이 몸에 떨어졌다. 호기심에서 그 냄새를 맡은 후 벅은 혀로 핥아 보았다. 그것은 불처럼 혀를 에고는 다음 순간 없어져 버렸다. 벅은 뭐가 뭔지 알지 못했다. 다시 해보았으나 결과는 마찬가지였다. 보고 있던 사람들이 와자지껄하게 웃었으므로 그는 그 까닭을 몰랐으나 부끄럽게 여겼다. 왜냐하면 그것은 그에게 첫 눈이었기 때문이었다.

⑧ he ~ why—그는 이유를 모른 채 부끄럽게 여겼다.

II
THE LAW OF CLUB AND FANG

Buck's first day on the Dyea beach was like a nightmare. Every hour was filled with shock and surprise. He had been suddenly jerked from the heart of civilisation and flung into the heart of things primordial. No lazy, sun-kissed life was this, with nothing to do but loaf and be bored. Here was neither peace, nor rest, nor a moment's safety. All was confusion and action, and every moment life and limb were in peril. There was imperative need to be constantly alert; for these dogs and men were not town dogs and men. They were savages, all of them, who knew no law but the law of club and fang.

He had never seen dogs fight as these wolfish creatures fought, and his first experience taught him an unforgetable lesson. It is true, it was a vicarious experience, else he would not have lived to profit by it. Curly was the victim. They were camped near the log store, where she, in her friendly way, made advances to a husky dog the size of a full-grown wolf, though not half so large as she. There was no warning, only a leap in like a flash, a metallic clip of teeth, a leap out equally swift, and Curly's face was ripped open from eye to jaw.

It was the wolf manner of fighting, to strike and leap away; but there was more to it than this. Thirty or forty huskies ran to the spot and surrounded the combatants in an intent and silent circle. Buck did not comprehend that silent intentness, nor the eager way with which they were licking their chops. Curly rushed her antagonist, who struck again and leaped aside. He met her next rush with

II
곤봉과 송곳니의 법칙

벅이 다이에이 해안에서 보낸 첫 날은 악몽과 같았다. 끊임없이 가슴이 철렁거리고 깜짝깜짝 놀랐다. 그는 갑자기 문명 속에서 끌려 나와 원시 상태의 한가운데에 팽개쳐졌다. 이 생활은 빈둥빈둥거리고 무료한 외에는 할 일이 없는 나태하고 상쾌한 생활은 절대로 아니었다. 여기에는 평화도 휴식도 한 순간의 안전도 없었다. 모두가 혼란과 활동이었고, 늘 생명도 신체도 위험에 처해 있었다. 항상 경계해야 한다는 절대적인 필요가 있었다. 왜냐하면 이곳 개도 인간도 도회지의 개나 인간과는 달랐기 때문이다. 그들은 모두가 야수(野獸)로서 곤봉과 송곳니의 법률 이외의 법률은 전혀 몰랐다.

벅은 이들 늑대 같은 짐승들이 싸우는 것 같이 개들이 싸우는 것을 본 일이 없었다. 그래서 첫 경험으로 벅은 잊을 수 없는 교훈을 배웠다. 과연 그것은 벅 자신이 직접 체험한 것이 아니라 간접적인 체험이었으며 그렇지 않았다면 살아 남아 그 경험으로부터 교훈을 얻지 못했을 것이다. 컬리가 그 희생이 되었다. 그들은 원목 저장소 근처에 야영을 하고 있었다. 그곳에서 컬리는 호의적인 태도로 자기 몸집의 반도 안되지만 다 자란 늑대 크기의 에스키모 개에게 접근을 했다. 번개같이 빠른 도약과 금속성 이빨질, 그리고 마찬가지로 빠른 되튀는 도약뿐, 아무런 경고도 없었다. 그리고 컬리는 안면이 눈에서 아가리까지 찢겨져 있었다.

그것은 공격하고는 훌쩍 뛰어 물러나는, 바로 늑대의 싸움 방식이었다. 그러나 이 한 번 공격으로 끝난 것이 아니었다. 에스키모 개 삼사십 마리가 격투지로 뛰어 와서 싸우는 두 개를 빙 둘러싸고 열심히 그리고 조용히 지켜보았다. 벅은 그 침묵과 열중이 의미하는 바도, 열심히 입맛을 다시는 것이 의미하는 행동이 무엇인지도 알 수가 없었다. 컬리는 상대방을 향해 돌격했으나 상대방은 또 한 번 치고는 훌쩍 옆으로 물러났다. 그 개는 컬리의 다음 공격을 독특한 방식으로 가

---

① **Dyea**—남부 *Alaska* 의 마을. ④ **things primordial**—원시적 환경. **No ~ this**— This was no lazy, sunny life. (이 생활은 나태하고 쾌활한 것은 결코 아니었다). no 는 be 의 complement 인 noun or adjective 의 앞에 붙어 quite other than, the opposite of 의 뜻. *Ex.* She showed me *no* small kindness.

his chest, in a peculiar fashion that tumbled her off her feet. She never regained them. This was what the on-looking huskies had waited for. They closed in upon her, snarling and yelping, and she was buried, screaming with agony, beneath the bristling mass of bodies.

So sudden was it, and so unexpected, that Buck was taken aback. He saw Spitz run out his scarlet tongue in a way he had of laughing; and he saw François, swinging an axe, spring into the mass of dogs. Three men with clubs were helping him to scatter them. It did not take long. Two minutes from the time Curly went down, the last of her assailants were clubbed off. But she lay there limp and lifeless in the bloody, trampled snow, almost literally torn to pieces, the swart half-breed standing over her and cursing horribly. The scene often came back to Buck to trouble him in his sleep. So that was the way. No fair play. Once down, that was the end of you. Well, he would see to it that he never went down. Spitz ran out his tongue and laughed again, and from that moment Buck hated him with a bitter and deathless hatred.

Before he had recovered from the shock caused by the tragic passing of Curly, he received another shock. François fastened upon him an arrangement of straps and buckles. It was a harness, such as he had seen the grooms put on the horses at home. And as he had seen horses work, so he was set to work, hauling François on a sled to the forest that fringed the valley, and returning with a load of firewood. Though his dignity was sorely hurt by thus being made a draught animal, he was too wise to rebel. He buckled down with a will and did his best, though it was all new and strange. François was stern, demanding instant obedience, and by virtue of his whip receiving instant obedience; while Dave, who was

슴을 사용하여 받아 냈고 컬리는 쓰러지고 말았다. 컬리는 두 번 다시 일어서지 못했다. 이것이 구경하고 있던 에스키모 개들이 고대했던 일이었다. 그 개들은 으르렁거리고 짖어 대며 컬리 쪽으로 좁혀 갔으며 컬리는 심한 고통으로 날카로운 소리를 질렀고 털을 곤두세운 개들의 무리에 파묻혀 버렸다.

그것은 너무나 갑작스럽고, 너무나 뜻밖에 일어난 일이었기 때문에 벅은 깜짝 놀랐다. 벅은 스피쯔가 웃을 때 언제나 그렇듯 진홍색 혀를 내미는 것을 보았다. 그리고 프랑스와가 손도끼를 휘두르며 개들의 무리속으로 뛰어드는 것을 보았다. 사나이 셋이 곤봉을 들고 프랑스와를 도와 개들을 분산시키고 있었다. 그러는 데 긴 시간이 걸리지 않았다. 컬리가 쓰러진 지 2분, 컬리를 습격한 마지막 개가 곤봉에 맞아 쫓겨 갔다. 그러나 컬리는 거의 문자 그대로 산산조각으로 찢겨져 피투성이의 밟아 다져진 눈 속에 축 늘어져 죽은 채 쓰러져 있었고, 그 검은 피부의 혼혈아는 컬리 쪽으로 몸을 구부리고 서서 지독하게 욕을 하고 있었다. 이 광경은 종종 벅의 꿈속에 되살아나서 벅을 괴롭혔다. 저것이 놈들의 수법이었다. 정당하지 않다. 일단 쓰러지면 그것으로 끝장이었다. 그렇다면 절대로 쓰러지는 일이 없도록 하자고 벅은 생각했다. 스피쯔가 또 혀를 내밀고 웃었다. 그리고, 이 순간부터 벅은 영원히 지워지지 않는 격렬한 증오심을 갖고 스피쯔를 미워했다.

컬리의 비참한 죽음으로 받은 충격에서 채 벗어나기도 전에 벅은 또 다른 충격을 받았다. 프랑스와가 벅에게 쇠붙이가 달린 혁대 장비를 매단 것이다. 그것은 벅이 집에서 마부들이 말에 매는 것을 본 일이 있는 마구(馬具)의 가죽 끈이었다. 그리고 말들이 일하는 것을 본 일이 있듯이 벅도 일을 하게 된 것이다. 벅은 프랑스와를 썰매에 태워 계곡 언저리에 있는 숲으로 끌고 가서 땔감을 싣고 돌아왔다. 이렇게 짐을 나르는 동물이 됨으로써 위신은 크게 손상되었지만 벅은 반항하기에는 너무나 영리했다. 이런 일에는 낯설고 경험이 없었지만 벅은 힘껏 열심히 일을 하고 최선을 다했다. 프랑스와는 엄격하여 지체 없이 복종하기를 요구했고, 또 채찍의 힘을 빌어 지체 없는 복종을 받

---

② **regain them**—regain her feet (다시 일어나다). ③ **close~her**—그녀에게 닥쳐 오다. ⑥ **so~unexpected**—It was so sudden, and so unexpected. ⑦ **be taken aback**—be astounded (깜짝 놀라다). ⑯ **So~way**—저것이 놈들의 방식이었다. ⑰ **Once down**—When once you were down. **Well~down**—Well, I will see to it that I never go down. (좋아, 절대로 쓰러지지 않도록 조심하자고 그는 생각했다.) **see to it that~**—~하도록 주의하다. ㉒ **passing**—death. ㉘ **sorely**—severely. ㉚ **with a will**—earnestly, heartily. **buckle down**—set to work in earnet.

an experienced wheeler, nipped Buck's hind quarters whenever he was in error. Spitz was the leader, likewise experienced, and while he could not always get at Buck, he growled sharp reproof now and again, or cunningly
5 threw his weight in the traces to jerk Buck into the way he should go. Buck learned easily, and under the combined tuition of his two mates and François made remarkable progress. Ere they returned to camp he knew enough to stop at "ho," to go ahead at "mush," to
10 swing wide on the bends, and to keep clear of the wheeler when the loaded sled shot downhill at their heels.

"T'ree vair' good dogs," François told Perrault. "Dat Buck, heem pool lak hell. I tich heem queek as anyt'ing."

By afternoon, Perrault, who was in a hurry to be on
15 the trail with his despatches, returned with two more dogs. "Billee" and "Joe" he called them, two brothers, and true huskies both. Sons of the one mother though they were, they were as different as day and night. Billee's one fault was his excessive good nature, while Joe was
20 the very opposite, sour and introspective, with a perpetual snarl and a malignant eye. Buck received them in comradely fashion, Dave ignored them, while Spitz proceeded to thrash first one and then the other. Billee wagged his tail appeasingly, turned to run when he saw that appease-
25 ment was of no avail, and cried (still appeasingly) when Spitz's sharp teeth scored his flank. But no matter how Spitz circled, Joe whirled around on his heels to face him, mane bristling, ears laid back, lips writhing and snarling, jaws clipping together as fast as he could snap,
30 and eyes diabolically gleaming—the incarnation of belligerent fear. So terrible was his appearance that Spitz was forced to forego disciplining him; but to cover his own discomfiture he turned upon the inoffensive and

았다. 한편 썰매의 바로 앞에 매여지는 노련한 데이브는 벅이 실수를 할 때마다 벅의 엉덩이를 살짝 깨물었다. 스피츠는 길잡이 개였고 역시 마찬가지로 노련했으며 항상 벅에게 갈 수 없었지만 심하게 책망하는 으르렁 소리를 내거나 또는 교묘하게 자기 체중을 혁대에 가하여 벅이 당연히 전진해야 할 길로 홱 밀어 버렸다. 벅은 척척 요령을 터득, 두 마리의 동료와 프랑스와의 공동지도아래 현저한 발전을 했다. 그들이 야영지로 되돌아가기 전에 그는 "워" 하는 소리에 정지하고, "머슈" 하는 소리에 전진하고 길모퉁이에서는 큰 반경을 그리며 돌고, 짐을 실은 썰매가 바로 뒤를 쏜살같이 언덕을 미끌어져 내려갈 때는 제일 뒤에 있는 개에게 방해가 되지 않도록 떨어져서 달릴 만한 정도의 지식을 얻었다.

"세 마리 다 아주 좋은 개로군." 프랑스와가 페로에게 말했다. "저 놈 벅은 필사적으로 끄는걸, 저놈 같으면 빨리 가르칠 수 있어."

오후에는 자기의 속달 우편을 갖고 출발을 서두르고 있던 페로가 두 마리의 개를 더 데리고 돌아왔다. 그는 이 개들을 "빌리" 와 "조우" 라고 불렀는데 형제인 이 두 마리는 다 같이 순수한 에스키모 종(種)이었다. 같은 어미개에게서 났지만 이 두 마리는 마치 낮과 밤처럼 달랐다. 빌리의 한가지 결점은 성질이 지나치게 순한 것이었고 한편 조우는 정반대로 성미가 까다롭고 내향적이어서 늘 으르렁거리고 눈매에 적개심이 있었다. 벅은 그것들을 동료로서의 태도로 대했으며, 데이브는 그것들을 무시했지만 스피츠는 이내 한 마리 한 마리씩 차례로 혼내 주려고 했다. 빌리는 비위를 맞추려는 듯이 꼬리를 흔들고는 그런 아첨이 아무 소용도 없다는 것을 알고 몸을 돌려 도망치려 했으나 스피츠의 예리한 이가 옆구리에 상처를 내자 (역시 비위를 맞추듯이) 울부짖었다. 그러나 스피치가 아무리 빙빙 돌아도 조는 홱 방향을 바꾸어 스피츠와 안면을 맞대어 목털을 곤두세우고, 귀를 뒤로 제쳐, 입술을 비틀어 구부리고, 될 수 있는 대로 빨리 입을 딱딱 소리 내어 서로 맞물리게 하고, 눈을 악마처럼 번득거렸다 ― 겁에 질린 나머지 목숨을 걸고 저항하려는 투쟁심의 화신(化身) 같았다. 조우의 표정은 너무나도 무서웠기 때문에 스피츠는 조우를 혼내 주는 것을 단념할 수밖에 없었으나 자신의 실패를 얼버무리려고 저항하지 않고 울부짖고 있는

① **wheeler**―수레나 썰매를 끄는 한 무리의 동물 중 수레나 썰매의 바로 앞에 자리 잡는 말 또는 개. ⑦ **tuition**―teaching. ⑩ **keep~wheeler**―wheeler 의 방해가 되지 않도록 하다. ⑫ **T'ree vair'**―Three very. ⑬ **heem~hell**―he pulls like hell.(그 놈은 무척 잘 끈다.) **I~anyt'ing**―I teach him as quick as anything. ⑰ **Sons~were**―Though they were sons of the one mother. ㉓ **thrash**―혼내 주다. ㉗ **whirl~heels**―홱 방향을 돌리다.

wailing Billee and drove him to the confines of the camp.

By evening Perrault secured another dog, an old husky, long and lean and gaunt, with a battle-scarred face and a single eye which flashed a warning of prowess that commanded respect. He was called Sol-leks, which means the Angry One. Like Dave, he asked nothing, gave nothing, expected nothing: and when he marched slowly and deliberately into their midst, even Spitz left him alone. He had one peculiarity which Buck was unlucky enough to discover. He did not like to be approached on his blind side. Of this offence Buck was unwittingly guilty, and the first knowledge he had of his indiscretion was when Sol-leks whirled upon him and slashed his shoulder to the bone for three inches up and down. Forever after Buck avoided his blind side, and to the last of their comradeship had no more trouble. His only apparent ambition, like Dave's, was to be left alone; though, as Buck was afterward to learn, each of them possessed one other and even more vital ambition.

That night Buck faced the great problem of sleeping. The tent, illuminated by a candle, glowed warmly in the midst of the white plain; and when he, as a matter of course, entered it, both Perrault and François bombarded him with curses and cooking utensils, till he recovered from his consternation and fled ignominiously into the outer cold. A chill wind was blowing that nipped him sharply and bit with especial venom into his wounded shoulder. He lay down on the snow and attempted to sleep, but the frost soon drove him shivering to his feet. Miserable and disconsolate, he wandered about among the many tents, only to find that one place was as cold as another. Here and there savage dogs rushed upon him, but he bristled his neck-hair and snarled (for he was

빌리에게 덤벼들어 야영지의 가장자리까지 좇아 보냈다.

　저녁 때에 페로는 또 한 마리의 개를 확보했다. 이 개는 몸통이 길고 여위어 수척해진 나이 먹은 에스키모 종으로 얼굴에는 전투의 상처 자국에 눈은 한 쪽뿐이었으나 그 눈은 용기를 나타내서 빛나 존경심을 일으켰다. 그 개의 이름은 솔렉스였는데 그것은 "화를 잘 내는 녀석"이라는 뜻이었다. 데이브처럼 솔렉스는 아무 것도 요구하지 않았고, 아무 것도 주지 않았고, 아무 것도 기대하지 않았다. 솔렉스가 천천히 침착하게 그들 가운데로 걸어갔을 때 스피츠조차 솔렉스를 건드리지 못했다. 솔렉스는 특별한 한가지 버릇이 있었는데 벅이 운 사납게도 그것을 발견해 버렸다. 솔렉스는 자기 눈이 없는 쪽에서 누가 접근하는 것을 싫어했다. 벅은 부지중에 이것을 범했으며 자신의 경솔함을 처음으로 깨달은 것은 솔렉스가 덤벼들어 어깨를 뼈에 이르기까지 아래위로 삼 인치 물어 찢었을 때였다. 그 후 언제까지나 벅은 솔렉스의 눈 먼 쪽을 피했다. 그래서 동료로서의 그들의 일이 끝날 때까지 두 번 다시 소동은 일어나지 않았다. 벅의 단 하나뿐인 뚜렷한 소망은 데이브의 소망처럼 건드리지 않고 내버려 두는 것이었다. 그러나 벅이 후에 알게 된 바와 같이 데이브와 자신은 제각기 또 하나의 더욱 중대한 소망을 갖고 있었다.

　그날 밤 벅은 잠자는 데 큰 문제에 직면했다. 촛불 하나가 켜져 있는 천막은 백설의 평야 한가운데서 따뜻하게 빛나고 있었다. 벅이 늘 그랬던 것처럼 천막 안으로 들어갔을 때, 페로와 프랑스와가 욕을 퍼붓고, 취사 도구를 던져서 깜짝 놀란 끝에 겨우 제 정신을 되찾아 굴욕적으로 밖의 한기(寒氣) 속으로 도망쳐 나갔다. 찬 바람은 벅의 가죽을 예리하게 찔렀고, 부상당한 어깨에는 특히 심하게 스며들었다. 눈 위에 드러누워 잠을 청했으나 혹독한 추위로 벅은 곧 몸을 떨면서 일어섰다. 비참하고 쓸쓸한 기분에 벅은 많은 천막 사이를 이리저리 돌아다녔으므로 어디나 똑같이 춥다는 것을 알았을 뿐이었다. 이곳저곳에서 사나운 개들이 달려들었으나 벅은 목털을 곤두세워 으르렁댔으며(왜냐하면 그는 재빨리 요령을 터득하고 있었기 때문에), 그 개들은

① confines—경계, 한계. ④ prowess—bravery, valour(무용). ⑮ forever after—ever since (그후 언제나). ㉓ bombard—맹공격을 하다. ㉕ ignominiously—shamefully, humiliatingly (수치스럽게). ㉗ venom—독. ㉚ disconsolate—inconsolable, forlorn(서글픈).

learning fast), and they let him go his way unmolested.

Finally an idea came to him. He would return and see how his own team-mates were making out. To his astonishment, they had disappeared. Again he wandered about through the great camp, looking for them, and again he returned. Were they in the tent? No, that could not be, else he would not have been driven out. Then where could they possibly be? With drooping tail and shivering body, very forlorn indeed, he aimlessly circled the tent. Suddenly the snow gave way beneath his fore legs and he sank down. Something wriggled under his feet. He sprang back, bristling and snarling, fearful of the unseen and unknown. But a friendly little yelp reassured him, and he went back to investigate. A whiff of warm air ascended to his nostrils, and there, curled up under the snow in a snug ball, lay Billee. He whined placatingly, squirmed and wriggled to show his good will and intentions, and even ventured, as a bribe for peace, to lick Buck's face with his warm wet tongue.

Another lesson. So that was the way they did it, eh? Buck confidently selected a spot, and with much fuss and waste effort proceeded to dig a hole for himself. In a trice the heat from his body filled the confined space and he was asleep. The day had been long and arduous, and he slept soundly and comfortably, though he growled and barked and wrestled with bad dreams.

Nor did he open his eyes till roused by the noises of the waking camp. At first he did not know where he was. It had snowed during the night and he was completely buried. The snow walls pressed him on every side, and a great surge of fear swept through him—the fear of the wild thing for the trap. It was a token that he was harking back through his own life to the lives of his fore-

방해하지 않고 벅을 지나가게 했다.

마침내 어떤 생각이 벅에게 떠올랐다. 돌아가서 자기의 동료들이 어떤 형편으로 지내고 있는지 보고 싶었다. 놀랍게도 그것들은 어디론지 사라져 버렸다. 또다시 벅은 그것들을 찾아 넓은 야영지를 여기저기 돌아다니다 돌아왔다. 천막 안에 있는 것일까? 아니 그럴 리가 없었다. 그랬다면 벅이 쫓겨날 리가 없었다. 그렇다면 그것들은 도대체 어디에 있을까? 꼬리를 내려뜨리고 몸을 와들와들 떨면서 그야말로 풀이 죽은 벅은 정처 없이 천막 주변을 빙빙 돌았다. 갑자기 앞발 밑의 눈이 꺼져 벅은 빠져 버렸다. 무엇인지 발 밑에서 꾸물꾸물 움직였다. 벅은 눈에 안 보이는 이 정체 불명의 물체에 기겁을 하여 털을 곤두세워 으르렁거리며 뒤로 뛰어 물러섰다. 그러나 친한 듯이 작게 짖어 대는 소리에 벅은 안심하여 다시 한 번 가서 살펴보려고 했다. 물컥 따뜻한 공기가 벅의 콧구멍으로 올라왔으며, 그곳에는 빌리가 눈 밑에 기분 좋게 공처럼 몸을 구부리고 누워 있었다. 빌리는 달래듯 킹킹거리고, 선의와 호의를 보이려고 몸을 비비 꼬면서 구부려 머뭇거리고, 우호 관계를 유지하기 위한 뇌물로서 따뜻하고 축축한 혀로 벅의 얼굴을 핥으려고까지 했다.

이것은 또 새로운 교훈이었다. 이것이 저 패거리들이 잠자는 방식이었다. 벅은 자신을 갖고 한 장소를 택해 크게 법석을 떨고 쓸데없는 수고도 하며 잠잘 구덩이를 파기 시작했다. 삽시간에 자기 몸에서 발산하는 열이 그 좁은 공간에 가득 차, 벅은 잠들었다. 그날은 길고 힘이 든 하루였다. 그래서 그는 악몽 때문에 으르렁거렸고, 짖기도 했고, 몹시 괴로와 했지만 기분 좋게 푹 잘잤다.

또 그는 깨어나는 야영지의 소음으로 잠이 깰 때까지 눈을 뜨지도 않았다. 처음에는 자기가 어디 있는지 몰랐다. 밤에 내린 눈으로 벅은 완전히 눈 속에 파묻혀 있었다. 눈으로 쌓인 벽이 온 둘레에서 벅을 압박해 왔으며 크게 물결 치는 공포가—야수가 덫에 대해 갖는 공포가—벅에게 밀어닥쳤다. 그것은 벅이 자신의 생활을 통해 자기 조상들의 생활로 되돌아가고 있다는 것을 나타내는 증거였다. 왜냐하면 벅

---

③ **be making out**—be managing, be making shift. ⑥ **Were they in the tent?**—"Are they in the tent?" he wondered. Buck이 마음속에서 생각한 일. ⑩ **give way**—break down, sink down (무너져 떨어지다). ⑯ **snug**—기분 좋게 따뜻한. ⑰**placatingly**—달래듯이. ㉒ **in a trice**—in an instant (즉각, 곧). ㉛ **sweep through him**—갑자기 그에게 엄습하다. ㉜ **the wild thing**—the wild creature (야수). ㉝ **hark back**—시발점으로 되돌아가다.

bears; for he was a civilised dog, an unduly civilised dog, and of his own experience knew no trap and so could not of himself fear it. The muscles of his whole body contracted spasmodically and instinctively, the hair on his neck and shoulders stood on end, and with a ferocious snarl he bounded straight up into the blinding day, the snow flying about him in a flashing cloud. Ere he landed on his feet, he saw the white camp spread out before him and knew where he was and remembered all that had passed from the time he went for a stroll with Manuel to the hole he had dug for himself the night before.

A shout from François hailed his appearance. "Wot I say?" the dog-driver cried to Perrault. "Dat Buck for sure learn queek as anyt'ing."

Perrault nodded gravely. As courier for the Canadian Government, bearing important despatches, he was anxious to secure the best dogs, and he was particularly gladdened by the possession of Buck.

Three more huskies were added to the team inside an hour, making a total of nine, and before another quarter of an hour had passed they were in harness and swinging up the trail toward the Dyea Cañon. Buck was glad to be gone, and though the work was hard he found he did not particularly despise it. He was surprised at the eagerness which animated the whole team and which was communicated to him; but still more surprising was the change wrought in Dave and Sol-leks. They were new dogs, utterly transformed by the harness. All passiveness and unconcern had dropped from them. They were alert and active, anxious that the work should go well, and fiercely irritable with whatever, by delay or confusion, retarded that work. The toil of the traces seemed the supreme expression of their being, and all that they lived

은 문화에 익숙해진, 지나치게 문화에 익숙해진 개였고 자기 자신의 경험으로는 덫이라는 것을 전혀 몰랐으며 따라서 덫을 겁낼 일이 있을 리 없었기 때문이었다. 전신의 근육이 발작적이고 본능적으로 수축하여 목과 어깨의 털이 곤두섰고, 사납게 으르렁 소리를 내며 벅은 펄쩍 눈부신 햇빛 속으로 뛰어올랐으며 그러자 눈이 번쩍거리는 구름처럼 벅의 주변에 날아 흩어졌다. 벅은 땅을 밟고 서기 전에 흰 야영지가 눈앞에 전개 되는 것을 보고 자신이 어디에 있는지 알았으며, 마뉴엘과 함께 산책하러 나갔을 때부터 어제 밤 자신의 잠잘 구덩이를 판 일까지, 일어난 모든 일을 생각해 냈다.

프랑스와는 외치며 벅이 나타난 것을 환호했다. "내가 뭐라고 했어?"라고 이 개 몰이꾼은 페로에게 소리 쳤다. "저 벅은 정말 빨리 터득해."

페로는 진지하게 고개를 끄덕했다. 중요한 속달 우편을 운반하는 캐나다 정부의 파발꾼으로서 그는 가장 좋은 개를 무척 확보하고 싶어했으며 그래서 벅을 차지한 것을 특별히 기뻐하고 있었다.

한 시간 안에 에스키모 개 세 마리가 더 동료로 끼어 들어 모두 아홉 마리가 되었고, 그로부터 십오 분이 지나기 전에 개들은 혁대가 매어져 다이에이 협곡(峽谷)을 향해 활기 있게 썰매 길을 달리고 있었다. 벅은 떠나게 된 것이 기뻤고 하는 일이 어려웠지만 자기가 특별히 그일을 깔보지 않는다는 것을 알았다. 벅은 동료 개들 모두에게 활기를 띠게 하는 열의(熱意)에 놀랐으며 그 열의는 그에게도 옮아 왔다. 그런데 게다가 더욱 놀라왔던 것은 데이브와 솔렉스에게 일어난 변화였다. 그것들은 혁대를 매게 되자 전혀 달라져 다른 개가 되어 있었다. 소극적 태도와 무관심이 말끔히 그것들로부터 사라졌다. 그 개들은 날쌔고 재빨랐으며 활동적이었고, 일이 잘 진행되도록 열중했고, 정체나 혼란으로 일이 지연될 때에는 무슨 일이건 크게 짜증을 냈다. 혁대를 매고 썰매를 끄는 노고는 그들의 존재를 나타내는 최고의 표현이었고 살아 가는 유일한 보람이었으며, 즐거움을 느끼는 유일한 것인

---

② of ~ experience— by his own experience. ④ spasmodically—발작적으로. ⑤ stand on end—곤두서다. ⑫ Wot I say?— What did I say?, Didn't I say? (어때, 내 말대로지？). ⑳ make ~ nine—합계 아홉이 되다. ㉒ the trail— 썰매길. Cañon —Canyon(협곡). ㉓ be ~ gone—출발해서 기뻤다. ㉗ wrought—work 의 고어형 과거·과거분사. 지금은 특수한 의미에만 통용. 여기서 work 는 effect(변화,효과,영향 등이 일어나다)의 뜻. ㉜ traces— (썰매의) 가죽 띠. ㉝ all ~ for—그들이 사는 보람.

for and the only thing in which they took delight.

Dave was wheeler or sled dog, pulling in front of him was Buck, then came Sol-leks; the rest of the team was strung out ahead, single file, to the leader, which position was filled by Spitz.

Buck had been purposely placed between Dave and Sol-leks so that he might receive instruction. Apt scholar that he was, they were equally apt teachers, never allowing him to linger long in error, and enforcing their teaching with their sharp teeth. Dave was fair and very wise. He never nipped Buck without cause, and he never failed to nip him when he stood in need of it. As François's whip backed him up, Buck found it to be cheaper to mend his ways than to retaliate. Once, during a brief halt, when he got tangled in the traces and delayed the start, both Dave and Sol-leks flew at him and administered a sound trouncing. The resulting tangle was even worse, but Buck took good care to keep the traces clear thereafter; and ere the day was done, so well had he mastered his work, his mates about ceased nagging him. François's whip snapped less frequently, and Perrault even honoured Buck by lifting up his feet and carefully examining them.

It was a hard day's run, up the Cañon, through Sheep Camp, past the Scales and the timber line, across glaciers and snowdrifts hundreds of feet deep, and over the great Chilcoot Divide, which stands between the salt water and the fresh and guards forbiddingly the sad and lonely North. They made good time down the chain of lakes which fills the craters of extinct volcanoes, and late that night pulled into the huge camp at the head of Lake Bennett, where thousands of gold-seekers were building boats against the break-up of the ice in the spring. Buck made his hole in the snow and slept the sleep of the exhausted

듯 생각되었다.

데이브가 제일 뒤의 개, 즉 썰매 앞에 자리 잡는 개였고, 벅은 그 앞에서 끌었으며 벅 앞에 솔렉스가 있었다. 이들 한 조의 개들 중 나머지는 선두견(犬)이 있는 데 까지 앞으로 일렬로 매어졌는데 선두견의 자리는 스피츠가 차지하고 있었다.

벅은 지도를 받을 수 있도록 일부러 데이브와 솔렉스의 중간에 배치되었다. 벅은 이해가 빠른 학생이었지만 그들도 역시 우수한 교사였으며 벅이 갈팡질팡하여 실수를 저지르는 것을 결코 용서하지 않았고, 날카로운 이로 그 가르침을 억지로라도 터득케 했다. 데이브는 공평하고 아주 영리했으며 이유 없이 벅을 깨무는 일이 결코 없었으나 그럴 필요가 있을 때는 어김없이 깨물었다. 프랑스와의 채찍이 데이브의 편을 들고 있었기 때문에 벅은 앙갚음을 하기보다는 자기의 방법을 고치는 쪽이 싸게 먹힌다는 것을 깨달았다. 한 번은 잠깐 휴식을 취하는 동안 벅이 가죽 띠에 엉켜 출발이 지연됐을 때 데이브와 솔렉스 둘이 벅에게 달려들어 호된 벌을 주었다. 그 결과로 생긴 엉킴은 더 악화됐으나 벅은 그 후 가죽띠에 엉키는 일이 없도록 조심했다. 그리고 그날이 다 가기 전에 벅은 작업의 요령을 모조리 터득했으므로 주변의 동료들은 벅을 그만 들볶았다. 프랑스와의 채찍도 전처럼 자주 내려쳐지지 않았고, 페로는 벅의 다리를 집어 들고 면밀히 조사해 주는 영광을 베풀었다.

협곡을 오르고 쉬입 캠프를 거쳐 스케일 언덕과 수목 한계선을 지나, 빙하와 깊이 몇 백 피트의 적설을 가로질러, 짠물과 담수(淡水) 사이에 우뚝 서서 쓸쓸하고 외로운 북부를 사람의 인접을 막듯이 지키고 있는 웅대한 칠쿠트 분수령을 넘어간다는 것은 아주 고된 하루 여정이었다. 그들은 사화산(死火山)의 분화구를 채우고 있는 일련의 호수를 내려가서 걸음을 재촉했다. 그리고 그날 밤 늦게 베네트 호의 끝에 있는 큰 야영지에 당도했는데 그곳에는 금을 찾으러 온 수천 명의 사람이 봄철의 해빙에 대비하여 배를 만들고 있었다. 벅은 눈 속에 구덩이를 파고는 피로에 지쳐 푹 잠을 잤으나 너무나도 일찍 추운 어둠

---

④ **string out**—일렬로 늘어서다, 일렬로 매다. ⑦ **Apt ~ was**—Though he was an apt scholar. ⑫ **stand~ of**……—을 필요로 하다. ⑬ **back him up**—support him. ⑰ **trounce** —punish. ⑲ **the day ~ done**—the day was over. ㉔ **timber line**—in cold or mountainous regions, the line above which timber does not grow (수목 한계선). ㉖ **Divide**—분수령. ㉗ **forbiddingly**—접근하기 어렵게. ㉘ **make good time**—make rapid progress (여기서는 걸음을 재촉하다). ㉚ **pull into~~**—에 도착하다, ~에 들어가다. **head of lake**—호수의 강물이 흘러드는 곳. ㉝ **sleep~ just**—피로에 지쳐 푹 잠을 자다.

just, but all too early was routed out in the cold darkness and harnessed with his mates to the sled.

That day they made forty miles, the trail being packed; but the next day, and for many days to follow, they
5 broke their own trail, worked harder, and made poorer time. As a rule, Perrault travelled ahead of the team, packing the snow with webbed shoes to make it easier for them. François, guiding the sled at the gee-pole, sometimes exchanged places with him but not often. Perrault
10 was in a hurry, and he prided himself on his knowledge of ice, which knowledge was indispensable, for the fall ice was very thin, and where there was swift water, there was no ice at all.

Day after day, for days unending, Buck toiled in the
15 traces. Always, they broke camp in the dark, and the first grey of dawn found them hitting the trail with fresh miles reeled off behind them. And always they pitched camp after dark, eating their bit of fish, and crawling to sleep into the snow. Buck was ravenous. The pound and
20 a half of sun-dried salmon, which was his ration for each day, seemed to go nowhere. He never had enough, and suffered from perpetual hunger pangs. Yet the other dogs, because they weighed less and were born to the life, received a pound only of the fish and managed to keep
25 in good condition.

He swiftly lost the fastidiousness which had characterised his old life. A dainty eater, he found that his mates, finishing first, robbed him of his unfinished ration. There was no defending it. While he was fighting
30 off two or three, it was disappearing down the throats of the others. To remedy this, he ate as fast as they; and, so greatly did hunger compel him, he was not above taking what did not belong to him. He watched and learned.

46

속에 끌려 나와 동료들과 함께 썰매의 가죽 띠에 묶여졌다.

그날은 썰매길이 다져져 있었기 때문에 사십 마일이나 전진했다. 그러나 다음 날과 그 후 며칠 동안은 그들이 직접 길을 내서 전진했고, 지금까지보다 훨씬 고생했고, 걸음도 진척되지 않았다. 언제나 페로가 일행의 통과를 조금이라도 쉽게 하기 위해 물갈퀴가 달린 신으로 눈을 밟아 다지면서 일행의 앞장에 서서 나아갔다. 썰매의 채를 쥐고 썰매의 방향을 정하고 있던 프랑스와는 이따금 그와 교대했지만 그것은 드문 일이었다. 페로는 서둘렀다. 그는 얼음에 관해 잘 알고 있는 것을 자랑하고 있었는데 그 지식은 필요 불가결한 것이었다. 왜냐하면 가을의 얼음은 아주 얇았고, 급류가 있는 곳에는 얼음이 전혀 없었기 때문이다.

매일매일, 여러 날 동안 끊임없이, 벅은 가죽 띠에 매어져 힘써 일했다. 그들은 늘 어둠 속에서 텐트를 걷고, 날이 새기 시작할 무렵에는 몇 마일이나 새로 낸 길을 뒤로 하여 썰매 길을 나아가고 있었다. 그리고 늘 해가 저문 후 텐트를 치고, 물고기를 조금 먹고, 눈 속에 기어들어가서 잠을 잤다. 벅은 몹시 배가 고팠다. 매일매일의 배급량이었던 일 파운드 반의 마른 연어는 어디다 먹어 치웠는지 모를 느낌이었다. 벅은 충분히 먹은 일이 없었고, 늘 괴로운 공복감을 느꼈다. 그러나 다른 개들은 벅보다 체중이 적고 이런 생활에 타고났기 때문에 일 파운드의 물고기만 받고도 그럭저럭 건강 상태를 지속할 수 있었다.

벅은 이전 생활의 특성이었던 음식을 가리는 버릇을 곧 잃어버렸다. 음식을 기품 있게 먹던 벅은 먼저 식사를 끝낸 동료들이 아직 끝나지 않은 자기의 몫을 훔치는 것을 알았다. 그것을 방지할 수는 없었다. 벅이 두서너 마리를 다투어 쫓아 버리는 사이에 음식은 다른 개들의 목구멍을 통해 사라져 버리고 있었다. 이것을 막으려고 벅은 다른 개들처럼 빨리 먹었다. 그리고 굶주림이 너무나도 그를 몰아 댔기 때문에 자기 것이 아닌 것을 뺏는 것도 수치로 여기지 않았다. 그는 지켜

---

⑤ **break**—길을 내다. **make poorer time**—행군 전만큼 빠르지 않다. ⑦ **webbed shoes**—물갈퀴를 단 신. ⑧ **gee-pole**—개가 끄는 썰매의 채. ⑩ **pride oneself on~~~**을 자랑하다. ⑮ **break camp**—텐트를 치우다. ⑯ **hit**—go on. ⑲ **ravenous**—굶주린. ㉑ **seem to go nowhere**—어디로 먹어치웠는지 알 수 없다고 생각하다. ㉖ **fastidiousness**—까다로운 식성. ㉗ **dainty eater**—식사법이 고상한 사람(개). ㉙ **There ~ it**—It was impossible to defend it. ㉛ **so ~ him**—him 다음에 that를 보충하라. ㉜ **he ~ taking**—he was not ashamed of taking.(뺏는 것을 수치로 여기지 않았다.)

When he saw Pike, one of the new dogs, a clever malin-
gerer and thief, slyly steal a slice of bacon when Per-
rault's back was turned, he duplicated the performance
the following day, getting away with the whole chunk. A
5 great uproar was raised, but he was unsuspected; while
Dub, an awkward blunderer who was always getting
caught, was punished for Buck's misdeed.

This first theft marked Buck as fit to survive in the
hostile Northland environment. It marked his adaptability,
10 his capacity to adjust himself to changing conditions, the
lack of which would have meant swift and terrible death.
It marked, further, the decay or going to pieces of his
moral nature, a vain thing and a handicap in the ruthless
struggle for existence. It was all well enough in the
15 Southland, under the law of love and fellowship, to
respect private property and personal feelings; but in the
Northland, under the law of club and fang, whoso took
such things into account was a fool, and in so far as he
observed them he would fail to prosper.

20 Not that Buck reasoned it out. He was fit, that was all,
and unconsciously he accommodated himself to the new
mode of life. All his days, no matter what the odds, he
had never run from a fight. But the club of the man in
the red sweater had beaten into him a more fundamental
25 and primitive code. Civilised, he could have died for a
moral consideration, say the defence of Judge Miller's
riding-whip; but the completeness of his decivilisation
was now evidenced by his ability to flee from the defence
of a moral consideration and so save his hide. He did not
30 steal for joy of it, but because of the clamour of his
stomach. He did not rob openly, but stole secretly and
cunningly, out of respect for club and fang. In short, the
things he did were done because it was easier to do them

보았고 요령을 터득했다. 꾀병을 부리는데 능하고 도둑질을 하는 새로
온 개 파이크가 페로가 등을 돌리자 몰래 베이콘을 한 조각 훔치는 것
을 보았을 때 벅은 다음날 그 방법을 흉내내서 베이콘 조각을 몽땅 훔
쳐 냈다. 큰 소동이 벌어졌으나 벅은 혐의를 안 받았다. 서투른 실수
로 늘 잡히기만 하던 더브가 벅이 저지른 나쁜 짓 때문에 벌을 받
았다.

이 첫 도둑질은 벅이 북극의 역경 속에서 생존하기에 적합하다는 것
을 보여 준 것이다. 그것은 그의 순응성(順應性), 즉 변화하는 환경에
자신을 적응시키는 능력을 보여 준 것으로 그 능력이 없었으면 곧 무
서운 죽음을 맞이해야 한다는 것을 의미했을 것이다. 게다가 또 그것
은 무자비한 생존 경쟁에서 쓸모 없는 것이며 이롭지 못한 것인 벅의
도덕심의 쇠퇴, 또는 붕괴를 나타내고 있었다. 사유 재산과 개인적인
감정을 존중하는 것은 사랑과 우정의 법도에 따라 지배되는 남부지방
에서는 아주 훌륭한 일이지만 곤봉과 송곳의 법도에 따라 지배되는 북
부 지방에서는 그 같은 것을 고려하는 사람은 누구든간에 바보이고,
그런 것을 지키는 한 성공하지 못할 것이다.

벅이 그런 것을 생각해낸 것은 아니다. 벅은 적합하다는 것뿐이었
고, 무의식 중에 벅은 새 생활 양식에 순응했다. 지금까지는 자신이
아무리 불리해도 싸움을 피해 도망치는 일은 결코 없었다. 그러나 그
빨간 스웨터를 입은 사나이의 곤봉이 벅의 머리를 때려서 보다 근본적
이고 원시적인 법도를 가르친 것이다. 문명 세계에 있었다면 그는 도
덕적인 고려, 예컨대 밀러 판사의 승마 채찍을 지키기 위해 벅은 죽을
수도 있었을 것이다. 그러나 벅이 문명에서 완전히 원시로 되돌아왔다
는 것은 이제 벅이 도덕적 고려를 지키는 것을 버리고 몸의 안전을 꾀
할 수 있게 되었다는 사실로 입증되었다. 벅은 재미가 나서 훔치는 것
이 아니라 배에서 나는 꼬르륵 소리 때문에 훔쳤다. 공공연히 훔치지
않고 곤봉과 송곳니에 경의를 표하여 남 몰래 교활하게 훔쳤다. 요컨
대 벅이 한 짓은 안 하느니보다는 하는 쪽이 훨씬 쉽기 때문에 행하여

① **malingerer**— 꾀병을 부리는 사람. ⑥ **get caught**— 잡히다. get+p.p.는 동작을 나타내는 수동의 뜻. Ex. get dismissed (해고당하다). ⑰ **whoso**— whoever. ⑳ **Not that**— It was not that. **reason out**— 생각해 내다. ㉕ **Civilised**— If he had been civilised.(문명 사회에 있었다면). ㉖ **say**— let us say (예컨대). ㉙ **save his hide**— save his skin (일신의 안전을 꾀하다, 다치지 않도록 하다).

than not to do them.

His development (or retrogression) was rapid. His muscles became hard as iron, and he grew callous to all ordinary pain. He achieved an internal as well as external economy. He could eat anything, no matter how loathsome or indigestible; and, once eaten, the juices of his stomach extracted the last least particle of nutriment; and his blood carried it to the farthest reaches of his body, building it into the toughest and stoutest of tissues. Sight and scent became remarkably keen, while his hearing developed such acuteness that in his sleep he heard the faintest sound and knew whether it heralded peace or peril. He learned to bite the ice out with his teeth when it collected between his toes; and when he was thirsty and there was a thick scum of ice over the water hole, he would break it by rearing and striking it with stiff fore legs. His most conspicuous trait was an ability to scent the wind and forecast it a night in advance. No matter how breathless the air when he dug his nest by tree or bank, the wind that later blew inevitably found him to leeward, sheltered and snug.

And not only did he learn by experience, but instincts long dead became alive again. The domesticated generations fell from him. In vague ways he remembered back to the youth of the breed, to the time the wild dogs ranged in packs through the primeval forest and killed their meat as they ran it down. It was no task for him to learn to fight with cut and slash and the quick wolf snap. In this manner had fought forgotten ancestors. They quickened the old life within him, and the old tricks which they had stamped into the heredity of the breed were his tricks. They came to him without effort or discovery, as though they had been his always. And when,

졌다.

벅의 발전(또는 퇴보)은 빨랐다. 근육은 철처럼 굳어졌고, 보통의
모든 고통에는 무감각해졌다. 외부적인 절약뿐만 아니라 내부적인 절
약도 성취했다. 아무리 싫거나 또는 소화가 안 되더라도 무엇이든 먹
을 수 있었다. 그리고 일단 먹고 나면 위액은 먹은 음식물의 마지막
한 방울의 영양까지도 흡수해 버렸다. 또 혈액은 그 영양을 몸의 구석
구석에까지 운반하여 제일 강하고 힘찬 조직으로 만들었다. 시각과 후
각이 두드러지게 예민해졌고, 청각도 아주 예민해져서 잠자고 있어도
극히 미미한 소리를 들었고, 그것이 평화를 예고하는 것인지 아니면
위험을 알리는 것인지를 알았다. 얼음이 발가락 사이에서 굳어졌을 때
는 그것을 이로 깨물어 떨어버리는 것을 익혔고, 또 목이 말랐으나 물
웅덩이에 얼음이 두텁게 층을 이루며 얼었을 때는 뒷발로 서서 단단한
앞발로 그것을 내려침으로써 얼음을 깨곤 했다. 벅의 제일 두드러진
특성은 냄새를 맡아 하룻밤 전에 바람을 예보할 수 있는 능력이었다.
나무나 또는 둑 옆에 잠잘 구멍을 팔 때는 바람이 전혀 불지 않았더라
도 나중에 불었는데 이럴 때면 꼭 벅은 바람을 받지 않는 쪽에서 안전
하고 포근하게 있는 것이었다.

그리고 벅은 비단 경험으로 배웠을 뿐만 아니라 오랫 동안 죽은 듯
이 잠자고 있던 본능이 되살아난 것이다. 길들여진 세대가 벅으로부터
떨어져 나갔다. 어렴풋하기는 했지만 벅은 개라는 종족의 발달초기,
즉 야생의 개들이 무리를 이루어 원시림 속을 배회하며 사냥감을 몰아
죽였던 시대를 거슬러 올라가 기억해냈다. 그로서는 자르거나, 베거
나, 늑대식으로 재빠르게 덤벼들어 물어 뜯는 방식으로 싸우는 것을
배우기가 조금도 어렵지 않았다. 이런 식으로 망각된 조상 개들이 싸
운 것이다. 이런 조상이 벅 속에 잠재해 있던 옛 생활을 소생시켰고
또 종족의 유전 속에 스며들게 했던 옛 생활의 비결은 그대로 그의 비
결이 되었다. 그것은 마치 처음부터 줄곧 그의 것이었던 양 노력도 하
지 않고 발견도 하지 않은 채 그의 것으로 되어 버렸다. 그리고 조용

---

③ **callous**—hardened, unfeeling (무감각의). ⑧ **to ~ reaches**—구석구석에까지. ⑭
collect—accumulate (쌓이다). ⑯ **rear**—stand up on hind legs (뒷다리로 서다). ㉔ **fall
from**—drop off (~로부터 떨어져 사라지다). ㉖ **range**—wander, roam (헤매다, 방황하
다). **in packs**—무리를 지어. ㉗ **meat**—prey (먹이). **It ~ learn**—배우는 것이 결코 고된
일은 아니었다. ㉚ **the old ~ breed**—the old tricks lying alive in the blood of the breed
for generations (여러 세대 동안 종족의 핏속에 살아 있던 옛 생활의 비결).

on the still cold nights, he pointed his nose at a star and howled long and wolflike, it was his ancestors, dead and dust, pointing nose at star and howling down through the centuries and through him. And his cadences were their cadences, the cadences which voiced their woe and what to them was the meaning of the stillness, and the cold, and dark.

Thus, as token of what a puppet thing life is, the ancient song surged through him and he came into his own again; and he came because men had found a yellow metal in the North, and because Manuel was a gardener's helper whose wages did not lap over the needs of his wife and divers small copies of himself.

하고 추운 밤이면 벅이 코를 별로 향하고 길게 소리를 뽑아 늑대처럼 짖을 때 그것은 코를 별쪽으로 향해 여러 세기에 걸쳐 계속 짖어 대고 지금 그의 육체를 빌어 짖고 있는, 죽어서 먼지가 된 조상들이었다. 또 벅이 짖어 대는 소리의 억양은 조상들 소리의 억양으로 조상들의 슬픔과 정적, 추위, 어둠이 조상들에게 지녔던 의미를 나타내는 소리였다.

삶이란 얼마나 꼭둑각시와 같은 것인지를 나타내는 증거로서 태고의 노래가 물밀 듯 밀려와 벅은 다시 본래의 자신으로 되돌아갔다. 게다가 벅이 그렇게 된 것은 인간들이 북극에서 황금색 금속을 발견했기 때문이고 마뉴엘이 자기 처와 그를 꼭 닮은 수 명의 아이들을 부양하는 데 부족한 보수를 받던 정원사 조수 였기 때문이었다.

---

⑨ **his own**— his original self (본래의 자신). ⑬ **small ~ himself**— his children (자기를 꼭 닮은 자식들).

III
THE DOMINANT PRIMORDIAL BEAST

The dominant primordial beast was strong in Buck, and under the fierce conditions of trail life it grew and grew. Yet it was a secret growth. His new-born cunning gave him poise and control. He was too busy adjusting himself to the new life to feel at ease, and not only did he not pick fights, but he avoided them whenever possible. A certain deliberateness characterised his attitude. He was not prone to rashness and precipitate action; and in the bitter hatred between him and Spitz he betrayed no impatience, shunned all offensive acts.

On the other hand, possibly because he divined in Buck a dangerous rival, Spitz never lost an opportunity of showing his teeth. He even went out of his way to bully Buck, striving constantly to start the fight which could end only in the death of one or the other.

Early in the trip this might have taken place had it not been for an unwonted accident. At the end of this day they made a bleak and miserable camp on the shore of Lake Le Barge. Driving snow, a wind that cut like a white-hot knife, and darkness, had forced them to grope for a camping place. They could hardly have fared worse. At their backs rose a perpendicular wall of rock, and Perrault and François were compelled to make their fire and spread their sleeping robes on the ice of the lake itself. The tent they had discarded at Dyea in order to travel light. A few sticks of driftwood furnished them with a fire that thawed down through the ice and left them to eat supper in the dark.

야수의 지배욕

야수의 지배욕이 벅의 마음속에 강하게 되살아나고 있었지만 썰매를 끄는 극심한 생활 조건 하에서 점점 더 강해져 갔다. 그러나 그것은 남의 눈에 뜨이지 않는 성장이었다. 그의 마음에 새롭게 생긴 교활함이 그에게 침착성과 억제력을 주었다. 새로운 생활에 적응하는 데에 너무도 바쁜 나머지 마음 편히 있을 수는 없었다. 그리고 자기 편에서 싸움을 걸지 않도록 하였을 뿐만 아니라 될 수 있으면 언제나 싸움을 피했다. 어떤 신중함이 벅의 마음가짐의 특징이 되어 있었다. 벅은 경솔한 짓이나 무모한 행동을 저지르지 않도록 했다. 그리고 자신과 스피쯔 사이의 통렬한 증오 속에서도 벅은 성급한 기질을 나타내는 따위의 짓을 하지 않았으며 공격적인 행동은 모두 피하고 있었다.

이에 반하여 아마도 스피쯔는 벅을 위험한 경쟁 상대로 알아차렸기 때문일 테지만 스피쯔는 상대를 위협하는 기회를 결코 놓치지 않았다. 스피츠는 트집을 잡아서라도 벅을 괴롭히려고 했으며 어느 한편이 죽지 않으면 끝나지도 않을 싸움을 끊임없이 걸려고 하였다.

어떤 전례 없는 사건이 없었더라면 이 여행 초기에 그러한 싸움이 일어났을지도 모른다. 그날 저녁 일행은 르 바르쥬 호반에서 찬 바람 속에 비참한 야영을 했다. 눈보라와 백열(白熱)된 나이프처럼 살을 에는 바람, 그리고 밤의 암흑 때문에 그들은 손으로 더듬어서 야영 장소를 물색하지 않을 수 없었다. 그 이상 극심한 여행이란 또 있을 수 없었을 것이다. 그들의 배후에는 수직의 암벽이 솟아올라 있었고 페로와 프랑스와는 바로 그 호수의 얼음 위에 불을 피우고 침구를 펼쳐 놓지 않으면 안 되었다. 여장을 가볍게 하기 위하여 텐트는 다이에이에서 버린 후였다. 몇 개의 유목(流木)으로 그들은 불을 피울 수 있었지만 불은 얼음 표면에서 점차 녹아 들어가서 그들은 암흑 속에서 저녁을 먹을 수밖에 없었다.

---

① **dominant primordial beast**—야수의 지배욕. ④ **poise**—마음의 안정, 침착. ⑥ **pick fights**—싸움을 걸다, 싸울 꼬투리를 잡다. ⑨ **betray**—나타내다, 무심코 드러내다. ⑪ **divine**—guess, perceive by intuition (예측하다, 알아채다). ⑬ **go ~ bully**—일부러 (트집을 잡아서까지) 괴롭히려고 한다. ㉑ **fare**—go, travel. ㉒ **perpendicular**—vertical(수직의). ㉕ **discard**—give up, abandon (버리다). ㉖ **light**—실은 짐이 가벼운.

Close in under the sheltering rock Buck made his nest. So snug and warm was it, that he was loath to leave it when François distributed the fish which he had first thawed over the fire. But when Buck finished his ration 5 and returned, he found his nest occupied. A warning snarl told him that the trespasser was Spitz. Till now Buck had avoided trouble with his enemy, but this was too much. The beast in him roared. He sprang upon Spitz with a fury which surprised them both, and Spitz 10 particularly, for his whole experience with Buck had gone to teach him that his rival was an unusually timid dog, who managed to hold his own only because of his great weight and size.

François was surprised, too, when they shot out in a 15 tangle from the disrupted nest and he divined the cause of the trouble. "A-a-ah!" he cried to Buck. "Gif it to heem by Gar! Gif it to heem, the dirty t'eef!"

Spitz was equally willing. He was crying with sheer rage and eagerness as he circled back and forth for a 20 chance to spring in. Buck was no less eager, and no less cautious, as he likewise circled back and forth for the advantage. But it was then that the unexpected happened, the thing which projected their struggle for supremacy far into the future, past many a weary mile of 25 trail and toil.

An oath from Perrault, the resounding impact of a club upon a bony frame, and a shrill yelp of pain, heralded the breaking forth of pandemonium. The camp was suddenly discovered to be alive with skulking furry 30 forms,—starving huskies, four or five score of them, who had scented the camp from some Indian village. They had crept in while Buck and Spitz were fighting, and when the two men sprang among them with stout

눈보라를 막아 주는 바위 밑 으슥한 곳에 벅은 잠자리를 만들었다. 그게 그렇게 아늑하고 따뜻했기 때문에 프랑스와가 먼저 불에 녹여 둔 생선을 나누어 주었을 때도 그 잠자리를 떠나기가 싫었다. 그런데 벅이 자기의 배급식(配給食)을 먹어치우고 돌아와 보니 자기의 잠자리가 점령당하고 만 것을 알았다. 경고의 으르렁 소리를 듣고 벅은 그 침입자가 스피쯔임을 알았다. 지금까지는 벅이 이 적과의 알력을 피하여 왔지만 이것은 참을 수 없는 짓이었다. 벅의 속에 숨은 야성이 노호(怒號)했다. 벅은 격분하여 스피쯔에게 달려들었고 그 분노는 상대와 자신을 다 같이 깜짝 놀라게 하는 것이었지만 특히 스피쯔를 아연케 하였다. 그도 그럴 것이 벅에 대한 자기의 모든 경험으로 보아 자기의 경쟁 상대는 몹시 겁 많은 개이며 그저 체중과 등치가 매우 크기 때문에 겨우 체면을 유지해 나갈 수 있는 것으로 생각해 버리고 만 탓이었다.

그들이 서로 뒤엉켜 무너진 잠자리에서 튀어나왔을 때 프랑스와는 깜짝 놀랐다. 그리고 싸움의 원인을 알아차렸다. "오오라!" 그는 벅을 향하여 소리쳤다. "그놈을 진짜 혼내 줘라! 저 더러운 도둑개를 혼내 주라구!"

스피쯔도 똑같이 싸울 의향이었다. 스피쯔는 뛰어 들어갈 기회를 노려 앞뒤를 빙빙 돌면서 극도의 격분과 맹렬한 기세로 짖어 댔다. 벅도 꼭 같이 유리한 위치를 차지하려고 앞뒤를 빙빙 돌면서 상대에 뒤질세라 열심이었고 방심하지 않았다. 그러나 그때 마침 뜻하지 않은 일이 일어났다. 그것은 그들의 패권 다툼이 장거리에 걸친 고된 썰매끌기의 여정 뒤의 먼 장래로 미루어진 사건이었다.

페로의 욕지거리, 곤봉이 뼈만 앙상한 몸에 부딪치는 반향음, 날카로운 고통의 비명이 대혼란의 발생을 알렸다. 야영지에는 살금살금 다가오는 모피로 덮인 형체(形體)들 ─ 즉 어떤 인디언 마을로부터 이 야영지를 냄새 맡고 온 굶주린 에스키모 견(犬)들이 팔십 내지 백 마리 정도 득실거리고 있는 것이 갑자기 발견되었다. 그들은 벅과 스피쯔가 싸우고 있는 동안 슬며시 잠입하여 온 것이었다. 그리고 두 사나이들이 두툼한 곤봉을 가지고 그들 속으로 뛰어들어가자 그들은 이빨을 드

---

② **loath**─unwilling (하기 싫은, 내키지 않는). ⑧ **beast**─brutal nature, the beast in man 은 「인간의 야수성」. ⑫ **hold his own**─자기 입장(면목)을 유지하다. ⑮ **disrupted**─shattered(무너진, 박살이 난). ⑰ **Gif ~ God!**─Give it to him by God! **t'eef**─thief. ㉓ **project**─postpone. ㉔ **past**─after. ㉘ **break forth**─폭발하다. **pandemonium**─perfect confusion, scene of wild disorder and uproar (대혼란).

clubs they showed their teeth and fought back. They were crazed by the smell of the food. Perrault found one with head buried in the grub-box. His club landed heavily on the gaunt ribs, and the grub-box was capsized
5 on the ground. On the instant a score of the famished brutes were scrambling for the bread and bacon. The clubs fell upon them unheeded. They yelped and howled under the rain of blows, but struggled none the less madly till the last crumb had been devoured.

10 In the meantime the astonished team-dogs had burst out of their nests only to be set upon by the fierce invaders. Never had Buck seen such dogs. It seemed as though their bones would burst through their skins. They were mere skeletons, draped loosely in draggled hides,
15 with blazing eyes and slavered fangs. But the hunger-madness made them terrifying, irresistible. There was no opposing them. The team-dogs were swept back against the cliff at the first onset. Buck was beset by three huskies, and in a trice his head and shoulders were ripped
20 and slashed. The din was frightful. Billee was crying as usual. Dave and Sol-leks, dripping blood from a score of wounds, were fighting bravely side by side. Joe was snapping like a demon. Once, his teeth closed on the fore leg of a husky, and he crunched down through the bone.
25 Pike, the malingerer, leaped upon the crippled animal, breaking its neck with a quick flash of teeth and a jerk. Buck got a frothing adversary by the throat, and was sprayed with blood when his teeth sank through the jugular. The warm taste of it in his mouth goaded him to
30 greater fierceness. He flung himself upon another, and at the same time felt teeth sink into his own throat. It was Spitz, treacherously attacking from the side.

Perrault and François, having cleaned out their part of

러내고 저항했다. 그 개들은 음식 냄새를 맡고 미쳐 있었다. 페로는
한 마리가 머리를 식료품 상자에 파묻고 있는 것을 발견하였다. 그의
곤봉이 몹시 여윈 늑골 부위(部位)에 세차게 내려졌고 식료품 상자는
땅 위에 뒤집혀졌다. 그 순간 이십 마리 정도의 굶주린 짐승들이 빵과
베이콘을 서로 쟁탈하고 있었다. 곤봉을 잇따라 그들에게 내리쳤지만
그들은 끄떡도 하지 않았다. 빗발치듯 내리치는 곤봉을 맞고 그 개들
은 울부짖고 짖어 댔지만 그래도 미친 듯이 서로 빼앗으면서 드디어
최후의 빵 부스러기까지 게걸스럽게 먹어 치웠다.

한편 놀란 썰매 끌기 동료 개들은 잠자리를 뛰쳐나왔지만 그저 사나
운 침입자들의 습격을 당할 뿐이었다. 벅은 이런 개들을 본 일이 한번
도 없었다. 마치 뼈가 가죽을 뚫고 튀어나올 것만 같았다. 그 개들은
더러운 거죽을 헐렁하게 덮어쓴 해골에 불과하였고 타오르는 눈과 침
과 흐르는 송곳니를 갖고 있었다. 그러나 굶주림 때문에 광기(狂氣)가
그들을 광폭하고, 대항하기 어려운 존재로 만들었다. 그들에게 대항하
는 것은 도저히 불가능했다. 썰매 끌기 개들은 최초의 습격에서 암벽
까지 곧 격퇴당했다. 벅은 세 마리의 에스키모 견에게 포위되어 순식
간에 머리와 어깨가 물리어 찢어졌다. 그 소란은 소름 끼치는 일이
었다. 빌리는 여느 때처럼 울부짖고 있었다. 데이브와 솔렉스는 수많
은 상처에서 피를 흘리면서 나란히 용감하게 싸우고 있었다. 조우는
악마처럼 물어뜯고 있었다. 한번은 에스키모 견의 앞다리에 물어 붙어
서 뼈까지 우지끈 깨물어 부셨다. 꾀병장이인 파아크는 절뚝거리는 개
에 달려들어 재빨리 이빨을 번득이고 한번 홱 잡아채서 목을 분질러
버렸다. 벅은 거품을 뿜은 적의 목 부분을 물었는데 이빨이 경정맥(經
靜脈)을 뚫고 들어갔을 때 피보라를 뒤집어썼다. 입안의 따뜻한 피맛
으로 벅은 한층 미친 듯이 난폭해졌다. 벅은 또 다른 적에게 달려들
었다. 그와 동시에 이빨이 자기의 목에 파고 들어오는 것을 느꼈다.
그것은 동료를 배신하고 옆에서 습격해 온 스피쯔였다.

페로와 프랑스와는 야영지의 그들 구역에서 적을 물리치고 나서 서

---

③ **grub**—food (식량). ⑥ **scramble**—서로 빼앗다. (struggle to secure). ⑭ **draggled**—
shabby and dirty, as from being dragged through mud (질질 끌려 더러운). ⑮ **slavered**
—침을 질질 흘린. ⑯ **There ~ them**—It was impossible to oppose them. (그들에게 대항
하기는 도저히 불가능했다.) ⑱ **onset**—assault. ⑳ **din**—소란. ㉗ **froth**—거품을 물다. ㉙
jugular—jugular vein (목 부분의 정맥). ㉝ **clean out**—쫓아내다.

the camp, hurried to save their sled-dogs. The wild wave of famished beasts rolled back before them, and Buck shook himself free. But it was only for a moment. The two men were compelled to run back to save the grub,
5 upon which the huskies returned to the attack on the team. Billee, terrified into bravery, sprang through the savage circle and fled away over the ice. Pike and Dub followed on his heels, with the rest of the team behind. As Buck drew himself together to spring after them, out
10 of the tail of his eye he saw Spitz rush upon him with the evident intention of overthrowing him. Once off his feet and under that mass of huskies, there was no hope for him. But he braced himself to the shock of Spitz's charge, then joined the flight out on the lake.
15 Later, the nine team-dogs gathered together and sought shelter in the forest. Though unpursued, they were in a sorry plight. There was not one who was not wounded in four or five places, while some were wounded grievously. Dub was badly injured in a hind leg; Dolly,
20 the last husky added to the team at Dyea, had a badly torn throat; Joe had lost an eye; while Billee, the good-natured, with an ear chewed and rent to ribbons, cried and whimpered throughout the night. At daybreak they limped warily back to camp, to find the marauders gone
25 and the two men in bad tempers. Fully half their grub supply was gone. The huskies had chewed through the sled lashings and canvas coverings. In fact, nothing, no matter how remotely eatable, had escaped them. They had eaten a pair of Perrault's moose-hide moccasins,
30 chunks out of the leather traces, and even two feet of lash from the end of François's whip. He broke from a mournful contemplation of it to look over his wounded dogs.

둘러 썰매견들을 구출하러 나섰다. 광란의 파도와 같은 굶주린 개들은 그들 두 사람 앞에서 패주하였고 벅도 몸을 뿌리쳐 자유롭게 됐다. 그러나 그것도 한 순간에 불과했다. 두 사나이는 식료품을 구해 내기 위하여 달려 돌아가지 않으면 안 되었다. 그러자 에스키모 개들은 다시 썰매견을 공격해 왔다. 빌리는 겁을 집어먹은 나머지 도리어 용기를 내어 사나운 포위망을 뚫고 얼음 위로 도망쳤다. 파이크와 더브가 빌리의 뒤를 이어 뺑소니 치고 나머지 썰매견들도 그 뒤를 따랐다. 벅이 그들을 따라 뛰어나가려는 자세를 취하였을 때 곁눈질로 벅은 스피츠가 명백히 자기를 쓰러뜨리려는 의도로 자기를 향하여 돌진하여 오는 것을 알았다. 한 번 쓰러져 버리고 저 무리의 에스키모 개들 밑에 깔리게 되면 그가 구제 받을 희망은 전무(全無)하였다. 그러나 벅은 몸에 힘을 주고 다리를 버티고 서서 스피츠의 몸 공격의 충격을 받아넘기고서는 호수 위에서 패주의 무리에 끼어들었다.

나중에 아홉 마리의 썰매견들이 한데 모여서 숲속에 숨을 장소를 구하였다. 추격당하지는 않았지만 그들은 비참한 처지에 빠져 있었다. 너덧 군데에 상처를 입지 않은 개라고는 한 마리도 없었지만 몇 마리는 중상을 입고 있었다. 더브는 뒷다리에 심한 상처를 입었으며 다이에이에서 팀에 추가된 최후의 에스키모 개인 돌리는 목이 심하게 파열되었고 조우는 한쪽 눈을 잃어버렸는가 하면 순한 개인 빌리는 한쪽 귀를 씹히어 리본처럼 갈기갈기 찢어져서 밤새 울고 낑낑거렸다. 새벽녘에 그들은 절뚝거리면서 조심하여 야영지로 되돌아왔지만 약탈자들은 사라져 버리고 두 사나이는 심기가 좋지 않음을 알았다. 식료품이 절반 이상이나 없어졌다. 에스키모 개들은 썰매의 밧줄과 삼베로 만든 덮개를 짓씹어 놓았다. 사실 아무리 해도 먹을 수 있을 것 같지 않은 것들도 그 개들의 습격을 당하지 않은 것은 아무 것도 없었다. 그것들은 페로의 사슴가죽 구두도, 봇줄의 여기저기 토막도, 프랑스와의 채찍 끝에서 이 피트나 되는 가죽 끈까지도 먹어 치워 버렸다. 프랑스와는 채찍을 원망스러운 듯이 응시하고 있다가 상처 입은 개들을 바라보았다.

---

② **roll back**—물결처럼 후퇴하다. ⑥ **terrify into bravery**—불안한 나머지 용기를 내다. ⑨ **out ~ eye**—곁눈으로. ⑪ **Once ~ feet**—Once he was off his feet., Once he fell down. ⑬ **brace oneself to**—(넘어지지 않도록) 몸에 힘을 주어 버티다, 다리를 벌리고 힘껏 버티다. ⑰ **plight**—unfavourable circumstances (역경, 곤란한 지경). ⑲ **grievously**—seriously (심하게). ㉓ **whimper**—낑낑대며 울다. ㉔ **marauder**—plunderer (약탈자), robber (도둑). ㉘ **remotely eatable**—도저히 먹을 수 없는. **escape them**—그들의 약탈을 모면하다. ㉙ **moose-hide moccasin**—사슴가죽으로 만든 신.

"Ah, my frien's," he said softly, "mebbe it mek you mad dog, dose many bites. Mebbe all mad dog, sacredam! Wot you t'ink, eh, Perrault?"

The courier shook his head dubiously. With four
5 hundred miles of trail still between him and Dawson, he could ill afford to have madness break out among his dogs. Two hours of cursing and exertion got the harnesses into shape, and the wound-stiffened team was under way, struggling painfully over the hardest part of
10 the trail they had yet encountered, and for that matter, the hardest between them and Dawson.

The Thirty Mile River was wide open. Its wild water defied the frost, and it was in the eddies only and in the quiet places that the ice held at all. Six days of exhausting
15 toil were required to cover those thirty terrible miles. And terrible they were, for every foot of them was accomplished at the risk of life to dog and man. A dozen times, Perrault, nosing the way, broke through the ice bridges, being saved by the long pole he carried, which he so held
20 that it fell each time across the hole made by his body. But a cold snap was on, the thermometer registering fifty below zero, and each time he broke through he was compelled for very life to build a fire and dry his garments.

25 Nothing daunted him. It was because nothing daunted him that he had been chosen for government courier. He took all manner of risks, resolutely thrusting his little weazened face into the frost and struggling on from dim dawn to dark. He skirted the frowning shores on rim ice
30 that bent and crackled under foot and upon which they dared not halt. Once, the sled broke through, with Dave and Buck, and they were half-frozen and all but drowned by the time they were dragged out. The usual fire was

야수의 지배욕

"아아, 이 녀석들." 그는 부드럽게 말했다. "이렇게 많이 물렸으니 자칫하면 광견이 될지도 몰라. 자칫하면 모두가 광견으로 말이야, 제기랄! 이봐 페로, 자네 어떻게 생각하나?"

그 파발꾼은 미심쩍은 듯이 머리를 가로 저었다. 그와 도슨과의 사이에는 아직도 사백 마일의 노정(路程)이 있었으므로 자기의 개들 가운데서 광견병이 발생해서는 심히 곤란한 일이었다. 두 시간 동안이나 욕지거리하며 노력한 끝에 겨우 견인(牽引) 장구를 정돈하고 상처로 몸이 굳어 버린 썰매끌기 개떼는 출발하여 그들이 지금까지 만난 것 중에서 가장 곤욕스러운 썰매 끌기 노정의 부분을 고생하면서 나아가고 있었는데 이 고생스러운 점에서 볼 때 거기가 그들과 도슨 사이에서 가장 험난한 부분이었다.

삼십 마일 강은 광범위한 구역이 결빙(結氷)하지 않고 있었다. 급류 때문에 얼음이 얼 수 없었다. 그리고 겨우 얼음이 얼어 있는 곳은 오직 소용돌이가 있는 곳과 흐름이 고요한 곳 뿐이었다. 이 공포의 삼십 마일을 주파하는 데는 육 일간에 걸친 기진맥진한 노고가 필요했다. 실로 그 삼십 마일은 가공할 노정이었다. 왜냐하면 그 일 피트 일 피트는 개도 사람도 목숨을 걸고 정복하였기 때문이다. 열 번 이상이나 페로는 선두로 나아가면서 얼음 다리가 무너져 떨어졌지만 그가 갖고 다니던 긴 장대 덕분에 살아났다. 그것은 그때마다 그 장대가 그의 몸이 떨어지면서 만든 구멍 양쪽에 걸리게끔 그 장대를 가지고 있었기 때문이었다. 그러나 갑작스러운 한파(寒波)가 닥쳐와서 한난계는 영하 오십 도를 가리켰다. 그리고 그는 얼음을 밟아 무너뜨릴 때마다 필사적으로 불을 피워 옷을 말리지 않으면 안 되었다.

무슨 일이 일어나도 그는 의기소침하지 않았다. 그가 정부의 파발꾼으로 선발된 것도 무슨 일에도 굽히지 않았기 때문이었다. 그는 온갖 종류의 위험을 무릅쓰고 끄떡도 하지 않고 조그마하고 시들어 버린 얼굴을 극한 속에 내밀고 희미한 새벽부터 저녁 어두울 때까지 애써 전진을 거듭했다. 그는 발 밑에서 휘어져 탁탁 소리가 나서 도저히 그 위에 머물러 있을 용기가 나지 않을 가장자리 얼음 위를 험악한 강변을 따라 지나가고 있었다. 한번은 썰매가 데이브와 벅과 함께 얼음이 무너지는 바람에 그 속에 빠졌다. 그리고 끄집어냈을 때는 그들은 반쯤 얼어붙어 거의 익사 상태에 있었다. 그들의 목숨을 구하려면 평소

<hr/>

① frien's—friends. mebbe—maybe. mek—makes.②dose—those.③ Wot you t'ink? —What do you think? ⑥ can~to……하여 견딜 수 없다(당할 수 없다). ⑫ open—free from ice. ⑬ defy—저기하다, 불가능하게 하다. *cf.* The problem *defies* solution.

63

necessary to save them. They were coated solidly with ice, and the two men kept them on the run around the fire, sweating and thawing, so close that they were singed by the flames.

5   At another time Spitz went through, dragging the whole team after him up to Buck, who strained backward with all his strength, his fore paws on the slippery edge and the ice quivering and snapping all around. But behind him was Dave, likewise straining backward, and
10 behind the sled was François, pulling till his tendons cracked.

Again, the rim ice broke away before and behind, and there was no escape except up the cliff. Perrault scaled it by a miracle, while François prayed for just that miracle;
15 and with every thong and sledlashing and the last bit of harness rove into a long rope, the dogs were hoisted, one by one, to the cliff crest. François came up last, after the sled and load. Then came the search for a place to descend, which descent was ultimately made by the aid of
20 the rope, and night found them back on the river with a quarter of a mile to the day's credit.

By the time they made the Hootalinqua and good ice, Buck was played out. The rest of the dogs were in like condition; but Perrault, to make up lost time, pushed
25 them late and early. The first day they covered thirty-five miles to the Big Salmon; the next day thirty-five more to the Little Salmon; the third day forty miles, which brought them well up toward the Five Fingers.

Buck's feet were not so compact and hard as the feet
30 of the huskies. His had softened during the many generations since the day his last wild ancestor was tamed by a cave-dweller or river man. All day long he limped in agony, and camp once made, lay down like a dead dog.

처럼 불이 필요했다. 두 마리의 개는 온통 빈틈 없이 얼음으로 뒤덮여
있었다. 그리하여 두 남자는 그들에게 불 주변을 계속 달리게 하여 땀
을 내어 얼음을 녹게 하였지만 너무나 불 가까이었기 때문에 불꽃으로
그들의 털이 그을렸을 정도였다.

또 한번은 스피츠가 빠져 그의 뒤의 썰매 끌기 개떼 전부를 벅의 바
로 앞까지 모조리 끌어넣고 말았는데 벅은 전력을 다하여 뒤로 버티었
으며 그의 앞발은 미끄러운 가장자리를 밟고 있어 얼음의 주변 일대가
진동하고 탁탁 소리를 내며 깨졌다. 그러나 벅의 뒤에는 데이브가 있
어 꼭 같이 뒤로 버티고 있었으며 썰매 뒤에는 프랑스와가 있어 힘줄
에서 우두둑 소리가 날 때까지 잡아당기고 있었다.

또한 강가에 언 얼음은 앞에서 뒤에서 깨져 버렸기 때문에 절벽을
기어오르는 이외에는 벗어날 길이 없었다. 프랑스와가 하느님께 기적
을 기원하고 있는 동안 페로가 정말 기적적으로 그 절벽을 기어올
랐다. 그리고 모든 가죽끈과 썰매 밧줄과 견인 장구의 마지막 토막을
꼬아 긴 밧줄을 만들어서 개를 한 마리씩 절벽 위로 매달아 올렸다.
프랑스와는 썰매와 짐이 올라온 후 맨 마지막에 올라왔다. 그리고서는
내려갈 장소에 대한 수색이 시작되었는데 하강(下降)은 결국 밧줄의
도움으로 수행되었으며 밤이 되어 그들은 다시 강에 되돌아왔지만 그
날의 예정된 여정은 아직 사 분의 일 마일이 남아 있었다.

그들이 후탈링콰 강(江)의 두껍게 얼어 붙은 곳에 도달했을 때에 벅
은 기진맥진해 있었다. 다른 개들도 마찬가지 상태였다. 그러나 페로
는 낭비해 버린 시간을 되찾기 위하여 개들을 아침부터 밤까지 다그
쳤다. 첫날에 그들은 삼십오 마일을 행진하여 빅 새몬 강에 도달하였
으며 둘째 날에는 삼십오 마일 더 행진하여 리틀 새몬 강에 닿았고 셋
째 날에는 사십 마일 행진하였는데 이로써 그들은 파이브 핑거즈 강의
바로 가까이에 도착할 수 있었다.

벅의 발은 에스키모 개의 발처럼 꽉 짜여지고 견고하지 않았다. 벅
의 발은 벅의 마지막 야생 선조가 혈거인(穴居人)이나 물위에 거주한
인간에 의하여 길들여진 날 이후 수많은 세대를 거치는 동안 연약해지
고 말았다. 온종일 그는 고통 속에서 다리를 절며 걸었고, 일단 야영
준비가 되면 죽어 버린 개처럼 드러누웠다. 배가 고팠지만 생선 배급

③ singe—그을리다. ⑫ break away—구름이 갈라져서 사라지다, 날씨가 개다. ⑬ scale
—climb. ⑰ crest—top. ⑳ with~ credit—그날의 예정 노정(路程)을 4분의1 남기고. ㉒
make—reach. Hootalinqua—Yukon강의 지류. good ice—단단한 얼음(그 위를 다닐 수
있을 만한). ㉓ be played out—피곤해서 지쳐 버리다.

65

Hungry as he was, he would not move to receive his ration of fish, which François had to bring to him. Also, the dog-driver rubbed Buck's feet for half an hour each night after supper, and sacrificed the tops of his own moccasins to make four moccasins for Buck. This was a great relief, and Buck caused even the weazened face of Perrault to twist itself into a grin one morning, when François forgot the moccasins and Buck lay on his back, his four feet waving appealingly in the air, and refused to budge without them. Later his feet grew hard to the trail, and the worn-out foot-gear was thrown away.

At the Pelly one morning, as they were harnessing up, Dolly, who had never been conspicuous for anything, went suddenly mad. She announced her condition by a long, heart-breaking wolf howl that sent every dog bristling with fear, then sprang straight for Buck. He had never seen a dog go mad, nor did he have any reason to fear madness; yet he knew that here was horror, and fled away from it in panic. Straight away he raced, with Dolly, panting and frothing, one leap behind; nor could she gain on him, so great was his terror, nor could he leave her, so great was her madness. He plunged through the wooded breast of the island, flew down to the lower end, crossed a back channel filled with rough ice to another island, gained a third island, curved back to the main river, and in desperation started to cross it. And all the time, though he did not look, he could hear her snarling just one leap behind. François called to him a quarter of a mile away and he doubled back, still one leap ahead, gasping painfully for air and putting all his faith in that François would save him. The dog-driver held the axe poised in his hand, and as Buck shot past him the axe crashed down upon mad Dolly's head.

을 받으러 거동하려 하지는 않았다. 그래서 프랑스와가 그것을 그에게 가져다 주지 않으면 안되었다. 더우기 이 개 몰이꾼은 매일 밤 저녁 식사 후 벅의 발을 반 시간이나 문질러 주고 자기의 사슴 가죽 구두의 위 부분을 희생하여 벅을 위하여 네 개의 사슴 가죽 신발을 만들어 주었다. 이것은 커다란 도움이 되었다. 그리고 어느 날 아침 프랑스와가 그 신발을 깜박 잊고 벅이 발랑 뒤로 누워 애원하듯이 네 발을 공중에 흔들어 대어 신발이 없으면 움직이려 하지 않았을 때 페로의 주름살 투성이 얼굴까지 비틀어져 싱글거리게 하였던 것이다. 나중에 벅의 발도 썰매를 끌 수 있도록 탄탄하게 되었고 그 낡아빠진 신발은 내버려 졌다.

어느 날 아침 펠리 강에서 썰매끌기 채비를 하고 있었을 때 그때까지 이렇다 할 두드러진 데가 없었던 돌리가 갑자기 발광했다. 모든 개들을 공포로 털을 곤두세우게 한 길고 가슴을 찢어 놓는 듯한 이리풍(風)의 울부짖음으로 상태를 알리고서는 곧바로 벅에게 덤벼들었다. 벅은 개가 발광하는 것을 본 일이 없었으며 또한 광기를 무서워할 이유도 몰랐다. 그러나 이것은 무서운 것이라고는 알고 있었기에 겁먹고 거기에서 도망쳤다. 똑바로 벅은 질주했다. 한 번 뛰면 닿을 만큼 뒤에서 숨을 헐떡이고 거품을 내뿜으면서 돌리가 뒤쫓아왔다. 돌리는 그를 따라잡을 수가 없었다. 그만큼 벅의 공포는 컸다. 또한 벅도 돌리를 따돌려 버릴 수가 없었다. 그만큼 돌리의 광기는 맹렬한 것이었다. 벅은 섬의 숲이 우거진 경사면을 튀어나와 섬 끝 저지대로 도망쳐 내려가서는 우툴두툴한 얼음이 꽉 차 있는 뒤편 수로(水路)를 가로질러 딴 섬으로 건너가 돌아서 강본류(江本流)로 돌아왔다. 그리고는 필사적으로 강을 건너기 시작했다. 그 동안 줄곧 보지는 않았지만 벅은 돌리가 뛰어서 한 걸음 바로 뒤에서 으르릉거리는 것을 들을 수 있었다. 프랑스와가 사 분의 일 마일 밖에서 자기를 불렀기 때문에 벅은 괴로운 듯이 숨을 헐떡이면서 오직 프랑스와가 자기를 구하여 주리라는 것만을 믿고 여전히 한 발자국 앞선 채 갑자기 홱 되돌아섰다. 프랑스와는 도끼를 칠 자세로 손에 거머쥐고 벅이 나는 듯이 그의 옆을 빠져나갔을 때 도끼는 미쳐 버린 돌리의 머리를 내려쳤다.

① **Hungry ~ was**— Though he was hungry. ⑥ **weazened**—쭈글쭈글한. ⑩ **budge**—move (움직이다). **grow ~ trail**— grow hard enough to go on the trail (썰매를 끌 수 있을 만큼 튼튼해지다). ⑮ **wolf howl**— wolflike howl. ㉑ **gain on**— get nearer to, overtake (따라잡다). ㉓ **breast**— (산, 언덕의) 중턱. ㉙ **double back**— (추적당하여) 갑자기 몸을 비켜서서 도망치다.

Buck staggered over against the sled, exhausted, sobbing for breath, helpless. This was Spitz's opportunity. He sprang upon Buck, and twice his teeth sank into his unresisting foe and ripped and tore the flesh to the bone. Then François's lash descended, and Buck had the satisfaction of watching Spitz receive the worst whipping as yet administered to any of the teams.

"One devil, dat Spitz," remarked Perrault. "Some dam day heem keel dat Buck."

"Dat Buck two devils," was François's rejoinder. "All de tam I watch dat Buck I know for sure. Lissen: some dam fine day heem get mad lak hell an' den heem chew dat Spitz all up an' spit heem out on de snow. Sure. I know."

From then on it was war between them. Spitz, as lead-dog and acknowledged master of the team, felt his supremacy threatened by this strange Southland dog. And strange Buck was to him, for of the many Southland dogs he had known, not one had shown up worthily in camp and on the trail. They were all too soft, dying under the toil, the frost, and starvation. Buck was the exception. He alone endured and prospered, matching the husky in strength, savagery, and cunning. Then he was a masterful dog, and what made him dangerous was the fact that the club of the man in the red sweater had knocked all blind pluck and rashness out of his desire for mastery. He was pre-eminently cunning, and could bide his time with a patience that was nothing less than primitive.

It was inevitable that the clash for leadership should come. Buck wanted it. He wanted it because it was his nature, because he had been gripped tight by that nameless, incomprehensible pride of the trail and trace—that

벅은 기진맥진 숨이 차 씩씩거리며 맥없이 비틀거려 썰매에 부딪
쳤다. 이것은 스피쯔의 좋은 기회였다. 스피쯔는 벅에게 달려들어 두
번이나 무저항의 적을 짓씹어 뼈에 닿을 때까지 살을 물어뜯었다. 그
때 프랑스와의 채찍이 내리쳐 벅은 스피쯔가 지금까지 동료 중 어느
개에게도 가해진 일이 없는 가장 심한 채찍질을 받는 것을 보고 만족
했다.

"저 스피쯔란 놈, 악마 같은 놈이야"라고 페로는 말했다. "언젠가
저놈이 벅을 죽여 버릴거야."

"저 벅은 배(倍)나 지독한 놈이야."프랑스와는 대답했다. "난 언제
나 저 벅을 눈여겨 보고 있으므로 잘 알고 있어. 그래서 말이야 언젠가
는 저놈이 지독하게 미쳐 저 스피츠를 물어 씹어서 눈 위에 뱉어 낼거
야. 정말이야, 난 알아."

그 후부터는 언제나 두 마리 사이는 전쟁이었다. 선두견(犬)이며 동
료 개 떼 중에서 어느 개나 다 인정하는 두목으로서 스피쯔는 자기의
지배권이 이 불가사의한 남국의 개에 의하여 위협당하고 있음을 느
꼈다. 스피쯔에게 벅은 정말 불가사의했다. 왜냐하면 스피쯔가 알고
있던 수많은 남국의 개들 중에서 한 마리도 야영과 썰매 끌기에서
훌륭한 일솜씨를 보인 개는 없었기 때문이었다. 그것들은 너무나도 연
약했고 고생과 추위와 굶주림으로 죽고 말았다. 그런데 벅은 예외
였다. 벅만은 견디어 내고 강해졌으며 힘, 사나움 그리고 교활한 지혜
에 있어 에스키모 개와 대등하였다. 더우기 벅은 솜씨가 능숙한 개
였다. 그리고 벅을 위험한 존재로 만든 것은 붉은 스웨터를 입고 있던
사나이의 곤봉이 벅의 지배욕으로부터 맹목적인 용기와 경솔함을 모조
리 없애 버렸다는 사실이었다. 벅은 특별히 교활하였고 원시적 동물에
못지 않는 참을성을 가지고 시기가 오기를 기다릴 수 있었다.

지도권을 위한 충돌이 일어나는 것은 피할 수 없는 일이었다. 벅은
그것을 원했다. 벅이 그것을 소원한 것은 그것이 자신의 본성이었기
때문이다. 즉, 견인 가죽 끈에 얽매여 썰매를 끄는 것을 자랑으로 삼

---

② **sob**—숨을 가쁘게 쉬다, 씩씩거리다. ⑦ **administer**—give. ⑧ **Some ~ Buck**—Some damn day him kill the Buck., Some day he will that Buck. ⑩ **Dat ~ devils**—That Buck is two devils., That Buck is equal to two devils. **All ~ sure**—All the time I have watched the Buck, and I know it for sure. (난 늘 그 벅을 잘 보고 있어 잘 안다.) ⑪ **Lissen**—Listen. ⑫ **heem**—he will. **an'den**—and then. ⑱ **And ~ him**—And Buck was strange to him. ㉖ **pluck**—기력, 용기. ㉗ **pre-eminently**—conspicuously, specially. **bide one's time**—wait for one's good time (좋은 시기를 기다리다). ㉘ **nothing less than**—no less than(~에 뒤떨어지지 않는). ㉜ **nature**—inherent character, disposition (본성). ㉜ **nameless**—unnamable, indescribable(뭐라 형언할 수 없는).

pride which holds dogs in the toil to the last gasp, which lures them to die joyfully in the harness, and breaks their hearts if they are cut out of the harness. This was the pride of Dave as wheel-dog, of Sol-leks as he pulled with all his strength; the pride that laid hold of them at break of camp, transforming them from sour and sullen brutes into straining, eager, ambitious creatures; the pride that spurred them on all day and dropped them at pitch of camp at night, letting them fall into gloomy unrest and uncontent. This was the pride that bore up Spitz and made him thrash the sled-dogs who blundered and shirked in the traces or hid away at harness-up time in the morning. Likewise it was this pride that made him fear Buck as a possible lead-dog. And this was Buck's pride, too.

He openly threatened the other's leadership. He came between him and the shirks he should have punished. And he did it deliberately. One night there was a heavy snowfall, and in the morning Pike, the malingerer, did not appear. He was securely hidden in his nest under a foot of snow. François called him and sought him in vain. Spitz was wild with wrath. He raged through the camp, smelling and digging in every likely place, snarling so frightfully that Pike heard and shivered in his hiding-place.

But when he was at last unearthed, and Spitz flew at him to punish him, Buck flew, with equal rage, in between. So unexpected was it, and so shrewdly managed, that Spitz was hurled backward and off his feet. Pike, who had been trembling abjectly, took heart at this open mutiny, and sprang upon his overthrown leader. Buck, to whom fair play was a forgotten code, likewise sprang upon Spitz. But François, chuckling at the incident while

는 저 형언할 수 없고 이해할 수 없는 자부심에 자신이 단단히 사로잡
혀 있었기 때문이었다 —— 마지막 숨이 넘어갈 때까지 개들을 계속
고생시켜 견인 가죽 끈에 얽매여 있으면 기꺼이 죽으려는 마음을 일으
키고, 견인 가죽 끈에서 벗어나면 그 개들을 비탄에 젖게 하는 그 자
부심에 말이다. 이것이 썰매 앞에 서는 개인 데이브의 자부심이며 전
력을 다하여 썰매를 끌 때의 솔렉스의 자부심이었다. 이것이 야영을
거두고 출발할 때 그들을 붙잡아 두고 그들을 시무룩하고 음침한 동물
에서 긴장하고 열심인, 야심에 찬 동물로 변모시켜 버리는 긍지였다.
또한 온종일 그들을 고무 격려하고 밤이 되어 야영을 하면 그들에게서
떨어져 침울한 불안과 불만에 빠뜨리는 그런 자부심이었다. 이것이 스
피쯔를 지탱하고 썰매를 끌 때 서툰 짓을 하고 태만해 하는 개나 또는
아침에 견인 가죽 끈을 채울 때 숨어 버리는 개를 혼내 주는 그런 자부
심이었다. 마찬가지로 장차 선두견이 될 듯한 개로서 벅이 그를 두려
위하게 한 것도 이 자부심이었다. 그리고 그것은 또한 벅의 자부심이
기도 했다.

그는 공공연히 스피쯔의 지도권을 위협했다. 그는 스피쯔와 스피쯔
가 처벌했어야 할 게으름뱅이 개와의 사이에 끼어들었다. 더우기 벅은
일부러 그랬다. 어느 날 밤 큰 눈이 내렸다. 아침이 되어도 꾀병장이
파이크가 나타나지 않았다. 파이크는 일 피트나 되는 눈에 파묻힌 잠
자리 속에서 안심하고 숨어 있었다. 프랑스와가 파이크를 부르고 찾아
보았지만 헛수고였다. 스피쯔는 분노로 미쳐 날뛰었다.

스피쯔는 파이크가 숨어 있을 만한 장소를 냄새 맡기도 하고 파헤치
기도 하면서 야영지를 날뛰고 다녔다. 그리고 매우 무섭게 으르렁거렸
으므로 파이크는 숨은 장소에서 그것을 듣고 부들부들 떨고 있었다.

그러나 드디어 파이크가 파헤쳐진 눈 속에서 발견되어 스피쯔가 벌
주기 위하여 달려들었을 때 벅도 꼭 같이 분노하여 그 사이로 뛰어들
었다. 그것은 너무나 의외였고 또한 너무도 교묘하게 이루어졌기 때문
에 스피쯔는 뒤로 쓰러져 자빠졌다. 그때까지 몰골 사납게 떨고 있었
던 파이크는 이 공공연한 반항에 용기를 얻어 자빠진 자기의 지도자에
게 덤벼들었다. 벅에겐 정정 당당한 것이란 이제 잊어버린 규칙이 되
어 있었으므로 벅도 꼭같이 스피쯔에게 달려들었다. 그러나 이 사건을

---

⑤ **lay hold of**—지배하다, 급소를 찌르다. ⑩ **bear up**—버티다(support, uphold). ⑫
shirk—꾀부리다, 게을리하다. ⑰ **shirks**—shirkers. ⑳ **securely**—안심하여, 걱정없이. ㉗
in between—중간에. ㉚ **take heart**—용기를 불러일으키다, 기분을 새로이하다.

unswerving in the administration of justice, brought his lash down upon Buck with all his might. This failed to drive Buck from his prostrate rival, and the butt of the whip was brought into play. Half-stunned by the blow,
5 Buck was knocked backward and the lash laid upon him again and again, while Spitz soundly punished the many times offending Pike.

In the days that followed, as Dawson grew closer and closer, Buck still continued to interfere between Spitz and
10 the culprits; but he did it craftily, when François was not around. With the covert mutiny of Buck, a general insubordination sprang up and increased. Dave and Solleks were unaffected, but the rest of the team went from bad to worse. Things no longer went right. There was
15 continual bickering and jangling. Trouble was always afoot, and at the bottom of it was Buck. He kept Francois busy, for the dog-driver was in constant apprehension of the life-and-death struggle between the two which he knew must take place sooner or later; and on more
20 than one night the sounds of quarrelling and strife among the other dogs turned him out of his sleeping robe, fearful that Buck and Spitz were at it.

But the opportunity did not present itself, and they pulled into Dawson one dreary afternoon with the great
25 fight still to come. Here were many men, and countless dogs, and Buck found them all at work. It seemed the ordained order of things that dogs should work. All day they swung up and down the main street in long teams, and in the night their jingling bells still went by. They
30 hauled cabin logs and firewood, freighted up to the mines, and did all manner of work that horses did in the Santa Clara Valley. Here and there Buck met Southland dogs, but in the main they were the wild wolf husky

보고 낄낄 웃으면서도 정의를 행함에 있어 빗나가는 일이 없는 프랑스
와는 그의 온 힘을 다하여 벅을 채찍질했다. 그래도 벅을 넘어진 상대
로부터 떼어놓을 수 없었기 때문에 이번에는 채찍의 손잡이 막대를 사
용하였다. 그 타격으로 반쯤 정신을 잃고 벅은 뒤로 밀려나서 반복하
여 채찍질을 당하였으며 그 동안 스피츠는 죄를 범한 파이크를 몇번이
고 철저하게 벌을 주었다.

그 후 수일간 도슨이 점차 가까와짐에 따라 벅은 여전히 스피츠와
죄를 범한 개들 사이에 계속하여 끼어들었다. 그러나 벅은 프랑스와가
주변에 없을 때 교활하게 해치웠다. 벅의 이 음험한 반항과 더불어 썰
매견 전반의 불복종이 발생하여 점점 더 커갔다. 데이브와 솔렉스는
이 영향을 받지 않았지만 여타의 개들은 더 악화해갔다. 만사가 이젠
순조롭지 못하였다. 끊임없이 싸움이나 소란이 일어났다. 시끄러운 일
이 간단 없이 발생하였는데 그 원인이 되어 있는 것은 벅이었다. 벅
때문에 프랑스와는 언제나 분주했다. 왜냐하면 이 개 몰이꾼은 그 두
마리 사이에 생사를 건 투쟁이 조만간 틀림없이 일어날 것을 알아차렸
기 때문에 항상 이 점을 걱정하고 있었던 것이다. 그리하여 며칠 밤이
나 다른 개들 사이에 일어난 싸움이나 다툼 소리를 듣고 그는 벅과 스
피츠가 그러고 있지는 않나 근심하여 잠자리에서 일어나 나가 보았다.

그러나 그 기회는 생기지 않았다. 그리고 어느 음산한 날의 오후 그
들은 그 대결투를 미래에 미뤄 둔 채 도슨에 진입했다. 여기에는 수많
은 인간과 무수한 개가 있었는데 벅은 그 개들이 모두 일하고 있는 것
을 보았다. 개가 일하는 것은 하느님이 정한 만물의 이법(理法)처럼
생각되었다. 온종일 그들은 기다란 줄에 연결되어 중심가를 힘차게 왕
래했고 밤이 되어도 그들의 딸랑대는 방울 소리가 지나갔다. 그들은
오두막을 세울 통나무나 장작을 끌기도 하고 광산까지 화물을 운반하
기도 하고 싼타클라라 계곡에선 말이 하는 모든 종류의 작업을 했다.
여기저기에서 벅은 남국산의 개를 만났지만 대부분은 야생의 늑대 같

---

① **unswerving**—벗어나지 않는. ③ **prostrate**—lying flat on the ground, completely crushed. ④ **be~play**—come into play(활동하기 시작하다). ⑩ **craftily**—교활하게. ⑪ **covert**—secret, hidden. ⑬ **go~worse**—점점 악화되다. ⑯ **afoot**—astir, in progress(발생하여, 진행하여). ㉓ **present itself**—나타나다. ㉗ **ordained**—destined. **order of things**—만물의 질서. ㉚ **freight**—convey or transport (good) overland (운송하다). ㉝ **in the main**—mainly, for the most part.

73

breed. Every night, regularly, at nine, at twelve, at three, they lifted a nocturnal song, a weird and eerie chant, in which it was Buck's delight to join.

With the aurora borealis flaming coldly overhead, or the stars leaping in the frost dance, and the land numb and frozen under its pall of snow, this song of the huskies might have been the defiance of life, only it was pitched in minor key, with long-drawn wailings and half-sobs, and was more the pleading of life, the articulate travail of existence. It was an old song, old as the breed itself—one of the first songs of the younger world in a day when songs were sad. It was invested with the woe of unnumbered generations, this plaint by which Buck was so strangely stirred. When he moaned and sobbed, it was with the pain of living that was of old the pain of his wild fathers, and the fear and mystery of the cold and dark that was to them fear and mystery. And that he should be stirred by it marked the completeness with which he harked back through the ages of fire and roof to the raw beginnings of life in the howling ages.

Seven days from the time they pulled into Dawson, they dropped down the steep bank by the Barracks to the Yukon Trail, and pulled for Dyea and Salt Water. Perrault was carrying despatches if anything more urgent than those he had brought in; also, the travel pride had gripped him, and he purposed to make the record trip of the year. Several things favoured him in this. The week's rest had recuperated the dogs and put them in thorough trim. The trail they had broken into the country was packed hard by later journeyers. And further, the police had arranged in two or three places deposits of grub for dog and man, and he was travelling light.

They made Sixty Mile, which is a fifty-mile run, on the

은 에스키모 개였다. 매일 밤 정해 놓고 아홉 시, 열두 시, 세 시에 그들은 밤의 노래, 즉 무시무시하고 섬뜩한 노래를 큰소리로 짖어 댔는데 이에 합세하는 것이 벅에게는 기쁨이었다.

머리 위에는 북극광이 차갑게 비치고 혹은 별이 얼어 붙은 춤을 추며 지면은 눈의 장막 밑에서 무감각하게 꽁꽁 얼어 붙어 있어 이 에스키모 개들의 울부짖는 노래는 생명의 반항이었을지도 모르지만 다만 그것은 길게 꼬리를 끈 비탄의 소리와 반쯤 흐느끼는 울음소리를 수반하여 애조로 불리워진, 따라서 차라리 생명의 애원(哀怨), 생의 고뇌를 표현한 노래라고 하는 것이 좋았을 것이다. 그것은 개라는 종족 그 자체만큼이나 오래된 노래였다——노래라는 것이 슬펐던 시대의 태고의 첫번째 노래의 하나였다. 그것은 셀 수 없을 정도의 수많은 세대를 걸친 비애를 띠고 있어 벅이 매우 이상하게 마음의 자극을 받은 바로 그 비탄의 가락이었다. 벅이 신음하고 흐느껴 울 때 그것은 옛날 야생의 조상들이 느꼈던 고통과 동일한 생존의 고뇌를 나타내고 있었으며, 또한 조상들에게 공포와 신비였던 추위와 암흑에 대한 공포와 신비를 나타내기 위함이었다. 그리고 벅이 그것으로부터 마음의 동요를 받는다는 것은 불(火)과 지붕의 시대를 관통하여 야수가 울부짖은 시대의 원시 생활에 완전히 환원하였음을 나타내고 있었다.

그들이 도슨에 진입한 때부터 칠 일후 배럭스 옆의 가파른 제방을 내려가 유콘 도로로 나와서 다이에이와 솔트 워터를 향하여 행진하였다. 페로는 전번에 가져 온 소식보다도 어느 편이냐 하면 더 시급을 요하는 급송 우편을 운반하고 있었다. 더우기 파발꾼으로서의 긍지가 강하게 그를 사로잡고 있어 그는 그 해의 여행 기록을 수립할 심산이었다. 몇 가지 사정이 이것을 성취하는 데 있어 그에게 유리했다. 일 주일 동안의 휴식으로 개들은 원기를 회복했고 더할 나위 없이 좋은 건강 상태에 있었다. 그들이 전에 이 지방에 개척해 놓은 썰매길은 나중에 온 여행자들의 왕래로 단단히 굳어져 있었다. 더우기 경찰이 둘 또는 세 군데에 개와 사람들을 위한 식료품 보관소를 마련해 두었기 때문에 그는 짐을 가볍게 하고 여행하고 있었다.

첫날 그들은 식스티 마일에 도착했는데 그것은 오십 마일의 여정이

---

② **lift**—큰소리로 노래하다. ④ **aurora borealis**—북극광(北極光). *cf.* aurora australis (남극광). ⑥ **pall**—옷, 장막, 외투. ⑧ **pitch ~ key**—슬픈 가락으로 노래하다, 애조(哀調)로 노래하다. ⑨ **articulate ~ existence**—삶의 고뇌를 나타내는 노래. ⑬ **plaint**—lament(비애). ⑮ **of old**—옛날(에는). ⑲ **hark back**—원점으로 되돌아가다. ㉔ **if anything**—rather. ㉘ **in thorough trim**—아주 건강한 상태로.

first day; and the second day saw them booming up the Yukon well on their way to Pelly. But such splendid running was achieved not without great trouble and vexation on the part of Francois. The insidious revolt led
5 by Buck had destroyed the solidarity of the team. It no longer was as one dog leaping in the traces. The encouragement Buck gave the rebels led them into all kinds of petty misdemeanours. No more was Spitz a leader greatly to be feared. The old awe departed, and they
10 grew equal to challenging his authority. Pike robbed him of half a fish one night, and gulped it down under the protection of Buck. Another night Dub and Joe fought Spitz and made him forego the punishment they deserved. And even Billee, the good-natured, was less good-
15 natured, and whined not half so placatingly as in former days. Buck never came near Spitz without snarling and bristling menacingly. In fact, his conduct approached that of a bully, and he was given to swaggering up and down before Spitz's very nose.

20 The breaking down of discipline likewise affected the dogs, in their relations with one another. They quarrelled and bickered more than ever among themselves, till at times the camp was a howling bedlam. Dave and Sol-leks alone were unaltered, though they were made irritable by
25 the unending squabbling. François swore strange barbarous oaths, and stamped the snow in futile rage, and tore his hair. His lash was always singing among the dogs, but it was of small avail. Directly his back was turned they were at it again. He backed up Spitz with his
30 whip, while Buck backed up the remainder of the team. François knew he was behind all the trouble, and Buck knew he knew; but Buck was too clever ever again to be caught red-handed. He worked faithfully in the harness,

었다. 이튿날에는 그들은 펠리로 가는 길을 상당히 주파하여 유콘 강을 위세 있게 행진하고 있었다. 그러나 이런 멋진 쾌속을 성취하는 데는 프랑스와의 커다란 수고와 괴로움이 없는 것은 아니었다. 벅이 지도하는 교활한 반항이 개 떼 전체의 단결을 파괴하고 있었다. 이 개 떼는 이제 견인 가죽 끈을 매고 달리는 한 마리의 개와 같지는 않았다. 벅이 반항하는 개들에게 준 격려로 말미암아 개들은 온갖 종류의 사소한 나쁜 짓을 저지르게 되었다. 스피쯔는 이제 몹시 두려워해야 할 지도자는 아니었다. 본래의 두려운 마음은 사라져 버리고 모든 개들이 그의 권위에 도전할 수 있는 힘을 가지게 되었다. 어느 날 밤 파이크는 그로부터 생선을 절반 훔쳐 내어 벅의 보호 하에서 그것을 삼켜버렸다. 또 어느 날 밤 더브와 조우는 스피쯔와 싸웠는데 그들이 당연히 받아야 할 벌을 단념케 하였다. 그리고 순한 개인 빌리까지도 전보다 덜 순하게 되었으며 아첨하듯 무슨 일이 이전의 반도 안 되었다. 벅이 스피쯔에게 접근할 때는 언제나 위협하듯이 으르렁대고 털을 곤두세웠다. 사실 벅의 행동은 약한 자를 들볶는 골목 대장의 행동에 가까웠다. 그리고 스피츠의 바로 코 앞을 이리저리 뻐기고 다니기를 좋아했다.

이 규율의 와해는 또한 개들의 상호관계에 영향을 미쳤다. 그들은 전보다 서로 더 싸우고 티격태격거려서 궁극에는 때때로 야영지가 소란한 정신 병원같이 되었다. 데이브와 솔렉스만은 끊임없는 시시한 싸움질에 신경질을 내게 되었지만 원상태대로였다. 프랑스와는 묘한 상스러운 욕지거리를 퍼부었고 쓸데없이 화를 내어 눈(雪)을 짓밟든가 자기 머리털을 잡아 뜯든지 했다. 그의 채찍은 언제나 저들 사이에서 휙휙 소리를 냈지만 그것도 거의 소용이 없었다. 그가 등을 돌리면 곧 개들은 또 싸움질을 하고 있었다. 그는 채찍을 가지고 스피쯔를 후원했지만 벅은 나머지 개들의 뒤를 밀어 주었다. 프랑스와는 모든 분쟁의 배후에 벅이 있다는 것을 알았고, 벅도 프랑스와가 그것을 알아차리고 있음을 알고 있었다. 그러나 벅은 아주 영리했기 때문에 두 번 다시 현행범으로 걸려 드는 따위의 일은 없었다. 벅은 견인 가죽 끈이

---

① **boom up**—활기 있게 달리다. ② **well ~ Pelly**—펠리에 이르는 길을 꽤 전진하여. ④ **insidious**—음흉한, 교활한. ⑧ **misdemeanour**— misdeed, misbehabiour (비행, 나쁜 행실). ⑩ **equal**— competent, having adequate powe's. ⑱ **be given to**— be inclined to, used to(~하곤 하다). ㉓ **bedlam**—정신병원. ㉕ **squabbling**—싸움. ㉘ **Directly**— As soon as. ㉙ **they ~ again**—그들은 또 싸움을 하고 있었다. ㉛ **Buck ~ he knew** — Buck knew that he (François) knew. ㉝ **catch red-handed**— catch on the spot (범행 현장에서 잡다).

for the toil had become a delight to him; yet it was a greater delight slyly to precipitate a fight amongst his mates and tangle the traces.

At the mouth of the Tahkeena, one night after supper, Dub turned up a snowshoe rabbit, blundered it, and missed. In a second the whole team was in full cry. A hundred yards away was a camp of the Northwest Police, with fifty dogs, huskies all, who joined the chase. The rabbit sped down the river, turned off into a small creek, up the frozen bed of which it held steadily. It ran lightly on the surface of the snow, while the dogs ploughed through by main strength. Buck led the pack, sixty strong, around bend after bend, but he could not gain. He lay down low to the race, whining eagerly, his splendid body flashing forward, leap by leap, in the wan white moonlight. And leap by leap, like some pale frost wraith, the snowshoe rabbit flashed on ahead.

All that stirring of old instincts which at stated periods drives men out from the sounding cities to forest and plain to kill things by chemically propelled leaden pellets, the blood lust, the joy to kill—all this was Buck's, only it was infinitely more intimate. He was ranging at the head of the pack, running the wild thing down, the living meat, to kill with his own teeth and wash his muzzle to the eyes in warm blood.

There is an ecstasy that marks the summit of life, and beyond which life cannot rise. And such is the paradox of living, this ecstasy comes when one is most alive, and it comes as a complete forgetfulness that one is alive. This ecstasy, this forgetfulness of living, comes to the artist, caught up and out of himself in a sheet of flame; it comes to the soldier, war-mad on a stricken field and refusing quarter; and it came to Buck, leading the pack,

매여지면 충실히 일했다. 왜냐하면 썰매 끌기의 고역은 그에게 즐거움이 되어 있었기 때문이었다. 그러나 동료 개들 사이에 은밀히 싸움을 일으켜 놓고 견인가죽끈을 헝클어뜨리는 것은 그것보다 더 커다란 즐거움이었다.

타아키이나 강 어귀에서 어느 날 밤 저녁 식사 후 더브가 눈신 토끼를 찾아냈는데 실수하여 그만 놓치고 말았다. 그러자마자 동료 개들 전체가 일제히 짖어 대면서 뒤쫓았다. 백 야드 떨어진 곳에 캐나다 서북부 경찰의 야영지가 있었고 거기에 오십 마리의 개가 있었는데 모두 에스키모 개였지만 그들도 이 추적에 끼어들었다. 토끼는 강을 내리질러 조그만 지류로 돌아 들어가 그 얼어붙은 강바닥을 꾸준히 질주해 올라갔다. 토끼는 눈 표면을 가볍게 달려갔는데 한편 개들은 전력을 다하여 애쓰면서 나아갔다. 벅은 도합 육십 마리 개 떼의 선두에 서서 잇따른 굽이를 돌아 달렸지만 따라잡을 수가 없었다. 벅은 열심히 낑낑대면서 온힘을 다하여 달렸으며 창백한 달빛 아래서 도약에 도약을 거듭하면서 벅의 멋진 몸은 질주를 계속하였다. 그리고 한 도약 한 도약 어떤 하얀 눈의 요정처럼 토끼도 전방을 질주해 나아갔다.

일정한 수렵기에 사람들을 소음이 시끄러운 도회로부터 숲이나 평원으로 몰아내어 화학적으로 추진되는 납(鉛)탄환으로 동물을 죽이는 저 오래된 본능의 충동, 피에 대한 갈망, 살육의 기쁨 —이런 것 모두가 벅에게도 갖추어져 있었지만 벅의 그것은 인간의 경우와는 비교도 안 될 만치 훨씬 본질적인 것이었다. 벅은 이 야생의 동물 즉, 살아 있는 고기를 쫓아 잡아 자기 자신의 이빨로 물어 죽여 부리에서 눈까지를 따뜻한 피로 씻으려고 개 떼의 선두에 서서 토끼를 추격해 갔다.

생의 정점을 나타내고, 생이 더 이상 높이 오를 수 없는 망아(忘我)의 경지가 있다. 생의 역설이란 바로 이런 것이지만 이 망아의 경지는 사람이 가장 활발하게 살고 있을 때 찾아오는 것이며 더우기 자기가 살고 있다는 것을 완전히 망각해 버린 형태로 찾아온다. 이 망아의 경지, 자신이 살아 있음을 전혀 의식하지 않은 상태는 격렬한 감흥의 불꽃에 휩싸여 자아를 잊어버린 예술가에게 찾아 든다. 또 그것은 전쟁터에서 전투 의욕에 불타고 구명을 거부하는 군인에게 찾아 든다. 그

---

② **precipitate**—cause to occur suddenly (갑자기 일으키다). ⑤ **trun up**—파 내다, 발굴하다. ⑥ **in full cry**—in full pursuit (사냥개가 일제히 짖어대면서 추적하여). ⑩ **hold**—continue to go. ⑫ **by main strength**—전력을 다하여. **sixty strong**—총 60마리의. ⑮ **wan**—pale. ⑯ **frost wraith**—spirit of frost. ⑱ **stated periods** —일정한 사냥 기간. ⑳ **things**—living creatures. ㉓ **the living meat**—the wild thing과 동격. ㉛ **out of him-self**—자신을 잊은. ㉜ **stricken field**—battle field (싸움터).

sounding the old wolf-cry, straining after the food that
was alive and that fled swiftly before him through the
moonlight. He was sounding the deeps of his nature, and
of the parts of his nature that were deeper than he, going
5 back into the womb of Time. He was mastered by the
sheer surging of life, the tidal wave of being, the perfect
joy of each separate muscle, joint, and sinew in that it
was everything that was not death, that it was aglow and
rampant, expressing itself in movement, flying exultantly
10 under the stars and over the face of dead matter that did
not move.

But Spitz, cold and calculating even in his supreme
moods, left the pack and cut across a narrow neck of
land where the creek made a long bend around. Buck did
15 not know of this, and as he rounded the bend, the frost
wraith of a rabbit still flitting before him, he saw another
and larger frost wraith leap from the overhanging bank
into the immediate path of the rabbit. It was Spitz. The
rabbit could not turn, and as the white teeth broke its
20 back in mid air it shrieked as loudly as a stricken man
may shriek. At sound of this, the cry of Life plunging
down from Life's apex in the grip of Death, the full pack
at Buck's heels raised a hell's chorus of delight.

Buck did not cry out. He did not check himself, but
25 drove in upon Spitz, shoulder to shoulder, so hard that
he missed the throat. They rolled over and over in the
powdery snow. Spitz gained his feet almost as though he
had not been overthrown, slashing Buck down the
shoulder and leaping clear. Twice his teeth clipped
30 together, like the steel jaws of a trap, as he backed away
for better footing, with lean and lifting lips that writhed
and snarled.

In a flash Buck knew it. The time had come. It was to

리고 그것이 개 떼의 선두에서 옛날의 늑대 같은 울부짖음을 내면서
살아 있고 달빛을 뚫고 벅의 앞을 잽싸게 도망쳐 가는 먹이를 열심히
쫓고 있는 벅에게 찾아온 것이다. 벅은 태고의 모습으로 되돌아가 그
의 본성의 심오한 곳, 그 자신도 알 수 없는 본성의 구성 요소의 심층
을 탐색하고 있었다. 벅은 순수한 생의 약동, 생존의 고조, 각각의 근
육, 관절, 건(腱)의 하나하나가 가지는 더할 나위 없는 기쁨에 지배되
고 있었다. 왜냐하면 그것은 죽음 이외의 모든 것이며 그것은 불타고
있고 자유 분방하며 운동이 되어 나타나 별 아래를 움직이지 않는 생
명 없는 물질의 표면 위를 기뻐 날뛰며 날아가고 있었기 때문이다.

그러나 기분이 극도로 앙양되어 있을 때 조차도 냉정하고 타산적인
스피쯔는 개떼를 이탈하여 지류가 크게 만곡(彎曲)하여 굽은 곳에 가
늘게 돌출한 곳(岬)같은 육지를 가로 질러 갔다. 벅은 그것을 알아 차
리지 못했다. 그리고 눈의 요정같은 토끼는 여전히 벅의 앞을 가볍게
내닫고 있었는데 벅이 강의 굴곡부를 돌았을 때 또 하나의 더 커다란
눈의 요정이 돌출한 제방에서 토끼의 방향 바로 앞으로 뛰어내리는 것
을 보았다. 그것은 스피쯔였다. 토끼는 방향을 바꿀 수가 없었다. 그
리하여 하얀 이빨이 공중에서 토끼의 등뼈를 깨물어 버렸을 때 토끼는
치명상을 입은 인간이 지르는 것과 같은 큰 소리로 비명을 질렀다. 이
비명 소리, 사신(死神)에 사로잡혀 생이 정점에서 돌연 전락하는 비명
을 듣고 벅의 바로 뒤를 잇는 개 떼는 모두 일제히 기쁨의 고함을 질
렀다.

벅은 큰소리를 지르지 않았다. 벅은 정지하려 하지 않고 어깨에 어
깨를 부딪치면서 스피쯔에게 달려들었다. 그 기세가 너무나 격렬하였
기 때문에 벅은 목부분을 놓치고 말았다. 그들은 가루 눈 속에서 빙글
빙글 뒹굴었다. 스피쯔는 마치 넘어지지 않은 것처럼 다시 일어나 벅
의 어깻 죽지를 물어 버리고는 홀짝 뛰어 물러났다. 얇고 위로 처진
입술을 뒤틀고 으르렁대며 더 좋은 발판을 얻으려 뒤로 물러섰을 때
스피쯔의 이빨은 덫의 강철 턱 같이 두 번 재깍재깍 소리를 내며 악물
렸다.

일순간 벅은 그것을 깨달았다. 그 때가 온 것이다. 그것은 목숨을

---

⑤ **womb of time**—태고(太古). in the womb of time 은 「장차」의 뜻으로 많이 쓰임. ⑦
in that—because. ⑫ **in ~ moods**—기분이 최고조에 달해 있을 때. ⑬ **neck**—돌출부. ⑯
flit—훨훨 날아 다니다. ㉒ **Life's apex**—생(生)의 절정. ㉕ **drive in**—맹렬히 달려들다
(rush rapidly in). ㉗ **gain one's feet**—일어나다. ㉙ **leap clear**—홱 비켜 서다, 펄쩍 뛰며
물러 서다. clear 는 out of contact 의 뜻. ㉝ **in a flash**—instantly(일순간).

the death. As they circled about, snarling, ears laid back, keenly watchful for the advantage, the scene came to Buck with a sense of familiarity. He seemed to remember it all—the white woods, and earth, and moonlight, and
5 the thrill of battle. Over the whiteness and silence brooded a ghostly calm. There was not the faintest whisper of air —nothing moved, not a leaf quivered, the visible breaths of the dogs rising slowly and lingering in the frosty air. They had made short work of the snowshoe rabbit, these.
10 dogs that were ill-tamed wolves; and they were now drawn up in an expectant circle. They, too, were silent, their eyes only gleaming and their breaths drifting slowly upward. To Buck it was nothing new or strange, this scene of old time. It was as though it had always been
15 the wonted way of things.

Spitz was a practised fighter. From Spitzbergen through the Arctic, and across Canada and the Barrens, he had held his own with all manner of dogs and achieved to mastery over them. Bitter rage was his, but never blind
20 rage. In passion to rend and destroy, he never forgot that his enemy was in like passion to rend and destroy. He never rushed till he was prepared to receive a rush; never attacked till he had first defended that attack.

In vain Buck strove to sink his teeth in the neck of the
25 big white dog. Wherever his fangs struck for the softer flesh, they were countered by the fangs of Spitz. Fang clashed fang, and lips were cut and bleeding, but Buck could not penetrate his enemy's guard. Then he warmed up and enveloped Spitz in a whirlwind of rushes. Time
30 and time again he tried for the snow-white throat, where life bubbled near to the surface, and each time and every time Spitz slashed him and got away. Then Buck took to rushing, as though for the throat, when, suddenly

건 것이었다. 그들이 으르렁대며 귀를 뒤로 눕히고 예민하게 상대방의 헛점을 찾으면서 빙빙 돌고 있었을 때 벅에게 그 광경은 전에도 경험한 일이 있는 듯한 느낌을 주었다. 그는 그것을 모두 —— 하얀 숲, 지면, 달빛 전율하는 투쟁심 —— 기억할 수 있는 것처럼 느껴졌다. 흰빛과 침묵 위에 유령과 같은 정적이 덮여 있었다. 극히 가냘픈 바람 소리조차 없었다. —— 아무 것도 움직이지 않았다. 나뭇잎 하나 흔들리지 않았다. 그리고 개의 호흡만이 눈에 보여 천천히 솟아올라 얼어붙은 혹한의 공기 속에 머물러 있었다. 잘 순화(馴化)되지 않은 늑대 같은 이 개들은 그 토끼를 후닥닥 처치해 버렸다. 그리고 지금 기대에 찬 둥근 진(陣)을 이루어 나란히 서 있었다. 이 개들도 침묵을 지키고 있었다. 단지 그들의 눈만이 번쩍이고 호흡이 천천히 솟아오르고 있었다. 벅에게 이것은 조금도 신기하거나 불가사의한 것은 아니었다. 이 태고의 광경은, 이것은 마치 지금까지 언제나 그랬던 평소의 상태처럼 생각되었다.

스피쯔는 숙련된 투사였다. 슈핏쯔베르겐에서 북극을 거쳐 캐나다와 바렌 동토(凍土)를 가로지르는 동안 스피쯔는 온갖 종류의 개와의 승부에서 져 본 일이 없으며 그들을 정복해 왔다. 통렬한 분노가 스피쯔의 습성이었지만 결코 맹목적인 분노는 아니었다. 찢어 발겨 죽여 버리려는 격정에 타오르고 있을 때도 스피쯔는 적도 꼭같이 찢어 발겨 죽여 버리려는 격정에 타오르고 있음을 결코 잊지 않았다. 스피쯔는 적의 돌진을 받아 칠 수 있는 준비가 될 때까지는 결코 돌진해 나가지 않았으며, 먼저 적의 공격을 방어하고 난 후가 아니면 결코 공격하지 않았다.

벅은 그 크고 흰 개의 목을 물고 늘어지려고 애썼지만 헛수고였다. 벅의 송곳니가 부드러운 살점을 향하여 쳐들어가는 곳마다 스피츠의 송곳니 역습을 받았다. 송곳니와 송곳니가 부딪치고 입술은 베어져 피가 흐르고 있었지만 벅은 적의 방어진을 뚫을 수 없었다. 벅은 격앙하여 선풍처럼 온갖 측면에서 돌격하여 스피츠를 봉쇄하였다. 몇 번이고 벅은 생명이 표면 가까이에서 맥박치고 있는 눈처럼 흰 목을 물려고 시도했지만 그때마다 스피쯔는 벅을 물어 뜯고는 몸을 돌려 피했다.

---

③ **a ~ familiarity**—처음이 아니라는 느낌, 전에 겪은 일이 있는 듯한 느낌. ⑤ **Over ~ calm**—A ghostly calm brooded over the whiteness and silence. (흰 빛깔 일색과 침묵 위에 기분 나쁜 정적이 감돌았다.) ⑨ **make short work**—재빨리 해치우다. ⑮ **wonted**—accustomed. ⑱ **hold ~ with**……에게 뒤지지 않다. **all manner of**—all kinds of. ㉘ **warm up**—흥분하다, 격해지다. ㉙ **envelop**—가두어 넣다, 봉쇄하다.

drawing back his head and curving in from the side, he
would drive his shoulder at the shoulder of Spitz, as a
ram by which to overthrow him. But instead, Buck's
shoulder was slashed down each time as Spitz leaped
lightly away.

Spitz was untouched, while Buck was streaming with
blood and panting hard. The fight was growing desperate.
And all the while the silent and wolfish circle waited to
finish off whichever dog went down. As Buck grew
winded, Spitz took to rushing, and he kept him stag-
gering for footing. Once Buck went over, and the whole
circle of sixty dogs started up; but he recovered himself,
almost in mid air, and the circle sank down again and
waited.

But Buck possessed a quality that made for greatness—
imagination. He fought by instinct, but he could fight by
head as well. He rushed, as though attempting the old
shoulder trick, but at the last instant swept low to the
snow and in. His teeth closed on Spitz's left fore leg.
There was a crunch of breaking bone, and the white dog
faced him on three legs. Thrice he tried to knock him
over, then repeated the trick and broke the right fore leg.
Despite the pain and helplessness, Spitz struggled madly
to keep up. He saw the silent circle, with gleaming eyes,
lolling tongues, and silvery breaths drifting upward,
closing in upon him as he had seen similar circles close in
upon beaten antagonists in the past. Only this time he
was the one who was beaten.

There was no hope for him. Buck was inexorable.
Mercy was a thing reserved for gentler climes. He
manœuvred for the final rush. The circle had tightened
till he could feel the breaths of the huskies on his flanks.
He could see them, beyond Spitz and to either side, half

그래서 벅은 목을 겨냥하고 있는 듯이 돌격을 시작하고서는 갑자기 머리를 끌어당겨 옆으로 돌아 들어가서 적을 전도(轉倒)케 하는 육탄 돌격으로서 어깨를 스피쯔의 어깨에 부딪치려 하였다. 그렇지만 그 대신스피쯔가 가볍게 뛰어 물러나면 그때마다 벅의 어깨는 물어 뜯기었다.

스피쯔는 다친 데가 없었지만 벅 쪽은 피가 흘러내리고 몹시 숨을 할딱거리고 있었다. 싸움은 점차 필사적으로 되어 갔다. 그리고 그 동안 줄곧 침묵한 이리 떼 같은 개들의 둥근 진은 어느 쪽이든 쓰러진 개를 해치우려고 대기하고 있었다. 벅이 숨차게 되면서 스피쯔는 공격으로 옮아 갔다. 그리고 벅을 계속하여 비틀거리게 했다. 한 번 벅이 넘어지자 둥글게 진을 친 육십 마리의 개가 일제히 튀어나왔다. 그러나 벅은 거의 공중제비를 하듯 다시 일어섰다. 그러자 둥근 진은 다시 눌러앉아 기다렸다.

그러나 벅은 위대함에 기여하는 성질 —— 창의력을 갖고 있었다. 벅은 본능에 의하여 싸웠지만 동시에 또 두뇌를 써서 싸울 수 있었다. 벅은 예(例)의 어깨 부딪치기 계략을 시도하듯 돌격하였지만 최후의 순간에 몸을 눈에 문지르듯 낮추고 뛰어들었다. 벅의 이빨이 스피쯔의 좌측 앞발을 물었다. 뼈가 부서지는 소리가 났다. 그리고 그 흰 개는 세 발로 벅에게 대항했다. 세 번 벅은 스피쯔를 때려 눕히려고 했다. 그리고 다시 한 번 그 계략을 써서 우측 앞발을 부러뜨렸다. 고통과 어찌할 수 없는 무력감을 무릅쓰고 스피쯔는 미친 듯이 악착같이 버티고 싸우려 했다. 스피쯔는 말 없는 둥근 진이 눈을 번뜩이며 혀를 내밀고 은빛의 입김을 위로 떠올려 보내면서 과거에 그가 이와 꼭같은 둥근 진이 쓰러진 적에게 좁혀지는 것을 본 일이 있었듯이 자기를 향하여 몰려오는 것을 보았다. 그저 이번에는 스피쯔가 패배한 개일 뿐이었다.

스피쯔는 이제 절망적이었다. 벅은 사정없었다. 자비 따위는 더 온화한 풍토에서 통용되는 것이었다. 벅은 최후의 돌격을 하려고 움직였다. 벅이 옆구리에 에스키모 개들의 입김을 느낄 수 있을 정도로 개의 둥근 진은 바싹 죄어왔다. 그는 개들이 스피쯔의 저편에도, 좌우에

---

③ **ram** — (적에게 부딪히기 위해 군함 이물에 댄)충각(衝角). ⑥ **untouched** — 부상당하지 않은. ⑨ **finish off** — kill, destroy. **whichever ~ down** — any of these two dogs that went down. ⑩ **winded** — 숨이 찬. ⑮ **make for** ~ — ~에 기여하다, ~에 도움을 주다. ⑰ **as well** — in addition. ⑲ **and in** — and swept in (그리고 재빨리 달려 들어갔다). ㉔ **keep up** — 굽히지 않다. ㉖ **close in upon** — 밀어 닥쳐 오다. ㉙ **inexorable** — relentless, ruthless (무자비한).

crouching for the spring, their eyes fixed upon him. A pause seemed to fall. Every animal was motionless as though turned to stone. Only Spitz quivered and bristled as he staggered back and forth, snarling with horrible
5 menace, as though to frighten off impending death. Then Buck sprang in and out, but while he was in, shoulder had at last squarely met shoulder. The dark circle became a dot on the moon-flooded snow as Spitz disappeared from view. Buck stood and looked on, the successful
10 champion, the dominant primordial beast who had made his kill and found it good.

도 스피쯔를 응시하면서 당장에 달려들려고 반쯤 몸을 쭈그리고 있는
것을 볼 수 있었다. 그때 만사가 정지된 것처럼 보였다. 모든 개들은
돌로 변해 버린 것처럼 움직이지 않았다. 단지 스피쯔만이 앞뒤로 비
틀거리면서 떨며 털을 곤두세워 절박한 죽음을 겁주어 물리치려는 듯
이 무서운 위협의 으르렁 소리를 질렀다. 그때 벽이 달려 들어갔고,
뒤이어 달려 나왔다. 그러나 그가 달려 들어갔을 때 어깨가 드디어 정
통으로 상대의 어깨를 쳤다. 검은 둥근 진은 스피츠가 시야에서 사라
졌을 때 달빛이 넘쳐 흐르는 눈 위에 한 점으로 모였다. 벽은 싸움에
승리한 투사로서 또한 상대를 죽여 버리고 만족한 가장 유력한 야수로
서 서서 바라보고 있었다.

---

③ bristle—털을 곤두세우다. ⑥ while~in—그가 덤벼들었을 때. ⑨ successful cham-
pion—싸움에 승리한 투사. ⑩ made~good—상대방을 죽이고 만족해 하다.

제 **IV** 장 줄 거 리 (지배권은 누구에게)

벅은 스피쯔와의 투쟁에서 승리했으나 프랑스와가 벅이 동경하는 선도견(先導犬)의 자리를 솔렉스에게 주자 벅은 이에 반항, 이 때문에 썰매는 출발할 수 없게 되었다.

프랑스와가 벅에게 벌을 주려고 몽둥이를 들자 벅은 피하면서 공공연히 반항했다. 벅은 몽둥이로 맞는 것을 피한 것이 아니라 개들의 지도권을 차지하고 싶었던 것이다. 지도권은 당연히 벅의 것이었다. 벅은 자기 힘으로 그것을 쟁취했으며, 따라서 벅은 그 이하로서는 만족하려 하지 않았다.

프랑스와와 페로는 벅을 굴복시키려고 온갖 수단을 다 썼으나 실패하자 마침내 벅을 솔렉스 대신 선도견의 자리에 세우기로 했다. 그러자 벅은 승리의 미소를 지으면서 돌아와 일행의 선두 자리에 서자 얼어 붙은 썰매는 움직이기 시작했고, 일행은 썰매길을 돌진해 갔다.

벅은 지도자로서의 임무를 즉각 시작하여 판단이 필요할 때나 특히 재빨리 생각해서 행동해야 할 경우 두각을 나타내어 프랑스와는 벅만한 우수한 개를 본 일이 없고, 스피쯔를 능가하는 솜씨를 보이고 있다고 생각하게 되었다. 그러나 벅이 특히 뛰어난 점은 지시를 내려 동료 개들에게 그것을 지키게 하는 데 있었다. 모든 개들이 그의 지시에 복종했고, 조우까지도 그에게 덤벼드는 것을 멈추고 그에게 자비를 구하기까지 했다.

링크 래피즈에서 피크와 쿠나라는 두 마리의 개가 일행에 새로 참가하게 되었다. 벅은 즉시 이 두 마리를 훈련시켜 썰매를 끄는 개로 길들여 버렸는데 그 재빠른 솜씨에 프랑스와는 크게 놀랐다.

벅의 지도 아래 새 진용을 갖춘 썰매 개들은 영하 오십 도의 혹한 속을 달려 신기록을 수립하면서 스카구에이에 당도했다. 십사 일 동안 하루 평균 사십 마일을 주파한 것이며, 때로는 하루 육십 마일 내지 칠십 마일이나 전진한 때도 있었다. 이같은 신기록으로 페로와 프랑스와는 스카구에이 거리를 삼 일 동안 누비면서 술 초대 공세를 받았고, 개들은 썰매 끄는 개를 길 들이는 사람들로부터 칭찬의 대상이 되었다.

벅과 동료 개들의 책임자는 다시 바뀌어 프랑스와와 페로로부터 스코틀랜드 사람과 인디언의 혼혈아에게로 옮겨졌다. 그는 다른 십이 개조의 개들과 함께 도슨으로 돌아가는 고달픈 여행길을 떠났다. 이번에는 짐이 가벼운 썰매를 끄는 여행이 아니라 매일매일 무거운 짐을 끄는 중노동이었다. 왜냐하면 황금을 찾고 있는 사람들에게 소식을 전하는 편지를 운반하는 우편 썰매였기 때문이다.

기계처럼 규칙적으로 움직이는 단조로운 생활이 매일 계속되어 벅은 이 일을 즐기지 않았으나 참았다. 개들은 그들의 식사인 물고기를 먹어 치운 후 백여 마리의 다른 개들과 함께 한 시간쯤 정처 없이 걸어 다녔는데 이 식사가 하루 중에서 유일한 낙이었다. 백 마리의 개 중에는 사나운 것도 있었으나 벅은 가장 사나운 개와 세 차례 싸운 결과 지도권을 완전히 장악했다.

개들은 중노동으로 점점 쇠약해져 도슨에 도착했을 때는 체중도 줄어 많은 휴식이 필요했으나 겨우 이틀 후 다시 편지를 실은 썰매를 끌고 유콘강의 둑을 내려갔다. 피로한 개들은 불평을 표시했으며 데이브가 제일 고생했다. 데이브는 부상하여 발을 절었고, 몇 차례나 쓰러진 끝에 흰 설원에서 일어나지 못하자 스코틀랜드계 혼혈아가 권총으로 데이브를 안락사시켰다.

V
THE TOIL OF TRACE AND TRAIL

Thirty days from the time it left Dawson, the Salt Water Mail, with Buck and his mates at the fore, arrived at Skaguay. They were in a wretched state, worn out and worn down. Buck's one hundred and forty pounds had dwindled to one hundred and fifteen. The rest of his mates, though lighter dogs, had relatively lost more weight than he. Pike, the malingerer, who, in his lifetime of deceit, had often successfully feigned a hurt leg, was now limping in earnest. Sol-leks was limping, and Dub was suffering from a wrenched shoulder-blade.

They were all terribly footsore. No spring or rebound was left in them. Their feet fell heavily on the trail, jarring their bodies and doubling the fatigue of a day's travel. There was nothing the matter with them except that they were dead tired. It was not the dead-tiredness that comes through brief and excessive effort, from which recovery is a matter of hours; but it was the dead-tiredness that comes through the slow and prolonged strength drainage of months of toil. There was no power of recuperation left, no reserve strength to call upon. It had been all used, the last least bit of it. Every muscle, every fibre, every cell, was tired, dead tired. And there was reason for it. In less than five months they had travelled twenty-five hundred miles, during the last eighteen hundred of which they had had but five days' rest. When they arrived at Skaguay they were apparently on their last legs. They could barely keep the traces taut, and on the down grades just managed to keep out of the

V
썰매끌기의 노고

솔트 워터 우편 썰매는 도슨을 출발해서부터 삼십 일 후에 벅과 그의 동료 개들을 앞세우고 스카구에이에 도착하였다. 개들은 기진맥진하고 쇠약해져서 비참한 상태에 있었다. 벅의 백 사십 파운드의 체중은 백 십오 파운드로 줄어들었다. 다른 개들은 그보다 체중이 가벼운 개들이었지만 상대적으로 보아 그보다 훨씬 체중이 줄어 있었다. 꾀병장이 파이크는 사람을 속여 약게 살아가려 했던 그의 생애에서 때로는 성공적으로 발에 상처를 입은 흉내를 냈었지만 이번은 정말 절뚝거리고 있었다. 솔렉스도 절뚝거리고 있었으며 더브는 삐인 어깨뼈로 고생하고 있었다.

개들은 모두 심하게 발병이 나 있었다. 뛰어오르든지 되튀어오르는 기력은 이제 그들에게 남아 있지 않았다. 그들의 발은 느릿느릿 힘겹게 썰매길을 밟고 몸을 뒤흔들어 놓았으며 하루 여행의 피로를 배가(倍加)시켰다. 그들은 죽도록 피곤하다는 것 이외에는 다른 일은 없었다. 그것은 단기간 과격하게 애써 일했기 때문에 일어나는 극도의 피로는 아니었다. 그랬다면 회복은 시간 문제였지만. 그것이 아니고 수개월에 걸친 고생으로 말미암아 서서히 긴 시일에 걸쳐 체력을 소모했기 때문에 일어나는 극도의 피로였다. 이젠 회복의 힘은 남아 있지 않았으며 불러일으킬 수 있는 여력도 없었다. 힘은 최후의 한 방울까지 모조리 써 버리고 말았다. 근육이란 근육, 섬유란 섬유, 세포란 세포는 몽땅 피로하고 죽도록 지쳐 있었다. 그리고 그것은 당연한 일이었다. 오 개월 미만에 그들은 이천 오백 마일을 주파했는데 그중 마지막 천 팔백 마일에서는 불과 오 일의 휴식밖에 취하지 않았다. 그들이 스카구에이에 도착했을 때는 당장에라도 쓰러질 것 같았다. 견인 가죽끈을 겨우 팽팽하게 유지할 수 있을 정도였으며 내리막 고개에서는 이럭저럭 썰매에 방해가 되지 않도록 할 수 있었을 뿐이었다.

---

① **Salt Water Mail**—Dawson과 Skaguay 사이를 왕복하는 우편 썰매. ② **at the fore**—전면(방)에. ③ **worn out**—exhausted, tired out(피로에 지친). ④ **worn down**—broken down. ⑩ **shoulder-blade**—견갑골(肩胛骨). ⑮ **dead**—quite, utterly. ⑲ **strength drainage**—체력 소모. ⑳ **recuperation**—recovery. **call upon**—불러 일으키다(appeal to). ㉒ **there~it**—그것은 당연한 일이었다.

way of the sled.

"Mush on, poor sore feets," the driver encouraged them as they tottered down the main street of Skaguay. "Dis is de las'. Den we get one long res'. Eh? For sure. 5 One bully long res'."

The drivers confidently expected a long stopover. Themselves, they had covered twelve hundred miles with two days' rest, and in the nature of reason and common justice they deserved an interval of loafing. But so many 10 were the men who had rushed into the Klondike, and so many were the sweethearts, wives, and kin that had not rushed in, that the congested mail was taking on Alpine proportions; also, there were official orders. Fresh batches of Hudson Bay dogs were to take the places of 15 those worthless for the trail. The worthless ones were to be got rid of, and, since dogs count for little against dollars, they were to be sold.

Three days passed, by which time Buck and his mates found how really tired and weak they were. Then, on the 20 morning of the fourth day, two men from the States came along and bought them, harness and all, for a song. The men addressed each other as "Hal" and "Charles." Charles was a middle-aged, lightish-coloured man, with weak and watery eyes and a moustache that 25 twisted fiercely and vigorously up, giving the lie to the limply drooping lip it concealed. Hal was a youngster of nineteen or twenty, with a big Colt's revolver and a hunting-knife strapped about him on a belt that fairly bristled with cartridges. This belt was the most salient 30 thing about him. It advertised his callowness—a callowness sheer and unutterable. Both men were manifestly out of place, and why such as they should adventure the North is part of the mystery of things that passes

"참고 뛰어. 발이 아플 테지만 말이야." 그들이 스카구에이 중심가를 비틀거리며 지나갔을 때 개몰이꾼이 개들을 격려했다. "이게 마지막이야. 그러면 긴 휴식이 있어. 응 정말이구말구. 멋진 긴 휴식이 말이야."

개 몰이꾼들은 확신을 가지고 당연히 장기간의 휴식을 가질 수 있으리라 기대하고 있었다. 그들 자신 이틀간의 휴식으로 천 이백 마일을 주파하고 있었다. 따라서 도리상 필연적으로 그들은 잠시 동안 빈둥거리며, 놀고 먹어도 좋을 만도 했다. 그러나 클론다이크에 몰려든 사람들이 너무 많았고 몰려오지 않고 집에 남아 있는 연인이나 처나 육친도 너무 많았기 때문에 폭주한 우편물은 알프스 산 규모의 크기로 쌓여지고 있었다. 게다가 정부의 명령도 있었다. 생기 있는 몇 개 조(組)의 허드슨 만(灣) 개들이 썰매 끌기에 쓸모 없는 개들을 대체하기로 되었다. 쓸모 없는 개들은 제거되기로 되었는데 개도 돈 앞에선 거의 문제가 되지 않아 개들은 팔리기로 되었다.

삼 일이 지났다. 그리고 그 삼 일의 기간으로서 벅도 그의 동료들도 정말 얼마나 기진맥진하고 쇠약해 있는가를 알았다. 그리고 사 일째의 아침 미국에서 온 두 남자가 나타나 그들을 견인 장구와 더불어 이것저것 통틀어서 헐값으로 샀다. 두 남자는 서로 상대를 '헬'과 '찰스'로 호칭했다. 찰스는 중년의 어느 편인가 하면 흰 피부를 가진 사나이였는데 약하고 윤기 있는 눈에, 콧수염이 있었는데 콧수염은 몹시 꼬여서 위세 있게 위로 튀어 올라 이것이 가리고 있는 힘 없이 축 처진 입술과는 균형이 잡히지 않았다. 헬은 커다란 콜트식 권총과 사냥용 나이프를 탄약통이 어지간히 꽉 들어 찬 혁대에 가죽끈으로 묶어 둔 19세 아니면 20세의 청년이었다. 이 혁대가 그라는 인간에게서 가장 두드러진 점이었는데 그것은 그의 풋나기 꼴 ─ 말도 안되는 순전한 풋나기 꼴을 여실히 나타내고 있었다. 두 사람 다 명백히 이 장소에는 어울리지 않았지만 그들과 같은 인간들이 도대체 왜 북극의 땅에 모험하러 오는지 그 이유는 누구도 이해할 수 없는 이 세상 불가사의의 일

---

② **mush on**─ go ahead. ④ **Dis ~ las'**─ This is the last. **res'**─ rest. ⑦ **cover**─ pass over, travel. ⑧ **in ~ justice**─도리상 당연히. ⑬ **take ~ proportions**─알프스 산처럼 되다. proportions는 「용적, 크기」. ⑯ **count for little**─거의 문제가 되지 않는다. ㉑ **for a song**─아주 싸게. ㉕ **give ~ to**……─…와 전혀 모순하다. ㉗ **Colt's revolver**─Sumuel Colt (1814~62)가 발명한 권총. ㉙ **bristled with**~~~이 빽빽이 있는, ~으로 충만한. ㉚ **callowness**─ immaturity, inexperience. ㉜ **out of place**─장소가 다른, 그 장소에 어울리지 않는. ㉝ **pass understanding**─ is beynd human comprehension.

understanding.

Buck heard the chaffering, saw the money pass between the man and the Government agent, and knew that the Scotch half-breed and the mail-train drivers were passing out of his life on the heels of Perrault and François and the others who had gone before. When driven with his mates to the new owners' camp, Buck saw a slipshod and slovenly affair, tent half stretched, dishes unwashed, everything in disorder; also, he saw a woman. "Mercedes" the men called her. She was Charles's wife and Hal's sister—a nice family party.

Buck watched them apprehensively as they proceeded to take down the tent and load the sled. There was a great deal of effort about their manner, but no business-like method. The tent was rolled into an awkward bundle three times as large as it should have been. The tin dishes were packed away unwashed. Mercedes continually fluttered in the way of her men and kept up an unbroken chattering of remonstrance and advice. When they put a clothes-sack on the front of the sled, she suggested it should go on the back; and when they had put it on the back, and covered it over with a couple of other bundles, she discovered overlooked articles which could abide nowhere else but in that very sack, and they unloaded again.

Three men from a neighbouring tent came out and looked on, grinning and winking at one another.

"You've got a right smart load as it is," said one of them; "and it's not me should tell you your business, but I wouldn't tote that tent along if I was you."

"Undreamed of!" cried Mercedes, throwing up her hands in dainty dismay. "However in the world could I manage without a tent?"

썰매끌기의 노고

부었다.

벅은 그 사나이와 정부 관리 사이에서 흥정이 오가는 것을 듣고, 돈이 건네지는 것을 보고, 이 스코틀랜드계의 혼혈아도 우편 썰매의 개몰이꾼들도 페로와 프랑스와 그리고 기타 그전에 없어져 버린 사람들 뒤를 이어 그의 생활에서 사라지려 하고 있었음을 알았다. 동료들과 함께 새 주인의 야영지에 몰려갔을 때 벅은 지저분하고 무질서한 꼴을 보았는데 천막은 반쯤 치워져 있고, 접시는 씻지 않은 채였으며 만사가 난잡한 상태였다. 또한 여자가 한 사람 있었다. 사내들은 그녀를 메르세데스로 불렀다. 그녀는 찰스의 처이자 헬의 누이였다 — 마음에 드는 가족 일행이었다.

벅은 그들이 천막을 철거하여 썰매에 싣기 시작하였을 때 근심스럽게 그들을 바라보고 있었다. 그들의 일솜씨에는 대단한 노력은 있었지만 능률적인 능란한 방법은 보이지 않았다. 천막은 올바르게 말았을 경우에 비해 세 배나 큰 꼴불견의 묶음으로 말려 있었다. 주석 접시는 씻지 않은 채 포장되었다. 메르세데스는 끊임없이 여기저기 배회하며 사내들에게 간섭하였고 항의나 충고 따위를 쉴 새 없이 계속하여 지껄여 댔다. 남자들이 옷 꾸러미를 썰매 앞에 실었을 때 그녀는 그것을 썰매 뒤쪽으로 옮겨야 한다고 말을 꺼냈다. 그리고 사내들이 그 옷 꾸러미를 뒤에 싣고 그 위에 다른 꾸러미 두어 개를 싣고 나서 그녀는 바로 그 자루 속이 아니면 절대로 다른 데에는 넣어 둘 데가 없는 잊은 물건을 발견했다. 그리하여 남자들은 다시 짐을 내렸다.

이웃 천막에서 세 사람의 남자가 나와서 낄낄거리고 서로 눈짓하면서 보고 있었다.

"정말 대단한 짐인데." 그 중의 한 사람이 말했다. "당신들이 좋아서 하고 있는 일에 말참견해서 안됐지만 말씀이야, 나라면 저 천막은 갖고 가지 않을거야."

"당치도 않은 일이예요!" 메르세데스는 기품 있게 놀란 표정을 짓고 두 손을 높이 쳐들면서 소리 쳤다. "천막이 없으면 도대체 내가 어떻게 꾸려 나갈 수 있단 말이예요?"

---

② chaffer—값을 깎다, 흥정하다. ⑧ slipshod—loose, slovenly. ⑱ flutter—안절부절 못하게 하다. ㉓ overlooked articles—잊은 물건, 망실물(忘失物). abide—stay. ㉘ smart —fairly large. ㉙ it's~ business—it is not I that should tell you your business. (내가 말참견을 해야 할 일은 아니다.) ㉚ tote—carry. ㉜ However—How ever.

95

"It's springtime, and you won't get any more cold weather," the man replied.

She shook her head decidedly, and Charles and Hal put the last odds and ends on top the mountainous load.

"Think it'll ride?" one of the men asked.

"Why shouldn't it?" Charles demanded rather shortly.

"Oh, that's all right, that's all right," the man hastened meekly to say. "I was just a-wonderin', that is all. It seemed a mite top-heavy."

Charles turned his back and drew the lashings down as well as he could, which was not in the least well.

"An' of course the dogs can hike along all day with that contraption behind them," affirmed a second of the men.

"Certainly," said Hal, with freezing politeness, taking hold of the gee-pole with one hand and swinging his whip from the other. "Mush!" he shouted. "Mush on there!"

The dogs sprang against the breast-bands, strained hard for a few moments, then relaxed. They were unable to move the sled.

"The lazy brutes, I'll show them," he cried, preparing to lash out at them with the whip.

But Mercedes interfered, crying, "Oh, Hal, you mustn't," as she caught hold of the whip and wrenched it from him. "The poor dears! Now you must promise you won't be harsh with them for the rest of the trip, or I won't go a step."

"Precious lot you know about dogs," her brother sneered; "and I wish you'd leave me alone. They're lazy, I tell you, and you've got to whip them to get anything out of them. That's their way. You ask any one. Ask one of those men."

"봄인데 이제 더 추운 날씨는 없을거야"라고 그 남자는 대답했다. 그녀는 딱 잘라 머리를 내저었다. 찰스와 핼은 산적된 짐 꼭대기에 마지막 남은 짐을 올려놓았다.

"이게 잘 달려가리라 생각하나?"라고 남자들 중의 한 사람이 물었다.

"달리지 못할 것 없지."찰스가 다소 퉁명스럽게 책망하듯 말했다.

"아냐. 괜찮아, 괜찮아."그 사내는 얌전히 서둘러 말했다. "난 그저 어떨까 하고 생각했을 뿐이야. 그것뿐이야. 조금 위가 무거워서 불안정하게 보였기 때문이었어."

찰스는 등을 돌려 힘껏 밧줄을 아래로 잡아당겼지만 아무리해도 잘 되지 않았다.

"그거야 물론 개들은 저 짐을 뒤에 달고 온종일 걸을 수 있지."또 한 사람이 말했다.

"그렇고 말고."핼은 차디 차게 공손히 말하고서는 한 손으로 썰매 채를 잡고 다른 손으로는 채찍을 흔들었다. "가자!"그는 외쳤다. "자 어서 가자!"

개들은 뛰어나가듯이 가슴에 맨 끈에 체중을 걸고 잠시 혼신의 힘을 다하여 애썼지만 이윽고 힘을 뺐다. 그들은 썰매를 움직일 수 없었다.

"이 게으름뱅이 개들이, 이제 혼내 줄 테야."그는 개들을 채찍으로 마구 매질하려고 자세를 취하면서 말했다.

그러나 메르세데스가 참견하고 나서서 "오, 핼, 그러면 안되요"라고 채찍을 쥐어 그것을 핼로부터 비틀어 뺏으면서 소리 쳤다. "불쌍한 것들! 이제부터 앞으로 개들에게 가혹하게 굴지 않겠다고 약속해요. 그렇지 않으면 난 한 발짝도 가지 않을 테니까."

"개에 대해서 아주 잘 알고 계시는구려"라고 그녀의 동생이 조소했다. "그러니 나를 방해하지 말아 줬으면 좋겠어요. 이 놈들은 게으름뱅이야. 정말이야, 그래서 놈들에게 조금이라도 일을 시키려면 채찍으로 두드려 패지 않으면 안된다는 말이오. 개의 습성이란 그런거요. 누구에게든 물어 봐요. 여기 있는 사람들 중의 어느 누구에게라도 물어 보지 그래요."

Mercedes looked at them imploringly, untold repugnance at sight of pain written in her pretty face.

"They're weak as water, if you want to know," came the reply from one of the men. "Plum tuckered out, that's what's the matter. They need a rest."

"Rest be blanked," said Hal, with his beardless lips; and Mercedes said, "Oh!" in pain and sorrow at the oath.

But she was a clannish creature, and rushed at once to the defence of her brother. "Never mind that man," she said pointedly. "You're driving our dogs, and you do what you think best with them."

Again Hal's whip fell upon the dogs. They threw themselves against the breast-bands, dug their feet into the packed snow, got down low to it, and put forth all their strength. The sled held as though it were an anchor. After two efforts, they stood still, panting. The whip was whistling savagely, when once more Mercedes interfered. She dropped on her knees before Buck, with tears in her eyes, and put her arms around his neck.

"You poor, poor dears," she cried sympathetically, "why don't you pull hard?—then you wouldn't be whipped." Buck did not like her, but he was feeling too miserable to resist her, taking it as part of the day's miserable work.

One of the onlookers, who had been clenching his teeth to suppress hot speech, now spoke up:—

"It's not that I care a whoop what becomes of you, but for the dogs' sakes I just want to tell you, you can help them a mighty lot by breaking out that sled. The runners are froze fast. Throw your weight against the gee-pole, right and left, and break it out."

A third time the attempt was made, but this time,

메르세데스는 개의 고통을 보고 말로 다할 수 없는 혐오를 그녀의
예쁜 얼굴에 나타내면서 애원하듯 남자들을 보았다.

"당신이 정말 알고 싶다면 하는 말인데 저 개들은 몹시 지쳐 있어"
라고 그 사내들 중의 한 사람으로부터 대답이 돌아왔다. "완전히 기진
하고도 맥진해 버렸는데 그게 문제야. 저 개들은 휴식이 필요해."

"휴식이라니 당치도 않아." 핼이 수염이 없는 입술로 말했다. 메르
세데스는 동생의 욕지거리로 고통과 슬픔에 젖어 "아!"라고 말했다.

그러나 그녀는 가족 편을 드는 위인이었다. 그래서 곧 자기 동생을
감싸기 시작했다. "저 따위 사람 말에 신경쓰지 마라"라고 그녀는 그
사람을 빗대어 말했다. "너는 우리 개를 몰고 있으니까 저 개들에게
네가 가장 좋다고 생각하는 것을 하면 돼."

다시 핼의 채찍이 개들 위로 떨어졌다. 그들은 몸을 내던지듯이 가
슴에 맨 가죽띠에 체중을 싣고, 밟아 굳어진 눈에 그들의 발을 파묻어
눈에 배가 닿을 정도로 몸을 낮추고 온 힘을 쏟았다. 썰매는 마치 닻
인 양 끄덕도 하지 않았다. 두 번 힘을 넣어 노력한 후 개들은 헐떡거
리면서 그 자리에 서 버리고 말았다. 채찍은 잔인하게 휙휙 소리 내고
있었다. 그때 또 메르세데스가 참견했다. 그녀는 눈에 눈물이 고이고
벅 앞에 꿇어 앉아 벅의 목에 팔을 얹었다.

"불쌍하게도, 정말 불쌍하게도." 그녀는 동정하여 소리 쳤다. "왜
열심히 끌지 않아? 그러면 매질을 받지 않을 텐데." 벅은 그녀를 좋
아하지 않았지만 몸이 너무나 고통스러웠기 때문에 이것도 하루의 쓰
라린 일 중의 일부로 생각하고 그녀에게 반항하지 않았다.

곁에서 보고 있던 남자들 중의 한 사람은 신랄한 말을 입 밖에 내지
않으려고 이빨을 악물고 있었는데 드디어 결심하고 입을 열었다.

"당신들이 어떻게 되든 난 조금도 마음에 걸리지 않지만 말씀이야,
개들을 위하여 당신들에게 좀 가르쳐 줬으면 해서인데 그 썰매를 지면
의 얼음에서 갈라놓으면 개들에겐 그게 도움이 될 수 있을거요. 썰매
의 미끄럼판이 꽁꽁 얼어 붙어 있으니까요. 썰매채에 당신의 체중을
던져 좌우로 움직여요. 그리고 썰매를 얼음에서 떼어 내란 말이오."

세 번째로 그 시도가 행하여졌지만 이 번에는 그 충고를 따랐기 때

---

① untold—말로 다 할 수 없는. ③ weak as water—as weak as water=very weak. if
~ know—I tell you if you want to know. ④ plum tuckered out—완전히 지쳐 버리다.
plum은 completely, absolutely의 뜻. ⑥ Rest be blanked!—May rest be dammed! ⑮
put forth—힘내서 일하다, 전력하다. ⑯ hold—움직이지 않다. ㉔ miserable—(육체적으로)고
통스러운. take it as—regard it as. ㉗ hot speech—격렬한 언사. ㉘ It ~ that—It is not
be inferred, however, that. a whoop—a bit.

following the advice, Hal broke out the runners which
had been frozen to the snow. The overloaded and un-
wieldy sled forged ahead, Buck and his mates struggling
frantically under the rain of blows. A hundred yards
5 ahead the path turned and sloped steeply into the main
street. It would have required an experienced man to
keep the top-heavy sled upright, and Hal was not such a
man. As they swung on the turn the sled went over,
spilling half its load through the loose lashings. The dogs
10 never stopped. The lightened sled bounded on its side
behind them. They were angry because of the ill treat-
ment they had received and the unjust load. Buck was
raging. He broke into a run, the team following his lead.
Hal cried, "Whoa! whoa!" but they gave no heed. He
15 tripped and was pulled off his feet. The capsized sled
ground over him, and the dogs dashed on up the street,
adding to the gaiety of Skaguay as they scattered the
remainder of the outfit along its chief thoroughfare.

Kind-hearted citizens caught the dogs and gathered up
20 the scattered belongings. Also, they gave advice. Half the
load and twice the dogs, if they ever expected to reach
Dawson, was what was said. Hal and his sister and
brother-in-law listened unwillingly, pitched tent, and
overhauled the outfit. Canned goods were turned out
25 that made men laugh, for canned goods on the Long
Trail is a thing to dream about. "Blankets for a hotel,"
quoth one of the men who laughed and helped. "Half
as many is too much; get rid of them. Throw away that
tent, and all those dishes—who's going to wash them,
30 anyways? Good Lard, do you think you're travelling on
a Pullman?"

And so it went, the inexorable elimination of the
superfluous. Mercedes cried when her clothesbags were

문에 핼은 눈에 얼어 붙어 있었던 미끄럼판을 떼어 낼 수 있었다. 짐을 지나치게 실어서 주체스러운 썰매가 서서히 나아가기 시작했고, 벅과 그의 동료 개들은 비처럼 쏟아지는 채찍질을 받으면서 미친 듯이 몸부림 치며 나아갔다. 백 야드 앞으로 나아간 데서 길은 구부러져 급경사를 이루면서 중심가에 이어져 있었다. 위쪽에 무겁게 짐을 실은 썰매를 넘어가지 않게 똑바로 몰고 가려면 숙련자를 필요로 했을 것이다. 그리고 핼은 그런 인간이 아니었다. 그들이 길모퉁이를 위세 좋게 돌았을 때 썰매는 전복해 버리고 헐겁게 매어 둔 밧줄 사이로 짐의 절반이 흘러 떨어졌다. 개들은 절대로 정지하지 않았다. 가벼워진 썰매는 옆으로 넘어진 채 그들의 뒤를 퉁기면서 끌려갔다. 개들은 자기들이 받은 학대와 부당하게 과중한 짐 때문에 화가 나 있었다. 벅은 격노하고 있었다. 그가 갑자기 세차게 달리기 시작하자 동료 개들이 전부 그의 선도(先導)를 따랐다. 핼은 "멈춰라, 멈춰라" 외쳤지만 개들은 아랑곳하지 않았다. 핼은 발을 헛디뎌 발딱 넘어졌다. 뒤집힌 썰매가 그의 몸을 뭉개고 넘어갔고 개들은 계속하여 거리를 질주하여 번화한 중심가에 그 짐의 나머지를 흐트러 놓으면서 스카구에이 거리의 들뜬 분위기를 한층 더하였다.

친절한 시민들이 개들을 붙잡고 여기저기 흩어진 짐을 주워 모아 주었다. 동시에 그들은 충고도 했다. 만일 꼭 도슨에 가야겠다고 생각하고 있다면 짐을 반으로 줄이고 개를 배(倍)로 해야 한다는 것이 그들의 말이었다. 핼과 그의 누이와 매형(姉兄)은 마지못해 듣고 있다가 천막을 치고 여행용구를 세밀히 조사했다. 통조림이 나왔는데 보고 있던 사람들은 이것을 보고 웃었다. 왜냐하면 긴 썰매 여행에 통조림 제품이란 당치도 않은 사치품이었기 때문이다. "담요도 호텔에서나 쓸 것인데"라고 웃으면서 도와 주고 있던 남자들 중의 한 사람이 말했다. "이것의 절반도 너무 많아. 그따위 것은 없애 버리라구. 그 천막도 그런 접시도 모두 내버리구─도대체 이 접시는 누가 씻겠다는 것인가? 기가 막혀서. 당신들 일등 침대차로 여행하고 있는 줄 알고 있오?"

이리하여 여분의 물건은 가차없이 제거해 버리는 일이 진행되었다.

② **unwieldy**─움직이기 어려운. ③ **forge ahead**─천천히 전진하다. ⑧ **went over**─turned over(전복하다). ⑩ **on its side**─옆으로 넘어진 채. ⑭ **Whoa!**─Stop! ⑮ **trip**─stumble. ㉔ **overhaul**─examine thoroughly (철저히 조사하다). ㉕ **Long Trail**─긴 썰매 여행, 장도의 썰매길. ㉖ **Blankets~hotel**─호텔에서 쓸 정도의 많은 모포. ㉗ **quoth**─said. **Half as many**─Half as many blankets as these. ㉚ **Good Lard**─Good Lord.

101

dumped on the ground and article after article was thrown out. She cried in general, and she cried in particular over each discarded thing. She clasped hands about knees, rocking back and forth broken-heartedly. She averred she would not go an inch, not for a dozen Charleses. She appealed to everybody and to everything, finally wiping her eyes and proceeding to cast out even articles of apparel that were imperative necessaries. And in her zeal, when she had finished with her own, she attacked the belongings of her men and went through them like a tornado.

This accomplished, the outfit, though cut in half, was still a formidable bulk. Charles and Hal went out in the evening and bought six Outside dogs. These, added to the six of the original team, and Teek and Koona, the huskies obtained at the Rink Rapids on the record trip, brought the team up to fourteen. But the Outside dogs, though practically broken in since their landing, did not amount to much. Three were short-haired pointers, one was a Newfoundland, and the other two were mongrels of indeterminate breed. They did not seem to know anything, these newcomers. Buck and his comrades looked upon them with disgust, and though he speedily taught them their places and what not to do, he could not teach them what to do. They did not take kindly to trace and trail. With the exception of the two mongrels, they were bewildered and spirit-broken by the strange savage environment in which they found themselves and by the ill treatment they had received. The two mongrels were without spirit at all; bones were the only things breakable about them.

With the newcomers hopeless and forlorn, and the old team worn out by twenty-five hundred miles of continuous

메르세데스는 자기의 옷 보따리가 땅위에 털썩 내려져 물품이 하나하 나 잇따라 내던져졌을 때 울부짖었다. 그녀는 전반적으로 짐을 정리하 지 않으면 안 된다는 일로서 울었으며 또 버린 물품 하나하나 때문에 울고불고했다. 그녀는 무릎을 끌어 안고 비탄에 젖어 몸을 앞뒤로 흔 들었다. 그녀는 이제 한치라도, 설령 소중한 남편을 위해서도 결단코 움직이지 않겠다고 단언했다. 그녀는 모든 사람에게 또 온갖 물건에게 애소(哀訴)하였고 나중에는 눈물을 닦고 꼭 필요한 필수 의복까지도 내어 던지기 시작했다. 그리고 열중한 나머지 자기 자신의 의복을 모 조리 내버리고는 사내들의 소지품에 덤벼들어 회오리바람처럼 그것들 을 들쑤셨다.

이것이 끝나자 절반으로 줄어들긴 했지만 여행 하물은 아직도 굉장 한 부피였다. 찰스와 헬은 저녁때 외출하여 여섯 마리의 외국견을 사 왔다. 애초의 썰매 끌기 개 떼의 여섯 마리와, 신기록을 세운 여행 때 링크 래피드즈에서 매입한 에스키모 개인 티크와 쿠나에다 이들 오늘 밤에 사들인 개를 합쳐서 썰매 끌기 개 떼는 열네 마리로 되었다. 그 러나 이들 외국견은 이곳에 상륙한 이래 실제 길들여져 있었지만 대단 한 것은 아니었다. 세 마리는 털이 짧은 포인터였으며 한 마리는 뉴펀 드랜드 견(犬)이었고 기타 두 마리는 혈통을 알 수 없는 잡종이었다. 이들 새로 들어온 개들은 아무 것도 알고 있는 것 같지 않았다. 벅과 그의 동료들은 염오의 눈으로 그들을 바라보았다. 그리고 벅은 곧 그 들에게 그들이 있어야 할 장소와 해서는 안 될 것을 가르쳐 주었지만 그들이 해야할 일을 가르쳐 줄 수는 없었다. 그 개들은 썰매를 끌고 썰매길을 달리는 것을 그리 마음에 들어 하지 않았다. 두 마리의 잡종 을 제외하고 이 개들은 돌연 그 와중에 놓이게 된 그 낯선 야만적 환경 과 그들이 받은 학대로 인하여 어리둥절했고 낙심하고 있었다. 두 마 리의 잡종견은 기력(氣力)이란 전혀 갖고 있지 않았다. 그래서 그들의 신변에서 부러뜨릴 수 있는 것은 뼈가 유일한 것이었다.

새로 들여온 개들은 절망하고 어떻게 해야 좋을지 까마득한 상태에 있었고, 기존 썰매 끌기 개 떼는 끊임없이 계속된 이천 오백 마일의

---

⑤ aver—declare, assert positively(단언하다). for~Charles —for all the world 의 뜻. (남편을 위해서는 무엇이든지 하지만 이번만은 Charles가 12명 있어도 절대로 싫다). ⑫ This accomplished—When this was accomplished. though~half—반으로 줄었지만. ⑱ broken in—tamed. ⑲ amount to much—크게 도움이 되다. ⑳ mongrel—잡종의 개.

trail, the outlook was anything but bright. The two men, however, were quite cheerful. And they were proud, too. They were doing the thing in style, with fourteen dogs. They had seen other sleds depart over the Pass for 5 Dawson, or come in from Dawson, but never had they seen a sled with so many as fourteen dogs. In the nature of Arctic travel there was a reason why fourteen dogs should not drag one sled, and that was that one sled could not carry the food for fourteen dogs. But Charles 10 and Hal did not know this. They had worked the trip out with a pencil, so much to a dog, so many dogs, and so many days, Q.E.D. Mercedes looked over their shoulders and nodded comprehensively, it was all so very simple.

Late next morning Buck led the long team up the 15 street. There was nothing lively about it, no snap or go in him and his fellows. They were starting dead weary. Four times he had covered the distance between Salt Water and Dawson, and the knowledge that, jaded and tired, he was facing the same trail once more, made him bitter. 20 His heart was not in the work, nor was the heart of any dog. The Outsides were timid and frightened, the Insides without confidence in their masters.

Buck felt vaguely that there was no depending upon these two men and the woman. They did not know how 25 to do anything, and as the days went by it became apparent that they could not learn. They were slack in all things, without order or discipline. It took them half the night to pitch a slovenly camp, and half the morning to break that camp and get the sled loaded in fashion so 30 slovenly that for the rest of the day they were occupied in stopping and rearranging the load. Some days they did not make ten miles. On other days they were unable to get started at all. And on no day did they succeed in

썰매 끌기로 기진맥진해 있어 전도의 전망은 결코 밝지 않았다. 그러나 그 두 남자는 몹시 쾌활했다. 더우기 그들은 자랑스럽기도 했다. 그들은 열네 마리의 개를 알고 호화롭게 여행을 하고 있었다. 그들은 다른 썰매가 고개를 넘어 도슨을 향하여 출발하든가 또는 도슨으로부터 돌아오는 것을 여럿 보았지만 개를 열네 마리나 단 썰매는 한 번도 본 일이 없었다. 북극 지방 여행의 본질(本質)로 보아 왜 열네 마리의 개가 한 대의 썰매를 끄는 것이 좋지 않은가 하는 데에는 이유가 있다. 그것은 한 대의 썰매에 열네 마리의 개를 위한 식료품을 실어 나를 수가 없다는 것이었다. 그러나 찰스도 핼도 이것을 알지 못했다. 그들은 개 한 마리의 식량이 얼마, 개가 몇 마리, 소요 일수가 몇 일, 이렇게 해서 계산 끝이라는 식으로 연필로 여행 계획을 세웠던 것이다. 메르세데스는 그들의 어깨넘어로 들여다보고 알았다는 듯이 끄덕했다. 아주 간단 명료한 것이었기 때문이다.

이튿날 아침 늦게 벅은 긴 열(列)을 지은 개 떼의 선두에 서서 거리를 행진했다. 이 일행에는 활기에 찬 모습이란 전혀 없었으며 벅에게도 또한 동료 개들에게도 생기나 정력 따위는 전혀 없었다. 출발에서부터 몹시 지쳐 있었다. 벅은 이미 네 번이나 쏠트 워터와 도슨 사이를 주파하였으므로 아주 지쳐 있는데도 또 다시 한 번 같은 썰매길을 향하고 있음을 알고 벅은 비통해졌다. 벅은 일에 열중할 마음이 없었으며 어느 개의 생각도 그러했다. 외국개들은 겁에 질려 벌벌 떨고 있었고, 내륙 개들은 주인을 신뢰하고 있지 않았다.

벅은 막연히 이들 두 사나이와 저 여인을 믿을 수 없다고 느꼈다. 그들은 어떤 일에도 일하는 방법을 모르고 있었다. 그리고 시일이 지나감에 따라 그들은 경험에 의하여 배울 줄도 모른다는 것이 명백해졌다. 만사가 되는 대로였고 질서나 규율도 없었다. 그들은 엉터리 같은 야영 설비를 하는 데 밤의 절반을 소비했고 그 야영 설비를 철거하여 썰매에 싣는 데 아침 나절의 반을 소비했는데 그 적재방법이 그저 되는 대로였기 때문에 그 날의 나머지 시간은 썰매를 세워 짐을 고쳐 싣는 데 분주했다. 십 마일도 행진하지 못한 날이 며칠 있었다. 또한 전혀 출발하지 못한 날도 며칠 있었다. 그리고 일반적으로 사람들이

---

① **anything but**—far from, not ~ at all. *cf.* It is *anything but* pleasant. (즐겁기는커녕 불쾌하다.) ③ **do the thing**—여행을 하다. **in style**—호화롭게. ⑫ **Q.E.D.**—《*Lat.*》 quod erat demonstrandum=which was to be demonstrated. ⑮ **snap**—energy, vigor. **go**—energy, spirit. ⑯ **They ~ weary**—출발 때부터 피로해 있었다. ⑱ **jade**—tire out. ㉓ **there ~ upon**—it was impossible to depend upon. ㉙ **get ~ loaded**—썰매에 짐을 싣다.

making more than half the distance used by the men as a basis in their dog-food computation.

It was inevitable that they should go short on dog-food. But they hastened it by overfeeding, bringing the day nearer when underfeeding would commence. The Outside dogs, whose digestions had not been trained by chronic famine to make the most of little, had voracious appetites. And when, in addition to this, the worn-out huskies pulled weakly, Hal decided that the orthodox ration was too small. He doubled it. And to cap it all, when Mercedes, with tears in her pretty eyes and a quaver in her throat, could not cajole him into giving the dogs still more, she stole from the fish-sacks and fed them slyly. But it was not food that Buck and the huskies needed, but rest. And though they were making poor time, the heavy load they dragged sapped their strength severely.

Then came the underfeeding. Hal awoke one day to the fact that his dog-food was half gone and the distance only quarter covered; further, that for love or money no additional dog-food was to be obtained. So he cut down even the orthodox ration and tried to increase the day's travel. His sister and brother-in-law seconded him; but they were frustrated by their heavy outfit and their own incompetence. It was a simple matter to give the dogs less food; but it was impossible to make the dogs travel faster, while their own inability to get under way earlier in the morning prevented them from travelling longer hours. Not only did they not know how to work dogs, but they did not know how to work themselves.

The first to go was Dub. Poor blundering thief that he was, always getting caught and punished, he had none the less been a faithful worker. His wrenched shoulder-blade, untreated and unrested, went from bad to worse,

개의 식량을 계산하는 데 기준으로 사용하는 일정 거리의 반 이상을 성공적으로 행진한 날은 단 하루도 없었다.

이 일행이 개의 식량 부족을 초래하는 것은 피할 수 없었다. 그러나 그들은 개에게 필요 이상을 급식함으로써 식량 부족을 촉진했고 감식 (減食)이 시작되는 시기를 더 한층 가까와지게 하였다. 외국개들은 소화 기관이 소량의 먹이를 최대한으로 이용하게끔 장기간에 걸친 공복에 단련되어 있지 않았기 때문에 게걸스럽게 자꾸 먹고 싶어했다. 더우기 이에 더하여 지쳐 버린 에스키모 개가 힘없이 썰매를 끌었을 때 헬은 평소의 일정한 배급량이 지나치게 적다고 판단했다. 그는 배급량을 배로 늘렸다. 이 모든 것 외에도 메르세데스는 예쁜 눈에 눈물을 머금고 떨리는 목소리로 개들에게 더 많은 먹이를 주도록 감언으로 헬을 설득할 수 없었을 때 자루에서 생선을 훔쳐 내어 몰래 개들에게 주었다. 그러나 벅이나 에스키모 개들이 필요로 했던 것은 먹이가 아니고 휴식이었다. 그리고 행진 속도는 느렸지만 개들은 끄는 무거운 짐으로 체력이 몹시도 약화되어 갔다.

이윽고 감식이 시작되었다. 헬은 어느 날 개의 식량이 절반이나 없어졌는데도 여정은 불과 사 분의 일이 주파되었을 뿐이라는 사실을 깨달았다. 더우기 돈을 내던 안 내던 간에 절대로 이 이상 여분의 개 식량을 입수할 수 없다는 사실을 깨달았다. 그래서 그는 정규의 배급량까지도 삭감하고 하루 여정을 늘리려고 했다. 그의 누이도 매형도 그에게 찬성했지만 무거운 짐과 그들 자신의 무능력 때문에 좌절했다. 개의 식량을 지금보다 적게 하는 것은 간단한 일이었지만 개를 더 빨리 달리게 하는 것은 불가능했고 한편 그들 자신이 아침에 더 일찍 출발할 수 없다는 것이 여행 시간을 지금까지보다 더 길게 하는 것을 불가능하게 했다. 그들은 개를 부리는 방법을 몰랐을 뿐만 아니라 자신들의 작업 방법도 알지 못했다.

맨 처음에 죽은 개는 더브였다. 더브는 언제나 붙잡혀 벌받은 한심한 실수 투성이 도둑개였지만 그래도 역시 충실한 일꾼이었다. 그의 삐어 버린 어깨뼈는 치료도 휴식도 받지 못했으므로 점점 악화하여 결

---

③ **go short on**—부족해지다. ⑥ **chronic** — continuous. ⑦ **make~ little**—얼마 안 되는 것을 최대한 이용하다. ⑨ **orthodox ration**—여느때의 정해진 배급량. ⑩ **to~all**—in addition to all that (그외에). ⑬ **slyly**—secretly(남몰래). ⑮ **make poor time**—progress slowly. ⑲ **for~ money**—by any means(돈을 내건 안 내건, 무슨 수를 써도). for love는 「거저」의 뜻. ㉒ **second** — support. ㉖ **get under way**—출발하다. ㉚ **go**—die. **Poor ~ was**— Though he was a poor blundering thief. ㉝ **go~worse**—더욱더 악화되다.

till finally Hal shot with the big Colt's revolver. It is a saying of the country that an Outside dog starves to death on the ration of the husky, so the six Outside dogs under Buck could do no less than die on half the ration of the husky. The Newfoundland went first, followed by the three short-haired pointers, the two mongrels hanging more grittily on to life, but going in the end.

By this time all the amenities and gentlenesses of the Southland had fallen away from the three people. Shorn of its glamour and romance, Arctic travel became to them a reality too harsh for their manhood and womanhood. Mercedes ceased weeping over the dogs, being too occupied with weeping over herself and with quarrelling with her husband and brother. To quarrel was the one thing they were never too weary to do. Their irritability arose out of their misery, increased with it, doubled upon it, outdistanced it. The wonderful patience of the trail which comes to men who toil hard and suffer sore, and remain sweet of speech and kindly, did not come to these two men and the woman. They had no inkling of such a patience. They were stiff and in pain; their muscles ached, their bones ached, their very hearts ached; and because of this they became sharp of speech, and hard words were first on their lips in the morning and last at night.

Charles and Hal wrangled whenever Mercedes gave them a chance. It was the cherished belief of each that he did more than his share of the work, and neither forbore to speak this belief at every opportunity. Sometimes Mercedes sided with her husband, sometimes with her brother. The result was a beautiful and unending family quarrel. Starting from a dispute as to which should chop a few sticks for the fire (a dispute which concerned only

국에는 핼이 커다란 콜트 권총으로 사살했다. 외국개는 에스키모 개의
배급량으로서는 굶어 죽는다는 것이 이 지방의 속담이다. 그래서 벅의
지도하에 있는 여섯 마리의 외국 개는 에스키모 개의 배급량 절반으로
는 죽을 수 밖에 도리가 없었다. 뉴펀드랜드 개가 우선 죽어 갔고 이
어서 세 마리의 털이 짧은 포인터가 죽고 두 마리의 잡종은 더 끈기 있
게 목숨에 매달려 있었지만 결국 죽고 말았다.

이즈음에 이르기까지 남극의 기품이나 상냥함은 이 세 사람으로부터
깡그리 사라지고 말았다. 북극 여행은 그 매력도 로맨스도 없어져 버
려 사내로서도 여자로서도 너무나 견디기 어려운 가혹한 현실로 되
었다. 메르세데스는 자기 자신을 불쌍히 여겨 울기도 하고 그녀의 남
편이나 동생과 투닥거리기도 하는 데에 너무 사로잡혀 있었기 때문에
개를 가련하게 생각해서 우는 일은 집어치웠다. 말다툼하는 것은 그들
이 싫증도 내지 않고 언제까지라도 하는 유일한 일이었다. 그들의 성
마름은 비참한 신세에서 생겨나 그것과 더불어 증대했고, 그것과 겹쳐
그것을 능가해갔다. 열심히 일하고 고난을 참았으며, 더우기 언제나
부드러운 말씨를 쓰고 친절한 채 있는 사람들에게 나타나는 놀랄 만한
썰매 여행에서의 인내는 이들 두 사람의 남자와 그 여인에게는 나타나
지 않았다. 이 세 사람은 그러한 인내를 전혀 알지 못했다. 그들은 몸
이 굳어 버려 아팠다. 근육이 쑤셨고, 뼈가 쑤셨고, 마음 그 자체가 쑤
셨다. 그리고 그 때문에 그들의 말투는 날카로워졌고 신랄한 말은 그
들이 아침에 제일 처음 입에 담는 말이었고 밤까지 계속되었다.

찰스와 핼은 메르세데스가 틈만 보이면 언제나 말다툼을 했다. 서로
더 많이 일하고 있다는 것이 이 두 사람 각자의 확고한 신념이었다.
그리고 어느 쪽도 기회가 있을 때마다 이 신념을 입밖에 내는 것을 삼
가하려 하지 않았다. 메르세데스는 어느 때는 남편 편을 들었고 또 어
느 때는 동생 편을 들었다. 그 결과는 꼴불견의 끝없는 집안 싸움이
었다. 모닥불에 쓸 장작개비 몇 개를 어느 누가 잘라야 하는가의 논쟁
(찰스와 핼에게만 관련된 논쟁)에서 시작하여 이윽고 그 가족의 여타

---

④ **could ~ die**—could not but die. ⑥ **hang on to**—꽉 매달리다. ⑦ **grittily**—reso-
lutely, courageously. ⑧ **amenities**—공손함, 예의 바름. ⑨ **shorn of**—Deprivied of=
Being deprived of. ⑩ **glamour**—매력. ⑲ **sweet of speech**—sweet in speech(말이 상냥
한). ⑳ **no inkling**—not a slightest notion (전혀 알지 못하는). ㉒ **their very hearts**—
다른 사람 아닌 그들의 마음까지도. very는 emphasis. ㉛ **beautiful**—참으로 우러러보는, 훌
륭한 (비꼬는 말).

Charles and Hal), presently would be lugged in the rest of the family, fathers, mothers, uncles, cousins, people thousands of miles away, and some of them dead. That Hal's views on art, or the sort of society plays his mother's brother wrote, should have anything to do with the chopping of a few sticks of firewood, passes comprehension; nevertheless the quarrel was as likely to tend in that direction as in the direction of Charles's political prejudices. And that Charles's sister's tale-bearing tongue should be relevant to the building of a Yukon fire, was apparent only to Mercedes, who disburdened herself of copious opinions upon that topic, and incidentally upon a few other traits unpleasantly peculiar to her husband's family. In the meantime the fire remained unbuilt, the camp half pitched, and the dogs unfed.

Mercedes nursed a special grievance—the grievance of sex. She was pretty and soft, and had been chivalrously treated all her days. But the present treatment by her husband and brother was everything save chivalrous. It was her custom to be helpless. They complained. Upon which impeachment of what to her was her most essential sex-prerogative, she made their lives unendurable. She no longer considered the dogs, and because she was sore and tired, she persisted in riding on the sled. She was pretty and soft, but she weighed one hundred and twenty pounds—a lusty last straw to the load dragged by the weak and starving animals. She rode for days, till they fell in the traces and the sled stood still. Charles and Hal begged her to get off and walk, pleaded with her, entreated, the while she wept and importuned Heaven with a recital of their brutality.

On one occasion they took her off the sled by main

사람들, 아버지, 어머니, 숙부, 사촌 따위의 몇 천 마일이나 떨어져 있는 사람들, 더우기 몇몇 죽은 사람들을 끄집어들이곤 했다. 헬의 예술관이든가 그의 모친의 형제가 쓴 따위의 사회극이 몇 개의 장작개비를 자르는 것과 도대체 무슨 관계가 있는지 이해할 수 없는 일이었다. 그래도 역시 말다툼은 찰스의 정치적 편견과 같은 방향으로 향하곤 했다. 그리고 찰스의 누이동생이 풍문을 퍼뜨리고 다니는 인간이라는 것이 유콘강에서 모닥불을 피우는 것과 도대체 어떻게 관련이 있는가 하는 것은 메르세데스에게만은 명백한 일이었다. 그리고 그녀는 그 화제에 대하여 또 부수적으로 여타의 그녀 남편 가족에게 불유쾌하게도 특유한 몇 가지 특징에 대하여 세부에 걸친 의견을 쏟아 놓았다. 그 동안 모닥불은 피우지 않은 채였고 야영은 반쯤 정리되어 있었고 개에겐 식사를 주지 않은 채로 있었다.

메르세데스는 어떤 특수한 불만 — 여자로서의 불만을 마음에 품고 있었다. 그녀는 예쁘고 상냥했다. 그래서 지금까지 언제나 남자들로부터 정중한 취급을 받아 왔다. 그러나 남편과 동생으로부터 받는 지금의 취급은 도저히 정중하다고는 말할 수 없는 것이었다. 어쩔 줄 몰라 하는 것은 본래 그녀의 습성이었다. 사내들은 불평했다. 그녀로서는 자기의 가장 근본적인 여성의 특권으로 여기고 있는 것을 이런 식으로 비난받고서 메르세데스는 자신들의 생활을 참을 수 없는 것으로 생각했다. 그녀는 이제 개들을 염두에 두지 않았다. 그녀는 다리가 피곤하다는 이유로 썰매에 올라타고 갈 것을 고집했다. 그녀는 예쁘고 상냥했지만 체중은 백 이십 파운드였다 — 그것은 쇠약하고 배를 곯고 있는 개들이 끌고 있는 짐에 합쳐지면 그로 인해 이제 더 끌 수 없게 될 정도의 대단한 부담이었다. 그녀는 며칠이고 타고 갔다. 그리하여 드디어 개들은 견인 가죽 끈을 맨 채 쓰러졌고, 썰매는 그 자리에 서 버리고 말았다. 찰스와 헬은 그녀에게 내려서 걷도록 빌고, 탄원하고, 간청하는 동안 그녀는 줄곧 울면서 남자들의 잔인함을 상세히 열거하여 하늘에 호소했다.

한번은 남자들이 강제로 그녀를 썰매에서 끌어내렸지만 그런 일은

---

⑨ **tale-bearing**—소문을 퍼뜨리는. ⑩ **should~ to**—should have any connection. ⑪ **disburden oneself**—마음껏 지절이고 마음의 부담을 덜다. ⑫ **copious**—아주 자세한. ⑬ **incidentally**—부수적으로. ⑰ **nurse**—마음에 품다. ⑱ **chivalrously**—정중하게. ㉒ **impeachment**—비난. ㉓ **sex-prerogative**—여기서는 「여성의 특권」. **made**—regarded~ as being, considered~to be. ㉗ **lusty**—몸집이 큰. ㉛ **the while**—during that time. **importuned**—성가시게 조르는. ㉝ **by main strength**—전력을 다하여.

strength. They never did it again. She let her legs go limp like a spoiled child, and sat down on the trail. They went on their way, but she did not move. After they had travelled three miles they unloaded the sled, came back
5 for her, and by main strength put her on the sled again.

In the excess of their own misery they were callous to the suffering of their animals. Hal's theory, which he practised on others, was that one must get hardened. He had started out preaching it to his sister and brother-in-
10 law. Failing there, he hammered it into the dogs with a club. At the Five Fingers the dog-food gave out, and a toothless old squaw offered to trade them a few pound of frozen-horse-hide for the Colt's revolver that kept the big hunting-knife company at Hal's hip. A poor substi-
15 tute for food was this hide, just as it had been stripped from the starved horses of the cattlemen six months back. In its forzen state it was more like strips of glavanised iron, and when a dog wrestled it into his stomach it thawed into thin and innutritious leathery strings and
20 into a mass of short hair, irritating and indigestible.

And through it all Buck staggered along at the head of the team as in a nightmare. He pulled when he could; when he could no longer pull, he fell down and remained down till blows from whip or club drove him to his feet
25 again. All the stiffness and gloss had gone out of his beautiful furry coat. The hair hung down, limp and draggled, or matted with dried blood where Hal's club had bruised him. His muscles had wasted away to knotty strings, and the flesh pads had disappeared, so that each
30 rib and every bone in his frame were outlined cleanly through the loose hide that was wrinkled in folds of emptiness. It was heartbreaking, only Buck's heart was unbreakable. The man in the red sweater had proved

두 번 다시 하지 않았다. 그녀는 응석 부리는 아이처럼 다리를 축 늘어지게 하고는 썰매길 위에 주저앉고 말았다. 사내들은 그대로 계속 행진했지만 그녀는 움직이려 하지 않았다. 사내들은 삼 마일이나 행진해 갔다가 썰매의 짐을 부려 놓고 그녀를 데리러 돌아와서 전력을 다하여 그녀를 다시 썰매에 태웠던 것이다.

자신의 비참한 신세가 너무도 참혹했기에 그들은 동물의 고통에는 신경을 쓰지 않았다. 핼이 다른 사람들에게 실행한 지론은 사람은 냉혹해야 한다는 것이었다. 그는 그 지론을 누이 부부에게 설교하기 시작했다. 그것에 실패하자 그는 그것을 곤봉으로 개들에게 두들겨 넣었다. 파이브 핑거즈에서 개의 식량이 떨어져 버렸는데 이빨 없는 어떤 인디언 노파가 그들에게 수(數) 파운드의 냉동 말가죽을 핼의 허리에 커다란 사냥용 나이프와 함께 꽂혀 있는 콜트식 권총과 교환하자고 제의해 왔다. 육 개월 전에 소몰이꾼들의 굶어 죽은 말에서 벗겨 낸 채로 있는 이 가죽은 초라한 대용 식품이었다. 냉동된 상태였기에 그것은 오히려 몇 장의 아연 철판 같았다. 그리고 개가 그것을 억지로 뱃속에 쑤셔 넣으니 그것은 녹아서 엷고 아무 영양도 없는 가죽 끈과 짧은 털 덩어리로 변하여 위를 자극하고 소화는 되지 않았다.

그 동안 쭉 벅은 악몽에 시달려 있는 듯한 기분으로 개 떼의 선두에서 비틀거리며 나아갔다. 벅은 끌 수 있는 동안은 끌었다. 그 이상 끌수 없게 되면 쓰러졌고, 채찍이나 곤봉으로 두들겨 맞아 싫어도 다시 일어나지 않으면 안 될 때까지 그대로 쓰러져 있었다. 모든 견고함도 광택도 모조리 벅의 아름다운 털가죽으로부터 사라져 버렸다. 털은 힘없이 늘어져 더러워지고 혹은 핼의 곤봉이 상처 낸 부위는 마른 피로 엉켜진 채 늘어져 있었다. 근육은 야위고 쇠약해서 마디 투성이의 줄이 되었고, 탄력있는 살붙이가 없어져 버렸다. 그리하여 늑골의 하나하나 또는 몸속의 뼈 전부가, 텅비게 움푹 패여, 주름살 지고 있는 늘어진 가죽을 통하여 명백히 윤곽을 보이고 있었다. 그 모습은 사람에게 가슴이 찢어지는 느낌을 주었지만 오직 벅의 마음만은 꺾이지 않았다. 붉은 스웨터를 입은 남자가 이미 그것을 명백히 증명한 바 있

⑥ **callous**—hard-hearted (무신경의). ⑧ **get hardened**—무정해지다, 냉혹해지다. ⑨ **start out**—착수하다. ⑩ **Failing there**—설득에 실패하면. ⑪ **give out**—run short (떨어지다). ⑫ **squaw**—a North American Indian woman. ⑬ **keep~company**—큰 사냥용 나이프와 나란히 차다. ⑯ **cattleman**—소를 기르는 목장 주인. ㉔ **drive~feet**—억지로 그를 일으켜 세우다. ㉘ **waste away to**—점점 쇠약해져 끝내는 ~가 되다. ㉙ **flesh pad**—탄력이 있는 살집. ㉚ **frame**—체격, 육체.

that.

As it was with Buck, so was it with his mates. They were perambulating skeletons. There were seven all together, including him. In their very great misery they had become insensible to the bite of the lash or the bruise of the club. The pain of the beating was dull and distant, just as the things their eyes saw and their ears heard seemed dull and distant. They were not half living, or quarter living. They were simply so many bags of bones in which sparks of life fluttered faintly. When a halt was made, they dropped down in the traces like dead dogs, and the spark dimmed and paled and seemed to go out. And when the club or whip fell upon them, the spark fluttered feebly up, and they tottered to their feet and staggered on.

There came a day when Billee, the good-natured, fell and could not rise. Hal had traded off his revolver, so he took the axe and knocked Billee on the head as he lay in the traces, then cut the carcass out of the harness and dragged it to one side. Buck saw, and his mates saw, and they knew that this thing was very close to them. On the next day Koona went, and but five of them remained: Joe, too far gone to be malignant; Pike, crippled and limping, only half conscious and not conscious enough longer to malinger; Sol-leks, the one-eyed, still faithful to the toil of trace and trail, and mournful in that he had so little strength with which to pull; Teek, who had not travelled so far that winter and who was now beaten more than the others because he was fresher; and Buck, still at the head of the team, but no longer enforcing discipline or striving to enforce it, blind with weakness half the time and keeping the trail by the loom of it and by the dim feel of his feet.

었다.

그것이 벅의 실정이었던 것처럼 동료 개들에게도 사정은 매일반이었다. 그들은 걸어다니는 해골이었다. 벅을 포함하여 전부 일곱 마리였다. 너무나도 힘들고 비참한 고통 때문에 그들은 채찍의 통렬한 아픔에도 또는 곤봉이 낸 상처에도 무감각하게 되었다. 개들은 눈으로 보고 귀로 듣는 것들이 흐릿하고, 멀리 까마득하게 느껴지는 것 처럼 얻어맞는 아픔도 흐릿하고 까마득했다. 개들은 절반도, 사 분의 일도 살고 있지 않았다. 그들은 안에서 생명의 불꽃이 가냘프게 팔딱이고 있는, 뼈가 들어 있는 몇몇 자루에 불과했다. 썰매가 정지되면 죽어버린 개처럼 견인 가죽 끈에 매인 채 쓰러졌고, 생명의 불꽃은 흐릿하고 희미해졌고, 꺼져 버릴 것만 같았다. 그리고 곤봉이나 채찍이 내리쳐졌을 때 그 생명의 불꽃은 가냘프게 아물아물 타올라 비틀비틀 일어서서 휘청거리며 나아갔다.

그러던 중, 순한 개 빌리가 쓰러져 일어나지 못하게 된 날이 왔다. 핼은 그의 권총을 물물 교환으로 주어 버렸기 때문에 도끼를 손에 쥐고 견인 가죽 끈에 매인 채 쓰러져 있는 빌리의 머리를 쳐서 그 시체를 가죽 끈에서 잘라 내어 길 한 쪽으로 끌어내었다. 벅은 보았다. 동료 개들도 보았다. 그리고 개들은 이런 일이 자기들 바로 가까이에 있음을 알았다. 그 이튿날 쿠나가 죽었고 다섯 마리만이 남았다. 조우는 너무나 쇠약해서 이젠 심술 궂은 짓도 못했고 파이크는 절름발이가 되어 절뚝거리고 의식이 반쯤 있었으며 더 이상 꾀병을 부릴 만한 의식은 없었으며, 애꾸눈 솔렉스는 아직 썰매를 끌고 길을 나아가는 일에는 충실했지만 끌어당길 힘이 거의 없어져 버린 것을 슬퍼하고 있었다. 티크는 그 겨울 아직 그렇게 장거리를 여행한 경험이 없었고 더우기 새로 들어온 개였기 때문에 다른 개들보다도 훨씬 지쳐 있었다. 벅은 아직 개 떼의 선두에 있었지만 이젠 규율을 강요하거나 강요하려고 애쓰지 않았으며 쇠약해져 반나절은 아무 것도 볼 수 없었고, 썰매길이 어렴풋이 보이는 것을 의지하여, 또 발의 흐릿한 감촉을 의지하여 썰매길을 더듬어 나아갔다.

---

③ **perambulating**—걸어 돌아다니는, 배회하는. ⑨ **so many**—그와 동수의. ⑭ **totter ~ feet**—비틀거리면서 일어서다. ⑰ **trade off**—교환하여 내놓다. ㉒ **went**—died. ㉓ **gone**—worn out, fatigued. ㉘ **beaten**—exhausted. ㉙ **fresher**—신참자. ㉝ **feel**—감촉.

It was beautiful spring weather, but neither dogs nor humans were aware of it. Each day the sun rose earlier and set later. It was dawn by three in the morning, and twilight lingered till nine at night. The whole long day
5 was a blaze of sunshine. The ghostly winter silence had given way to the great spring murmur of awakening life. This murmur arose from all the land, fraught with the joy of living. It came from the things that lived and moved again, things which had been as dead and which
10 had not moved during the long months of frost. The sap was rising in the pines. The willows and aspens were bursting out in young buds. Shrubs and vines were putting on fresh garbs of green. Crickets sang in the nights, and in the days all manner of creeping, crawling
15 things rustled forth into the sun. Partridges and wood-peckers were booming and knocking in the forest. Squirrels were chattering, birds singing, and overhead honked the wild-fowl driving up from the south in cunning wedges that split the air.
20 From every hill slope came the trickle of running water, the music of unseen fountains. All things were thawing, bending, snapping. The Yukon was straining to break loose the ice that bound it down. It ate away from beneath; the sun ate from above. Air-holes formed,
25 fissures sprang and spread apart, while thin sections of ice fell through bodily into the river. And amid all this bursting, rending, throbbing of awakening life, under the blazing sun and through the soft-sighing breezes, like wayfarers to death, staggered the two men, the woman,
30 and the huskies.

With the dogs falling, Mercedes weeping and riding, Hal swearing innocuously, and Charles's eyes wistfully watering, they staggered into John Thornton's camp at

　화창한 봄 날씨였지만 개도 사람도 그것을 깨닫지 못했다. 하루하루 태양은 더 일찍 솟아오르고 더 늦게 졌다. 새벽 세 시에는 날이 밝았고 밤 아홉 시까지 박명(薄明)은 좀처럼 가시지 않았다. 긴 대낮에는 줄곧 태양이 빛나고 있었다. 기분 나쁜 겨울의 침묵은 되살아나는 생명의 멋진 봄의 속삭임으로 바뀌어 갔다. 이 속삭임은 삶의 기쁨에 넘쳐 지상 도처에서 일어났다. 이 속삭임은 살아 있어 다시 움직이기 시작한 것들에서, 긴 극한의 수개월간 죽은 듯했고 움직이지 않았던 것들에서 일어났다. 수액(樹液)은 소나기 줄기를 올라가고 있었다. 버드나무와 사시나무에는 새싹이 돋아 나오고 있었다. 관목과 덩굴풀은 초록색 새 옷을 입기 시작하고 있었다. 밤에는 귀뚜라미가 울었다. 그리고 낮에는 기어다니고 포복하는 온갖 종류의 동물들이 햇볕으로 바스락거리며 나왔다. 자고(鷓鴣)와 딱다구리는 숲속에서 큰소리로 울어대고 쪼고 있었다. 다람쥐가 지껄이고, 새들이 지저귀고 머리 위에는 공기를 가르는 교묘한 쐐기 모양의 대형으로 남쪽에서 날아 올라온 들새들이 울었다.

　온갖 언덕의 사면(斜面)에서 눈에 보이지 않는 샘이 내는 음악인 흐르는 물의 살랑대는 소리가 들려왔다. 만물이 녹고 구부러지고, 딱딱 소리를 내고 있었다. 유콘 강은 꽁꽁 묶어 두고 있던 얼음을 산산히 부서뜨리려 하고 있었다. 얼음은 밑에서부터 침식하여 갔고 위에서는 태양이 잠식했다. 얼음에는 구멍이 형성되고 균열이 생겨 퍼져 나갔다. 한편 엷은 얼음의 파편은 모조리 강물에 떨어져 들어갔다. 잠에서 깨고 있는 생명의 이러한 모든 폭발, 분열, 맥박 치는 가운데를, 빛나는 태양 아래를, 부드럽게 살랑대는 미풍을 뚫고 죽음을 향해 가는 나그네처럼 두 사람의 남자와 그 여인과 그리고 에스키모 개들은 비틀거리며 나아갔다.

　개들은 쓰러지고, 메르세데스는 울며 썰매에 타고, 핼은 쓸데없이 욕을 퍼부으며 그리고 찰스는 생각에 잠겨 눈에 눈물을 머금으며, 그들은 화이트강 어귀에 있는 존 손턴의 야영지로 비틀거리며 들어갔다. 그들이 멈췄을 때 개들은 모두 맞아 죽은 것처럼 탁 쓰러졌다. 메르세

---

⑦ **fraught with~**—filled with~. ⑨ **had ~ dead**—had been as good as dead. ⑪ **aspen**—포플라. ⑯ **boom**—(백로 따위가) 울다. ⑱ **honk**—(기러기 따위가) 울다. **drive**—move along. ㉓ **bind down**—얼어붙다. **ate away**—잠식했다, 속였다. ㉔ **air-hole**—기공(氣孔). ㉖ **bodily**—as a whole(몽땅 그대로). ㉙ **wayfarer**—traveler on foot (도보여행자). ㉜ **innocuously**—harmlessly, vainly(쓸데없이, 공연히).

the mouth of White River. When they halted, the dogs dropped down as though they had all been struck dead. Mercedes dried her eyes and looked at John Thornton. Charles sat down on a log to rest. He sat down very
5 slowly and painstakingly what of his great stiffness. Hal did the talking. John Thornton was whittling the last touches on an axe-handle he had made from a stick of birch. He whittled and listened, gave monosyllabic replies, and, when it was asked, terse advice. He knew the
10 breed, and he gave his advice in the certainty that it would not be followed.

"They told us up above that the bottom was dropping out of the trail and that the best thing for us to do was to lay over," Hal said in response to Thornton's warning to
15 take no more chances on the rotten ice. "They told us we couldn't make White River, and here we are." This last with a sneering ring of triumph in it.

"And they told you true," John Thornton answered. "The bottom's likely to drop out at any moment. Only
20 fools, with the blind luck of fools, could have made it. I tell you straight, I wouldn't risk my carcass on that ice for all the gold in Alaska."

"That's because you're not a fool, I suppose," said Hal. "All the same, we'll go on to Dawson." He un-
25 coiled his whip. "Get up there, Buck! Hi! Get up there! Mush on!"

Thornton went on whittling. It was idle, he knew, to get between a fool and his folly; while two or three fools more or less would not alter the scheme of things.

30 But the team did not get up at the command. It had long since passed into the stage where blows were required to rouse it. The whip flashed out, here and there, on its merciless errands. John Thornton compressed his lips.

데스는 눈물을 닦고 존 손턴을 보았다. 찰스는 통나무에 앉아 쉬려고 했는데 몸이 아주 굳어 버려 있었기에 매우 천천히 힘들여서 앉았다. 핼이 하던 말을 했다. 존 손턴은 자작나무 막대기로 만든 도끼 자루에 마지막 손질을 하면서 깎고 있었다. 그는 깎으면서 이야기를 듣고 간단한 대답을 했으며 요청이 있으면 간결한 충고를 주었다. 그는 이들이 어떤 부류의 인간인가를 알고 있었다. 그래서 그의 충고가 지켜지지 않을 것임을 확신하고 충고를 주었던 것이다.

"강 얼음이 녹기 시작해서 썰매길 바닥이 내려앉고 있으니 여행을 뒤로 미루는 것이 제일 좋다고 윗지방에서 사람들이 말했어"라고 핼이 더 이상, 깨어지기 시작한 얼음 위를 행진하는 따위의 모험은 하지 말라는 손턴의 경고에 응답하여 말했다. "그 사람들은 우리들이 화이트 강에 닿을 수 없을 것이라고 했지만, 무사히 도착했잖아." 이 마지막 말에는 조소하는 듯 우쭐해 하는 여운이 있었다.

"그 사람들의 말이 사실이야." 존 손턴이 대답했다. "강 얼음은 언제 어느 때 떨어져 나갈지 몰라. 바보의 우연한 행운을 가진 어리석은 자들만이 무사히 올 수 있었을거야. 솔직히 말해 두지만 말이야 난 알래스카의 금을 모조리 준다 해도 저 얼음 위에서 목숨을 거는 따위의 짓은 하지 않을거야."

"그거야 당신이 바보가 아니니까 하는 말이겠지." 핼이 말했다. "그래도 우린 도슨까지 갈거라구." 그는 감아 두었던 채찍을 풀었다. "이봐, 일어나 벅! 어이! 일어섯! 가자!"

손턴은 깎는 일을 계속했다. 바보가 두세 사람 많아지던 줄어들던 이 세상사가 변할 리도 없는데 바보에게 어리석은 짓을 그만두라고 경고한들 소용없음을 그는 알고 있었다.

그러나 개 떼는 명령을 듣고도 일어서지 않았다. 개 떼는 오래전부터 그들을 일으켜 세우려면 두들겨 패지 않으면 안 되는 단계에 있었다. 채찍은 여기저기에 그 무자비한 사명을 띠고 번쩍였다. 존 손턴

---

⑤ **what of**— what with= on account of, as a result of. ⑥ **do the talking**—교섭을 하다, 담판을 짓다. **whittle**—조금씩 잘라 내다. ⑧ **monosyllabic replies**—간단한 대답(brief replies such as 'yes', 'no', etc). ⑨ **terse**—간결한. **He~breed** — He knew what sort of the people they were. ⑫ **They**—People(막연히 위쪽 사람들). **the bottom**—강의 얼음(면). ⑭ **lay over**—연기하다. ⑮ **take~ chances**—두 번 다시 모험을 하지 않는다. ㉑ **my carcass**—내 생명. ㉔ **all the same**—그래도 역시. ㉗ **idle**— useless. ㉘ **get~ folly**—바보에게 바보짓을 말라고 경고하다. **get between** A **and** B는 「A와 B 사이에 들어선다」「A와 B를 떼어 놓다」. ㉙ **scheme of things**—이 세상의 조직, 세상사. ㉛ **long since**— long ago. ㉜ **rouse it**— it 는 the team.

Sol-leks was the first to crawl to his feet. Teek followed. Joe came next, yelping with pain. Pike made painful efforts. Twice he fell over, when half up, and on the third attempt managed to rise. Buck made no effort. He lay quietly where he had fallen. The lash bit into him again and again, but he neither whined nor struggled. Several times Thornton started, as though to speak, but changed his mind. A moisture came into his eyes, and, as the whipping continued, he arose and walked irresolutely up and down.

This was the first time Buck had failed, in itself a sufficient reason to drive Hal into a rage. He exchanged the whip for the customary club. Buck refused to move under the rain of heavier blows which now fell upon him. Like his mates, he was barely able to get up, but, unlike them, he had made up his mind not to get up. He had a vague feeling of impending doom. This had been strong upon him when he pulled in to the bank, and it had not departed from him. What of the thin and rotten ice he had felt under his feet all day, it seemed that he sensed disaster close at hand, out there ahead on the ice where his master was trying to drive him. He refused to stir. So greatly had he suffered, and so far gone was he, that the blows did not hurt much. And as they continued to fall upon him, the spark of life within flickered and went down. It was nearly out. He felt strangely numb. As though from a great distance, he was aware that he was being beaten. The last sensations of pain left him. He no longer felt anything, though very faintly he could hear the impact of the club upon his body. But it was no longer his body, it seemed so far away.

And then, suddenly, without warning, uttering a cry that was inarticulate and more like the cry of an animal,

은 입술을 깨물었다. 솔렉스가 맨 먼저 기듯이 하여 겨우 일어섰다. 티크가 그 뒤를 따랐다. 조우가 그 다음에 고통으로 울부짖으면서 일어섰다. 파이크는 고통스러운 노력을 하여 반쯤 일어섰다가는 두 번씩이나 쓰러졌다. 셋째번 시도에서 겨우 일어설 수 있었다. 벅은 전혀 일서서려고도 하지 않았다. 쓰러진 그자리에 소리 없이 누워 있었다. 채찍이 몇 번이고 벅의 몸에 박혀 들어 갔지만 낑낑거리지도 않았으며 버둥거리지도 않았다. 몇 번이나 손턴은 말을 걸려는 듯 몸을 움찔거렸지만 생각을 고쳤다. 벅의 눈에 눈물이 고였으며 채찍질이 계속되었을 때 벅은 일어나서 망설이듯이 여기저기를 서성댔다.

이것은 벅이 명령을 따르지 않았던 최초였다. 그것만으로도 헬을 격노시키는 데 충분한 이유가 되었다. 벅은 채찍을 평소의 곤봉으로 바꾸었다. 벅은 지금 그의 위에 떨어지는 전보다 훨씬 더 심한 구타의 소나기를 받으면서도 절대로 움직이려 하지 않았다. 동료 개들처럼 벅도 겨우 일어설 수는 있었지만 그들과는 달리 그는 일어서지 않기로 작정하고 있었다. 벅은 박두해 온 비명에 갈 운명을 막연히 느끼고 있었다. 썰매를 끌고 이 강기슭에 도착했을 때 이 예감은 강력히 벅의 마음을 짓눌렀는데 그것은 죽 그를 떠나지 않고 있었다. 온종일 발 밑에 느끼고 온 얼음이 엷고 깨어지기 시작하고 있었기에 주인이 몰아세워 내보내려고 하고 있는 저 전방의 얼음 위에 재난이 바로 가까이에 있음을 알아차린 듯이 벅은 생각되었다. 벅은 절대로 움직이려 하지 않았다. 벅은 너무도 심한 고통을 받았고 또 너무도 심하게 쇠약해 있었기에 구타를 당해도 그다지 아프지 않았다. 그리고 구타가 그의 위에 계속하여 떨어짐에 따라 내부의 생명의 불꽃은 깜박이고 약해져 갔다. 그 불꽃은 거의 꺼져 가고 있었다. 이상하게도 감각이 없는 듯한 느낌이었다. 마치 까마득한 원거리에서 오는 것처럼 벅은 자기가 구타당하고 있음을 의식했다. 고통을 느끼는 최후의 감각이 벅에게서 사라졌다. 곤봉이 자기의 몸에 세차게 부딪치는 타격음은 아주 어렴풋이 들을 수 있었지만 벅은 이제 아무런 느낌도 없었다. 그러나 그것은 이젠 자기의 몸이 아니었다. 훨씬 멀리 떨어져 있는 듯이 생각되었다.

그때 돌연 경고도 없이 무어라고 하는지 의미를 알 수 없는, 오히려 동물의 울음 소리 같은 고함을 지르면서 존 손턴이 곤봉을 휘둘러 대

⑪ fail—의무를 태만하다. ⑰ This~ him—이런 느낌이 그에게 강력히 엄습했다. ⑲ What of— on account of, as a result of. ㉕ flicker—깜박이다. ㉝ inarticulate— indistinct, incapable of expressing one's ideas and feelings.

John Thornton sprang upon the man who wielded the club. Hal was hurled backward, as though struck by a falling tree. Mercedes screamed. Charles looked on wistfully, wiped his watery eyes, but did not get up ⁵ because of his stiffness.

John Thornton stood over Buck, struggling to control himself, too convulsed with rage to speak.

"If you strike that dog again, I'll kill you," he at last managed to say in a choking voice.

¹⁰ "It's my dog," Hal replied, wiping the blood from his mouth as he came back. "Get out of my way, or I'll fix you. I'm going to Dawson."

Thornton stood between him and Buck, and evinced no intention of getting out of the way. Hal drew his long ¹⁵ hunting-knife. Mercedes screamed, cried, laughed, and manifested the chaotic abandonment of hysteria. Thornton rapped Hal's knuckles with the axehandle, knocking the knife to the ground. He rapped his knuckles again as he tried to pick it up. Then he stooped, picked it up ²⁰ himself, and with two strokes cut Buck's traces.

Hal had no fight left in him. Besides, his hands were full with his sister, or his arms, rather; while Buck was too near dead to be of further use in hauling the sled. A few minutes later they pulled out from the bank and ²⁵ down the river. Buck heard them go and raised his head to see. Pike was leading, Sol-leks was at the wheel, and between were Joe and Teek. They were limping and staggering. Mercedes was riding the loaded sled. Hal guided at the gee-pole, and Charles stumbled along in the rear.

³⁰ As Buck watched them, Thornton knelt beside him and with rough, kindly hands searched for broken bones. By the time his search had disclosed nothing more than many bruises and a state of terrible starvation, the sled

는 사내에게 달려들었다. 쓰러지고 나무에 맞은 것처럼 헬은 뒤로 퉁 기어 떨어졌다. 메르세데스는 비명을 질렀다. 찰스는 어쩐지 슬픈 듯 바라보며 눈물 고인 눈을 훔쳤지만 몸이 굳어 버려 아팠기에 일어나지 않았다.

존 손턴은 벅의 위에 우뚝 서서 격노 때문에 배알이 들끓어 말도 나 오지 않는 자신을 억제하려고 애쓰고 있었다.

"다시 한 번 저 개를 때리면 널 죽여 버릴 테야." 그는 목멘 소리로 겨우 말할 수 있었다.

"그것은 내 개야." 헬은 제정신이 들었을 때 입에서 흐르는 피를 닦 으면서 대답했다. "날 방해하지 마. 그렇지않으면 널 혼내 줄 테니까. 난 도슨에 갈거야."

손턴은 헬과 벅 사이를 막고 서서 비키려는 의향을 조금도 보이지 않았다. 헬은 그의 기다란 사냥용 나이프를 뺐다. 메르세데스는 비명 을 지르고 울고 웃고 엉망진창의 히스테리 발작을 나타냈다. 손턴은 도끼 자루로 헬의 주먹을 쾅하고 내리쳐서 그 나이프를 땅에 떨어뜨 렸다. 헬이 그것을 다시 주워 들려고 했을 때 손턴은 다시 그의 주먹 을 때렸다. 그리고는 손턴이 몸을 굽혀 자신이 그것을 주워 두 번 칼 질하여 벅의 가죽끈을 끊어 버렸다.

헬에게는 이제 전연 투지(鬪志)가 남아 있지 않았다. 그밖에 그의 손은, 아니 손이라기 보다는 오히려 그의 팔은 누이가 꽉 붙들고 있었 으며, 한편 벅은 거진 죽어 있어 이제 이 이상 썰매를 끄는 데 소용이 없었다. 수 분 후에 그들은 강기슭에서 썰매를 끌어내어 강을 내려 갔다. 벅은 그들이 출발하는 소리를 듣고 머리를 쳐들어 보았다. 파이 크가 선두에 서고 솔렉스가 썰매 바로 앞에 있었으며 그 사이에 조우 온 티크가 있었다. 개들은 절뚝이며 비틀거리고 있었다. 메르세데스는 짐을 실은 썰매에 타고 있었다. 헬은 썰매채를 잡고 방향을 인도했으 며 찰스는 썰매 뒤를 비틀거리며 따라갔다.

벅이 그들을 뚫어지게 바라보고 있을 때 손턴은 옆에 무릎을 꿇고 거칠고 친절한 손으로 부러진 뼈를 찾아 더듬었다. 그가 더듬어 보고 많은 타박상과 극도의 기아 상태 이외에는 별로 이상이 없는 것을 알

---

① wield—휘두르다. ⑪ as~back—일어섰을 때. Get~way—내게 방해하지 말아. fix —do for(혼내주다). ⑯ chaotic~hysteria—두서 없는 히스테리의 발작. ㉑ his~rather —그의 손이라기보다 오히려 그의 팔은 발작을 일으킨 누나를 안아야 했기 때문에 다른 데 쓸 수 가 없었다. ㉓ be~use—더 이상 쓸모가 없다.

was a quarter of a mile away. Dog and man watched it crawling along over the ice. Suddenly, they saw its back end drop down, as into a rut, and the gee-pole, with Hal clinging to it, jerk into the air. Mercedes's scream came to their ears. They saw Charles turn and make one step to run back, and then a whole section of ice give way and dogs and humans disappear. A yawning hole was all that was to be seen. The bottom had dropped out of the trail.

John Thornton and Buck looked at each other.

"You poor devil," said John Thornton, and Buck licked his hand.

았을 때 썰매는 사 분의 일 마일 떨어진 곳에 나아가고 있었다. 개와
사람은 그것이 얼음 위를 기듯이 가고 있는 것을 주시하였다. 돌연 썰
매의 후미가 바퀴 자국에 빠지는 것처럼 빠져 들어갔고, 썰매채는 헬
이 매달린 채로 공중으로 치솟는 것이 보였다. 메르세데스의 비명 소
리가 귀에 들려왔다. 찰스가 뒤돌아서 뛰어 돌아오려고 한 발짝 내
딛는 것이 보였다. 그리고는 그 일대의 얼음 전체가 무너져 버리고 개
와 사람이 강바닥으로 사라지는 것이 보였다. 큰 입을 벌린 구멍이 볼
수 있는 전부였다. 강의 얼음이 썰매길에서 떨어져 나가고 만 것이
었다.

  존 손턴과 벅은 서로 얼굴을 쳐다 보았다.
  "불쌍한 놈." 존 손턴이 말했다. 그러자 벅은 그의 손을 핥았다.

---

③ rut—바퀴 자국. ⑥ give way—여기서는 「얼음이 깨지다」. ⑦ yawning hole—입을 크게
벌린 구멍. ⑪ poor devil—불쌍한 놈.

VI
FOR THE LOVE OF A MAN

When John Thornton froze his feet in the previous December, his partners had made him comfortable and left him to get well, going on themselves up the river to get out a raft of saw-logs for Dawson. He was still
5 limping slightly at the time he rescued Buck, but with the continued warm weather even the slight limp left him. And here, lying by the river bank through the long spring days, watching the running water, listening lazily to the songs of birds and the hum of nature, Buck slowly won
10 back his strength.

A rest comes very good after one has travelled three thousand miles, and it must be confessed that Buck waxed lazy as his wounds healed, his muscles swelled out, and the flesh came back to cover his bones. For that
15 matter, they were all loafing—Buck, John Thornton, and Skeet and Nig—waiting for the raft to come that was to carry them down to Dawson. Skeet was a little Irish setter who early made friends with Buck, who, in a dying condition, was unable to resent her first advances. She
20 had the doctor trait which some dogs possess; and as a mother cat washes her kittens, so she washed and cleansed Buck's wounds. Regularly, each morning after he had finished his breakfast, she performed her self-appointed task, till he came to look for her ministrations
25 as much as he did for Thornton's. Nig, equally friendly though less demonstrative, was a huge black dog, half bloodhound and half deerhound, with eyes that laughed and a boundless good nature.

Ⅵ
인간에 대한 사랑

그 전해 십이월 존 손턴의 발이 동상에 걸렸을 때 그의 사업 동료들은 그를 편안하게 해주었고, 그곳에 남겨 요양하게끔 하고는 자기들은 도슨에 보낼 제재용 목재의 뗏목을 끌어내기 위하여 강을 거슬러 올라갔다. 그는 벽을 구출했을 때 아직 조금 발을 절고 있었지만 따사한 날씨가 계속됨에 따라 약간 저는 것도 나아 버렸다. 그리고 여기에서 흐르는 물을 바라보며 새들의 노래와 자연의 웅성거리는 소리에 나른하게 귀를 기울이면서 긴 봄의 나날 온종일 강기슭에 누워있는 사이에 벽도 조금씩 체력을 회복했다.

누구든지 삼천 마일을 여행한 후에는 휴식이란 참말로 멋진 것이다. 그리고 벽의 상처가 아물고 근육이 부풀어올라 오고 살이 되살아 뼈를 감추게 됨에 따라 벽이 점차 게으름뱅이가 된 것은 사실이었다. 그 점에서는 그들은 모두 ― 벽도 존 손턴도 스키트도 니그도 ― 그들을 태우고 도슨강을 내려가기로 되어 있는 뗏목이 올 것을 기다리면서 빈둥빈둥 놀고 있었다. 스키트는 작은 아일랜드 종의 사냥개였는데 일찍부터 벽과 친해졌다. 그리고 벽은 빈사 상태에 있었기 때문에 스키트가 처음에 친해지려고 하는 것을 화낼 수 없었다. 스키트는 어떤 개들이 흔히 보유하고 있는 의사와 같은 특성을 지니고 있었다. 그리고 마치 어미 고양이가 새끼 고양이를 핥아 씻겨 주듯이 벽의 상처를 씻어 깨끗하게 해 주었다. 매일 아침 벽이 식사를 끝낸 후 언제나 일정하게 스키트는 자진하여 떠맡은 이 일을 했다. 그리하여 마침내 벽은 손턴의 도움을 기대하는 것과 같이 스키트의 도움을 기대하게 되었다. 밖으로 나타내지 않지만 스키트만큼 친절한 니그는 반은 경찰견, 반은 사슴 사냥개인 등치 큰 검은 개로서 언제나 웃는 눈과 끝없이 순한 성격의 소유자였다.

---

④ **saw-log**―톱질하여 널판지를 만들 만한 크기의 통나무. ⑪ **A ~ good**―휴식은 참으로 좋은 것이다. ⑬ **wax lazy**―grow lazy, become lazy (게을러지다). ⑭ **For that matter**―그점에서는, 게을러졌다는 점에서는. ⑮ **loaf**―편둥편둥 놀다. ⑱ **setter**―세터종의 사냥개. ⑲ **advances**―courting for friendship. ㉓ **self-appointed task**―자신이 좋아서 하는 일. ㉔ **ministration**―service, help. ㉖ **demonstrative**―감정을 밖으로 나타내는. ㉗ **bloodhound**―영국종의 경찰견. **deerhound**―사슴 사냥개.

To Buck's surprise these dogs manifested no jealousy toward him. They seemed to share the kindliness and largeness of John Thornton. As Buck grew stronger they enticed him into all sorts of ridiculous games, in which
5 Thornton himself could not forbear to join, and in this fashion Buck romped through his convalescence and into a new existence. Love, genuine passionate love, was his for the first time. This he had never experienced at Judge Miller's down in the sun-kissed Santa Clara Valley. With
10 the Judge's sons, hunting and tramping, it had been a working partnership; with the Judge's grandsons, a sort of pompous guardianship; and with the Judge himself, a stately and dignified friendship. But love that was feverish and burning, that was adoration, that was mad-
15 ness, it had taken John Thornton to arouse.

This man had saved his life, which was something; but, further, he was the ideal master. Other men saw to the welfare of their dogs from a sense of duty and busi-ness expediency; he saw to the welfare of his as if they
20 were his own children, because he could not help it. And he saw further. He never forgot a kindly greeting or a cheering word, and to sit down for a long talk with them ("gas" he salled it) was as much his delight as theirs. He had a way of taking Buck's head roughly between his
25 hands, and resting his own head upon Buck's, of shak-ing him back and forth, the while calling him ill names that to Buck were love names. Buck knew no greater joy than that rough embrace and the sound of mur-mured oaths, and at each jerk back and forth it seemed
30 that his heart would be shaken out of his body so great was its ecstasy. And when, released, he sprang to his feet, his mouth laughing, his eyes eloquent, his throat vibrant with unuttered sound, and in that fashion re-

벅이 놀란 것은 이 개들은 벅에 대하여 조금도 질투를 나타내지 않았다. 그들은 존 손턴처럼 친절하고 관대한 성질을 가지고 있는 듯했다. 벅의 몸이 점차 건강하게 되면서 그들은 온갖 종류의 우스운 장난에 벅을 꾀어 들였는데 손턴 자신도 끼어들지 않고서는 참을 수가 없었다. 그리고 이렇게 하여 벅은 회복기에 뛰놀며 지냈고, 새로운 생활에 접어들었다. 사랑, 순수하고 열렬한 사랑이 처음으로 벅의 마음에 우러났다. 남쪽 양지 바른 산타 클라라 계곡에 있는 밀러 판사의 저택에선 그는 이런 애정을 경험한 일이 없었다. 같이 사냥도 하고 쏘다니기도 하던 판사의 아들들에 대해 벅이 지녔던 기분은 동료로서 함께 일하는 자의 책임감이었고, 판사의 손자들에 대해서는 일종의 젠체하는 보호자의 기분이었고, 판사 자신에 대해서는 정중하고 품위 있는 우정이었다. 그러나 열광하여 타오르는 듯한 사랑, 열렬한 경모의 정인 사랑, 미쳐버릴 듯한 사랑은 존 손턴이 있기 때문에 비로서 일어나게 되었다.

존 손턴은 자기의 생명을 구해 주었다. 그것만으로도 정말 고마운 일이었지만 더 나아가서 그는 이상적인 주인이었다. 다른 사람들은 의무감과 직업상의 편의에서 개의 안녕에 유의했다. 손턴은 하지 않을 수 없었기 때문에 마치 자신의 친 자식인양 개들의 안녕에 마음을 썼다. 또 그 이상으로 그는 마음을 썼다. 그는 친절하게 반기는 것과 격려의 말을 결코 잊지 않았으며 또 개들과 긴 이야기를 하려고 (그는 그것을 "잡담"이라고 부르고 있었다.) 자리 잡고 앉는 일은 개들에게 기쁜 일인 동시에 그의 기쁨이기도 했다. 그는 곧잘 벅의 머리를 마구 그의 두 손 사이에 끼우고, 자신의 머리를 벅의 머리 위에 포개고선 벅의 몸을 전후로 흔드는 버릇이 있었는데 그러면서 줄곧 욕을 했지만 벅에게는 그 욕은 애칭처럼 생각되었다. 벅은 그 난폭한 포옹과 귀에 속삭여지는 욕보다 더 큰 기쁨을 알지 못했으며 앞뒤로 몸이 흔들리는 그 움직임이 있을 때마다 자기의 마음이 몸 밖으로 흔들려 나올 것같이 생각될 정도로 그 황홀한 기쁨은 큰 것이었다. 포옹에서 해방되어 벅이 뛰어 일어나 입에 웃음을 띄우고, 눈에 풍부한 표정을 나타내고, 목을 소리 나지 않는 소리를 떨면서, 그리고 그런 모양으로 조용히 움

---

③ largeness—generosity(관대함). ⑥ romp—까불며 뛰놀다. ⑦ was his—그의 것이 되었다. Love is his. 는 「사랑이 그의 마음속에 생겨났다」의 뜻. ⑫ pompous—거만한. ⑮ it ~ arouse—존 손턴 때문에 비로서 그런 애정이 싹텄다. ⑯ something—person or thing of some importance or value. ⑰ see to—마음을 쓰다(attend to). ㉓ gas—empty talk. ㉔ way—버릇. ㉖ call ~ names—그를 욕하다.

mained without movement, John Thornton would reverently exclaim, "God! you can all but speak!"

Buck had a trick of love expression that was akin to hurt. He would often seize Thornton's hand in his mouth
5 and close so fiercely that the flesh bore the impress of his teeth for some time afterward. And as Buck understood the oaths to be love words, so the man understood this feigned bite for a caress.

For the most part, however, Buck's love was expressed
10 in adoration. While he went wild with happiness when Thornton touched him or spoke to him, he did not seek these tokens. Unlike Skeet, who was wont to shove her nose under Thornton's hand and nudge and nudge till petted, or Nig, who would stalk up and rest his great
15 head on Thornton's knee, Buck was content to adore at a distance. He would lie by the hour, eager, alert, at Thornton's feet, looking up into his face, dwelling upon it, studying it, following with keenest interest each fleeting expression, every movement or change of
20 feature. Or, as chance might have it, he would lie farther away, to the side or rear, watching the outlines of the man and the occasional movements of his body. And often, such was the communion in which they lived, the strength of Buck's gaze would draw John Thornton's
25 head around, and he would return the gaze, without speech, his heart shining out of his eyes as Buck's heart shone out.

For a long time after his rescue, Buck did not like Thornton to get out of his sight. From the moment he
30 left the tent to when he entered it again, Buck would follow at his heels. His transient masters since he had come into the Northland had bred in him a fear that no master could be permanent. He was afraid that Thornton

직이지 않고 있었을 때 존 손턴은 하느님의 섭리를 존경하듯 "맙소사! 말만 못하지 다 할 수 있구나!" 라고 곧잘 소리 치곤 했다.

벅은 거의 상해(傷害)에 가까운 애정 표현을 하는 묘한 버릇을 갖고 있었다. 그는 흔히 손턴의 손을 입에 물고, 후에 잠시 동안 살에 자기의 이빨 자국이 남을 정도로 세차게 곧잘 물곤 했다. 그리고 벅이 욕을 자혜로운 말로 이해하였듯이 이 사람은 이 깨무는 시늉을 애무로 이해하였다.

그러나 대개 벅의 애정은 열렬한 경모의 형태로 표현되었다. 손턴이 벅을 만지든가 말을 건넸을 때 행복하여 미칠 지경으로 되었지만 벅은 그러한 애정의 증표를 자기 쪽에서 구하지는 않았다. 언제나 손턴의 손 밑에 코를 밀어 넣고서는 쓰다듬어 줄 때까지 언제까지나 문질러 대는 스키트나 또는 곧잘 천천히 가까이 걸어가서는 커다란 머리를 손턴의 무릎에 얹어놓곤 했던 니그와는 달리 벅은 멀리서 경모하는 것만으로 만족하고 있었다. 벅은 종종 손턴의 발 아래에 있고 싶어 못 견디겠다는 듯이 또 주의를 게을리하지 않고 몇 시간이고 계속해서 드러누워 그의 얼굴을 빤히 쳐다보고, 언제까지나 곰곰히 바라보고 유심히 주시하면서 잠깐 스쳐가는 표정의 하나하나, 얼굴 모습의 움직임이나 변화를 놓칠세라 더없이 예민한 흥미를 가지고 지켜보곤 했다. 또 때에 따라서는 옆이나 뒤편에 훨씬 떨어져 드러누워 있으면서 그 사내의 윤곽이나 그의 몸이 때때로 움직이는 것을 빤히 지켜보곤 했다. 그리고 그들이 함께 친하게 지냈던 마음의 친교(親交)는 아주 깊었기 때문에 벅이 그에게 보내는 응시의 힘이 존 손턴의 머리를 벅 쪽으로 뒤돌아보게 하는 일이 흔히 있었는데 손턴도 아무 말 없이 벅의 마음이 눈에 빛나고 있었듯이 자신의 마음을 눈에 빛내면서 벅을 되돌려 쳐다보곤 하였다.

구출된 후 오랫 동안 벅은 손턴의 모습이 보이지 않게 되는 것을 싫어했다. 손턴이 천막을 나간 순간부터 다시 천막에 들어올 때까지 벅은 그의 뒤를 따라다니곤 했다. 북극에 온 이후 주인들이 모두 일시적이고, 곧 바뀌었다는 것은 그에게 어느 주인이든 영속하는 것은 아니

---

② **all but**— almost, nearly. ⑩ **go wild**—미친 듯이 정신을 잃다(intensely excited). ⑯ **by the hour**— for hours on end(계속 여러 시간 동안). *cf.* hire a man by the hour(시간제로 고용하다). ⑰ **dwell upon it**— fix one's gaze upon it absorbedly(정신팔린 듯이 쳐다보다). ⑳ **as~it**—때에 따라서는. ㉓ **the strength**—앞에 that를 보충하여 앞줄의 such와 결부, such~ that the strength로 된다. ㉛ **since~Northland**—앞뒤에 comma를 찍으면 문맥을 알기 쉽다. 즉 His transient masters had bred~로 계속됨.

would pass out of his life as Perrault and François and the Scotch half-breed had passed out. Even in the night, in his dreams, he was haunted by this fear. At such times he would shake off sleep and creep through the chill to
5 the flap of the tent, where he would stand and listen to the sound of his master's breathing.

But in spite of this great love he bore John Thornton, which seemed to bespeak the soft civilising influence, the strain of the primitive, which the Northland had aroused
10 in him, remained alive and active. Faithfulness and devotion, things born of fire and roof, were his; yet he retained his wildness and wiliness. He was a thing of the wild, come in from the wild to sit by John Thornton's fire, rather than a dog of the soft Southland stamped
15 with the marks of generations of civilisation. Because of his very great love, he could not steal from this man, but from any other man, in any other camp, he did not hesitate an instant; while the cunning with which he stole enabled him to escape detection.

20 His face and body were scored by the teeth of many dogs, and he fought as fiercely as ever and more shrewdly. Skeet and Nig were too good-natured for quarrelling— besides, they belonged to John Thornton; but the strange dog, no matter what the breed or valour, swiftly ac-
25 knowledged Buck's supremacy or found himself struggling for life with a terrible antagonist. And Buck was merciless. He had learned well the law of club and fang, and he never forewent an advantage or drew back from a foe he had started on the way to Death. He had
30 lessoned from Spitz, and from the chief fighting dogs of the police and mail, and knew there was no middle course. He must master or be mastered; while to show mercy was a weakness. Mercy did not exist in the

라는 불안을 일으키게 했다. 벅은 전에 페로나 프랑스와나 스코틀랜드
계의 혼혈아가 사라져 간 것처럼 손턴도 자기 생활에서 사라져 가지
않을까 하고 걱정하였다. 밤이 되어도 꿈속에서 벅은 이 불안에 사로
잡혀 시달렸다. 그런 때에 벅은 잠을 털어 버리고 추위 속에서 천막의
늘어진 부분까지 살금살금 다가가 거기에 서서 주인의 잠자는 숨소리
에 귀를 기울이곤 했다.

그러나 벅이 온화한 문명의 영향력을 나타내고 있는 것으로 보이는
커다란 애정을 존 손턴에 대하여 품게 되었음에도 불구하고 북극의 땅
이 벅의 마음에 불러일으킨 원시의 조상으로부터의 야성도 그대로 생
생하게 활동하고 있었다. 불(火)과 지붕이라는 문명 생활의 소산인 충
실함과 헌신도 가지고 있었지만 벅은 야성도, 교활함도 계속 지니고
있었다. 벅은 수세대에 걸친 문명의 각인(刻印)이 찍힌 온화한 남국의
개라기보다는 황야에서 와서 존 손턴의 모닥불 옆에 앉게 된 야성의
동물이었다. 벅은 품고 있는 극히 큰 애정 때문에 이 사람으로부터 물
건을 훔칠 수는 없었지만 다른 사람이라면 어느 야영지의 어느 누구로
부터도 한순간의 주저도 없이 훔쳐 냈다. 그래도 벅은 솜씨 있게 훔쳐
내는 교활함 때문에 들키지 않고 지낼 수 있었다.

벅의 얼굴과 몸에는 많은 개에게 물린 이빨 자국이 남아 있었지만
전처럼 사납게, 그리고 전보다 더 기민하게 싸웠다. 스키트나 니그는
너무도 양순하여 싸움 따위는 하지 않았다 — 더우기 이 두 마리는 손
턴이 기르는 개였다. 그러나 낯선 개는 설령 그것이 어떤 종류의 개이
던, 어떤 용기를 갖고 있건 곧 벅의 우월을 인정하거나 그렇지 않으면
자기가 무서운 적을 상대로 목숨을 건 싸움을 하고 있다는 것을 알아
차렸다. 더우기 벅은 무자비했다. 그는 곤봉과 송곳니의 율법을 몸에
새겨 배웠기 때문에 자기의 승산을 놓치거나 죽음의 길로 몰아넣는 적
으로부터 물러서든지 하는 일은 결코 없었다. 벅은 스피츠로부터도,
경찰이나 우편썰매의 주요 투견(鬪犬)들로부터도 교훈을 얻었으며, 중
도(中道)란 절대로 없다는 것을 알고 있었다. 지배하든가 지배당하든
가 어느 한쪽이어야 했다. 더우기 자비를 나타내는 것은 약점이었다.

---

⑧ **bespeak**—indicate. ⑪ **fire and roof**—가정 생활, 문명 생활. ⑫ **wiliness**—교활함.
a~ **wild**—a wild creature(야생의 동물). ㉘ **forego an advantage**—승산이 있는 싸움을
놓치다. ㉙ **foe~ Death**—죽음의 길로 몰아 넣은 적, 죽느냐 사느냐 하는 싸움을 시작한 상대.
㉚ **lesson**—learn.

primordial life. It was misunderstood for fear, and such misunderstandings made for death. Kill or be killed, eat or be eaten, was the law; and this mandate, down out of the depths of Time, he obeyed.

⁵ He was older than the days he had seen and the breaths he had drawn. He linked the past with the present, and the eternity behind him throbbed through him in a mighty rhythm to which he swayed as the tides and seasons swayed. He sat by John Thornton's fire, a
¹⁰ broad-breasted dog, white-fanged and long-furred; but behind him were the shades of all manner of dogs, half-wolves and wild wolves, urgent and prompting, tasting the savour of the meat he ate, thirsting for the water he drank, scenting the wind with him, listening with him
¹⁵ and telling him the sounds made by the wild life in the forest, dictating his moods, directing his actions, lying down to sleep with him when he lay down, and dreaming with him and beyond him and becoming themselves the stuff of his dreams.

²⁰ So peremptorily did these shades beckon him, that each day mankind and the claims of mankind slipped farther from him. Deep in the forest a call was sounding, and as often as he heard this call, mysteriously thrilling and luring, he felt compelled to turn his back
²⁵ upon the fire and the beaten earth around it, and to plunge into the forest, and on and on, he knew not where or why; nor did he wonder where or why, the call sounding imperiously, deep in the forest. But as often as he gained the soft unbroken earth and the green shade,
³⁰ the love for John Thornton drew him back to the fire again.

Thornton alone held him. The rest of mankind was as nothing. Chance travellers might praise or pet him; but

자비라는 것은 원시 생활에는 존재하지 않았다. 자비는 공포로 오해받았으며, 이러한 오해는 죽음을 자초하는 원인이 되었다. 죽이느냐 죽느냐, 먹느냐 먹히느냐가 법이었다. 그리고 태고적부터 전해져 내려온 이 법을 벅은 따랐다.

벅은 실제로 경험해 온 세월이나 이제껏 쉬어 온 호흡 이상으로 연륜을 거듭한 존재였다. 받은 과거를 현재에 결부 시켰으며, 자신의 배후에 있는 영원한 미래가 힘센 리듬으로 체내에 맥박치고 있었고 그 리듬에 맞추어 조수나 계절이 움직이듯 움직였다. 흰 송곳니를 갖고, 털이 길고, 가슴 폭이 넓은 벅은 존 손턴의 모닥불 옆에 앉아 있었다. 그러나 벅의 배후에는 온갖 종류의 개와 반쯤 늑대의 피를 이어받은 것과 야생의 늑대 따위의 망령이 있어 졸라 대고 부추기며, 손턴이 먹는 고기의 맛을 보며, 그가 마시는 물을 몹시도 원하며, 그의 주변 바람 냄새를 맡고 그와 함께 귀를 기울이며 숲속에서 야생동물이 지르는 소리를 그에게 가르쳐 주며, 그의 기분을 지배하며, 그의 행동을 지도하며, 그가 드러누우면 함께 드러누워 잠자고, 그와 함께 이해할 수 없는 꿈을 꾸며, 그들 자신이 그의 꿈의 소재가 되는 것이었다.

이들 망령들이 너무도 명령적으로 강력히 벅에게 손짓했으므로 날마다 인간과 인간의 요구는 점점 벅으로부터 멀어져 갔다. 숲속 깊숙한 곳에서 하나의 부르는 소리가 울려 퍼지고 있었다. 그리고 어쩐지 마음을 오싹하게 하는 유혹하는 듯이 부르는 소리를 들을 때마다 벅은 모닥불이나 그 주변의 밟아 다져진 땅에 등을 돌리고 숲속으로 뛰어들어 어디로인지 또 왜 가는지도 모른 채 계속 깊숙히 들어가지 않으면 견딜 수 없는 느낌이었다. 또 그 부르는 소리가 숲속 깊숙한 곳에서 엄숙히 명령하듯 울리고 있었기 때문에 벅은 어디로 가는지, 왜 가는지를 생각해보려고도 하지않았다. 그러나 부드럽고 아직 누구도 밟은 일이 없는 땅이나 초록의 나무 그늘에 도달할 때마다 존 손턴에 대한 애정이 벅을 다시 모닥불 있는 곳으로 되돌렸다.

손턴만이 벅을 묶어 두고 있었다. 그외의 인간은 없는 것이나 마찬가지였다. 우연히 지나가는 나그네들이 벅을 칭찬하든가 쓰다듬는 일

② **make for death**—lead to death. ③ **down ~ Time**—태고 때부터 전해진. **depths of Time**는 「태고의 옛적」. ⑪ **shades**—specters, ghosts(망령, 유령). ⑮ **the wild life**—the wild creatures. ⑳ **peremptorily**—단호히, 명령적으로. ㉘ **imperiously**—imperatively, commandingly(명령하듯, 명령적으로). **as often as**—whenever. ㉙ **gain**—reach(도달하다). **unbroken earth**—아무도 밟은 적이 없는 땅. ㉝ **chance travellers**—우연히 지나치는 여행자들.

he was cold under it all, and from a too demonstrative man he would get up and walk away. When Thornton's partners, Hans and Pete, arrived on the long-expected raft, Buck refused to notice them till he learned they
5 were close to Thornton; after that he tolerated them in a passive sort of way, accepting favours from them as though he favoured them by accepting. They were of the same large type as Thornton, living close to the earth, thinking simply and seeing clearly; and ere they swung
10 the raft into the big eddy by the saw-mill at Dawson, they understood Buck and his ways, and did not insist upon an intimacy such as obtained with Skeet and Nig.

For Thornton, however, his love seemed to grow and grow. He, alone among men, could put a pack upon
15 Buck's back in the summer travelling. Nothing was too great for Buck to do, when Thornton commanded. One day (they had grub-staked themselves from the proceeds of the raft and left Dawson for the head-waters of the Tanana) the men and dogs were sitting on the crest of a
20 cliff which fell away, straight down, to naked bed-rock three hundred feet below. John Thornton was sitting near the edge, Buck at his shoulder. A thoughtless whim seized Thornton, and he drew the attention of Hans and Pete to the experiment he had in mind. "Jump, Buck!"
25 he commanded, sweeping his arm out and over the chasm. The next instant he was grappling with Buck on the extreme edge, while Hans and Pete were dragging them back into safety.

"It's uncanny," Pete said, after it was over and they
30 had caught their speech.

Thornton shook his head. "No, it is splendid, and it is terrible, too. Do you know, it sometimes makes me afraid."

이 있었지만 벅은 그것들을 받으면서 냉담한 자세였으며, 너무도 귀찮게 애정을 표시하려는 인간으로부터는 일어나서 빠져나오곤 했다. 손턴의 직업 동료인 한스와 피트가 오랫 동안 기다렸던 뗏목에 타고 도착했을 때 이 두 사람이 손턴과 친하다는 것을 알 때까지 벅은 그들을 절대로 받아들이려 하지 않았다. 그것을 알고 난 후에는 그저 일종의 수동적 자세로 참고 그들과 어울렸으며, 그저 그들의 호의를 받아줌으로써 그들을 기쁘게 하려는 듯이 그 호의를 받아들였다. 이 두 사람은 손턴처럼 관대한 유형의 사람들로서 현실에 밀접한 생활을 하고, 사물을 소박하게 생각하며, 명백히 보고 있었다. 그리고 그들이 도슨의 제재소 옆에 있는 커다란 소용돌이로 뗏목을 돌려 진입하기 전에 그들은 벅도, 벅의 습성도 이해하고 있어서 스키트나 니그와의 사이에서 얻고 있는 따위의 친밀감을 무리하게 요구하려 들지는 않았다.

그러나 손턴에 대한 벅의 애정은 점점 깊이를 더해가는 것처럼 보였다. 남자들 중에서 오직 그만이 여름철 여행에서 벅의 등에 짐을 실을 수 있었다. 손턴이 명령했을 때에는 벅은 무슨 일이든 몹시 힘에 겨워 못하겠다는 일은 없었다. 어느 날 (그들은 뗏목의 수익금으로 식량 등의 준비를 하고 도슨을 출발하여 타나나 강의 상류를 향하고 있었는데) 사람도 개도 삼백 피트 아래의 노출된 반암(盤岩)까지 곧바로 아래로 떨어져 있는 절벽의 꼭대기에 앉아 있었다. 존 손턴은 벅과 가지런히 벼랑 끝 가까이에 앉아 있었다. 문득 손턴에게 경솔하고 변덕스런 생각이 떠올라 그는 자기가 마음속에 생각하고 있는 실험에 한스와 피트의 주의를 끌었다. 그는 절벽 아래 공간에 팔을 뻗쳐 휘두르면서 "벅, 뛰어내려!"라고 명령했다. 다음 순간 벼랑의 맨 끝머리에서 벅을 막으려고 벅을 맞붙잡고 있었다. 한편 한스와 피트는 그들을 안전한 곳으로 끌어 들이려 하고 있었다.

"이거 무시무시한데"라고 그 소동이 끝나고 그들에게 겨우 말문이 열린 후 피트가 말했다.

손턴은 머리를 저었다. "아니 대단한거야. 그리고 무섭기도 해. 사실 말인데 때론 겁이 난단 말이야."

---

① **under it all**—여기서는「칭찬을 받건 애무를 받건」. ④ **notice**—acknowledge acquaintance with. ⑤ **close to~**—~와 친밀한. ⑧ **large**—generous(관대한). ⑰ **grub-stake**—발견한 이익을 분배하는 조건으로 금을 찾는 데에 물자를 공급하다. **proceeds**—profits. ⑱ **head-waters**—강의 원류(源流), 상류. ㉙ **uncanny**—weird(기분 나쁜). ㉚ **catch one's speech**—다시 말할 수 있게 되다.

"I'm not hankering to be the man that lays hands on you while he's around," Pete announced conclusively, nodding his head toward Buck.

"Py Jingo!" was Hans's contribution, "Not mineself either."

It was at Circle City, ere the year was out, that Pete's apprehensions were realised. "Black" Burton, a man evil-tempered and malicious, had been picking a quarrel with a tenderfoot at the bar, when Thornton stepped good-naturedly between. Buck, as was his custom, was lying in a corner, head on paws, watching his master's every action. Burton struck out, without warning, straight from the shoulder. Thornton was sent spinning, and saved himself from falling only by clutching the rail of the bar.

Those who were looking on heard what was neither bark nor yelp, but a something which is best described as a roar, and they saw Buck's body rise up in the air as he left the floor for Burton's throat. The man saved his life by instinctively throwing out his arm, but was hurled backward to the floor with Buck on top of him. Buck loosed his teeth from the flesh of the arm and drove in again for the throat. This time the man succeeded only in partly blocking, and his throat was torn open. Then the crowd was upon Buck, and he was driven off; but while a surgeon checked the bleeding, he prowled up and down, growling furiously, attempting to rush in, and being forced back by an array of hostile clubs. A "miners' meeting," called on the spot, decided that the dog had sufficient provocation, and Buck was discharged. But his reputation was made, and from that day his name spread through every camp in Alaska.

Later on, in the fall of the year, he saved John Thorn-

"이 개가 곁에 있을 때 너에게 손을 대는 따위의 짓은 난 절대로 사절하겠어." 피트가 벽 쪽으로 머리를 끄덕이면서 결론짓듯이 단언했다.

"천만에." 한스가 맞장구 쳤다. "나도 절대로 사절이야."

그해가 끝나기 전에 서클 시티에서 피트의 걱정이 현실화했다. "검둥이" 버튼이라는 성질이 고약하고 심술 궂은 사람이 술집에서 이 지방에 처음 온 사람에게 싸움을 걸고 있었다. 그때 손턴이 친절하게 중재에 나섰다. 벅은 평소처럼 앞발 위에 머리를 얹고 주인의 일거 일동을 주시하면서 한 모퉁이에 엎드려 누워 있었다. 버튼이 아무런 예고도 없이 불쑥 힘을 주어 어깨에서 주먹을 내질렀다. 손턴은 충격에 비틀거리다가 겨우 술집의 난간을 움켜 잡음으로써 쓰러지지 않고 무사했다.

구경하고 있던 사람들은 짖는 소리도 아니고 울부짖는 소리도 아니고 무언가 포효라고 하면 가장 잘 설명할 수 있는 그런 소리를 들었다. 그리고 그들은 벅이 버튼의 목을 향하여 바닥을 떴을 때 벅의 몸이 공중에 치솟는 것을 보았다. 그 사내는 본능적으로 팔을 앞으로 내밀어 목숨을 구했지만 그의 위에 벅이 올라탄 채로 몸을 뒤로 젖히고 바닥에 나가떨어졌다. 벅은 물고 있던 팔의 살에서 이빨을 늦추고 다시 목을 향하여 뛰어들었다. 이번에는 그 사내는 완전히 방어할 수 없었다. 그리하여 목을 물려 찢겼다. 그때 많은 사람들이 벅에게 몰려갔고 벅을 쫓았다. 그러나 외과 의사가 지혈하고 있는 동안 벅은 사납게 으르렁거리면서 틈만 있으면 달려들어가려고 여기저기 돌아다녔다. 그리고 많은 사람들이 몽둥이를 가지고 적의를 나타냈기 때문에 벅은 물러서지 않을 수 없었다. 그 자리에서 소집된 '금 채취자 회의'에서 벅에게 충분한 동기가 있었다고 판결하고, 벅을 석방하였다. 그러나 벅의 평판은 높아졌고 그날부터 벅의 이름은 알래스카 내의 모든 야영지에 퍼졌다.

나중에 그 해 가을 벅은 이것과는 전혀 다른 방도로 손턴의 생명을

---

① **I'm ~ be**—I don't wish to be. ② **conclusively**—finally, decisively. ④ **Py Jingo!**—By jingo!(천만에! 결단코!). **Hans's contribution**—contribution은 「맞장구」의 뜻. **mineself**—myself. ⑤ **either**—부정적 구문에서 「…도 역시」. *Ex.* If you do not go, I shall not *either*. (나도 안 간다.) ⑧ **pick a quarrel**—싸움을 걸다. ⑨ **tenderfoot**—신참자. ⑫ **strike out**—어깨에서 주먹을 내밀다. ⑬ **send spinning**—몸을 뱅뱅 돌리다가 내팽개치다. ㉑ **on top of**—upon, over. ㉕ **be upon Buck**—벅에게로 몰려들다. ㉘ **miners' meeting**—광부들의 약식 즉결재판.

ton's life in quite another fashion. The three partners were lining a long and narrow poling-boat down a bad stretch of rapids on the Forty-Mile Creek. Hans and Pete moved along the bank, snubbing with a thin Manila rope
5 from tree to tree, while Thornton remained in the boat, helping its descent by means of a pole, and shouting directions to the shore. Buck, on the bank, worried and anxious, kept abreast of the boat, his eyes never off his master.

10 At a particularly bad spot, where a ledge of barely submerged rocks jutted out into the river, Hans cast off the rope, and, while Thornton poled the boat out into the stream, ran down the bank with the end in his hand to snub the boat when it had cleared the ledge. This it
15 did, and was flying down-stream in a current as swift as a mill-race, when Hans checked it with the rope and checked too suddenly. The boat flirted over and snubbed in to the bank bottom up, while Thornton, flung sheer out of it, was carried down-stream toward the worst part
20 of the rapids, a stretch of wild water in which no swimmer could live.

Buck had sprung in on the instant; and at the end of three hundred yards, amid a mad swirl of water, he overhauled Thornton. When he felt him grasp his tail,
25 Buck headed for the bank, swimming with all his splendid strength. But the progress shoreward was slow; the progress down-stream amazingly rapid. From below came the fatal roaring where the wild current went wilder and was rent in shreds and spray by the rocks which
30 thrust through like the teeth of an enormous comb. The suck of the water as it took the beginning of the last steep pitch was frightful, and Thornton knew that the shore was impossible. He scraped furiously over a rock,

구했다. 그 세 사람의 직업 동료들은 길고 폭이 좁은 장대 배에 밧줄을 달고 (배가 흘러 내려가지 않도록 잡아 당기면서) 사십 마일 강의 한참 계속되는 험한 급류를 내려가고 있었다. 한스와 피트는 가는 마닐라 로프를 나무에서 나무로 걸어 배를 당겨 멈추면서 강기슭을 걸어가고 있었는데 손턴은 줄곧 배안에 남아서 장대를 사용하여 배의 하강을 조종하며 기슭을 향하여 큰소리로 지시를 하고 있었다. 강기슭에서 걱정스럽고 불안해 하던 벅은 주인으로부터 결코 눈을 떼지 않고 언제나 배와 나란히 걸어갔다.

겨우 물에 잠길까말까한 큰 바위들의 돌출부가 강 안쪽으로 솟아나 있는 특히 위험한 곳에서 한스는 밧줄을 풀어 늦추고 손턴이 장대로 배를 물결 한가운데로 밀어내고 있는 동안 배가 그 바위 돌출부를 무사히 타고 넘으면 배를 끌어당길 의향으로 밧줄 끝을 손에 쥐고 강기슭을 달려 내려갔다. 배는 무사히 바위 턱을 타고 넘었고, 수차를 돌리는 도랑물처럼 빠른 급류를 타고 쏜살같이 흘러 내려갔다. 그때 한스는 밧줄로 배를 잡아당겨 멈췄지만 너무도 급격히 멈춰세웠다. 배는 뒤집혀 뱃바닥을 위로 하고 강기슭에 끌려나와 멈췄다. 한편 손턴은 배에서 내던져져서 급류에서도 제일 위험한 장소, 즉 아무리 헤엄치려 해도 살아남을 수 없는 격류가 계속되는 장소로 세차게 밀려 내려갔다.

벅은 즉각 뛰어들었다. 삼백 야드 헤엄친 후 물이 광란하는 소용돌이 속에서 손턴을 따라잡았다. 벅은 손턴이 꼬리를 거머쥐는 것을 느끼고는 자신의 놀라운 온갖 힘을 불러일으켜 헤엄 쳐서 강기슭으로 향했다. 그러나 강기슭으로의 진척은 지지부진했고, 하류로 밀려내리는 진척은 놀랄 만치 빨랐다. 광란의 급류는 한층 더 격해지고 엄청나게 커다란 빗살처럼 돌출하고 있는 바위 줄기 때문에 몇 갈래로 갈라져 물보라 치고 있는 하류 쪽으로부터 물이 무섭게 노호(怒號)하는 굉음이 들려왔다. 강물이 최후의 급경사에 당도했을 때 물이 소용돌이 쳐 빨아들이려는 힘은 굉장했으며, 손턴은 강기슭에 닿기는 도저히 불가능함을 깨달았다. 그는 맹렬한 기세로 한 바위 위를 스치며 밀려 내려

---

② **line**—육지에서 배에 밧줄을 걸어 떠내려가지 않도록 막으면서 급류를 내려가다. **poling-boat**—장대질로 움직이는 배. **bad stretch**—여기서 「험한 곳」. ④ **snub**—check, stop. ⑩ **ledge**—선반처럼 튀어나온 바위. ⑪ **jut out**—돌출하다. ⑭ **clear**—여기서는 「벗어나다」의 뜻. **This it did**—it cleared the ledge, indeed. ⑯ **mill-race**—물방아용 도랑. ⑰ **flirt over**—turn over. ㉔**overhaul**—따라잡다(over take). ㉙**shred**—한 조각, 단편(strip, fragment). ㉛**suck**—소용돌이의 감아 들임, 흡인 (吸引).

bruised across a second, and struck a third with crushing
force. He clutched its slippery top with both hands,
releasing Buck, and above the roar of the churning water
shouted: "Go, Buck! Go!"

5 Buck could not hold his own, and swept on down-
stream, struggling desperately, but unable to win back.
When he heard Thornton's command repeated, he partly
reared out of the water, throwing his head high, as
though for a last look, then turned obediently toward the
10 bank. He swam powerfully and was dragged ashore by
Pete and Hans at the very point where swimming ceased
to be possible and destruction began.

They knew that the time a man could cling to a slip-
pery rock in the face of that driving current was a matter
15 of minutes, and they ran as fast as they could up the
bank to a point far above where Thornton was hanging
on. They attached the line with which they had been
snubbing the boat to Buck's neck and shoulders, being
careful that it should neither strangle him nor impede his
20 swimming, and launched him into the stream. He struck
out boldly, but not straight enough into the stream. He
discovered the mistake too late, when Thornton was
abreast of him and a bare half-dozen strokes away while
he was being carried helplessly past.

25 Hans promptly snubbed with the rope, as though Buck
were a boat. The rope thus tightening on him in the
sweep of the current, he was jerked under the surface,
and under the surface he remained till his body struck
against the bank and he was hauled out. He was half
30 drowned, and Hans and Pete threw themselves upon
him, pounding the breath into him and the water out of
him. He staggered to his feet and fell down. The faint
sound of Thornton's voice came to them, and though

갔으며, 다음 바위에선 몸이 멍들면서 밀려 내려갔고, 압도적인 충격으로 또 그 다음 바위에 부딪쳤다. 그는 벅을 놓아주고 양손으로 그 바위의 미끄러운 꼭대기에 달라붙어 소용돌이 치는 물의 노호를 넘어 "가라 벅! 가라!"고 소리 쳤다.

벅은 몸을 지탱할 수가 없었으며 필사적으로 허우적거렸지만 도로 헤엄쳐 되돌아갈 수가 없어 계속 하류로 밀려 떠내려갔다. 벅은 손턴의 명령이 반복되는 것을 들었을 때 한 번 마지막으로 보려는 듯이 조금 몸을 물에서 치켜들어 머리를 높이 들고서는 순종하여 기슭 쪽으로 향했다. 벅은 힘을 다하여 헤엄 쳐서 이제 이 이상 헤엄 칠 수 없으며 파멸이 시작되는 바로 그 순간에 피트와 한스에 의하여 기슭으로 끌어 올려졌다.

인간이 저 격류에 맞서서 미끄러운 바위에 달라붙어 있을 수 있는 시간이란 몇 분에 불과하다는 것을 그들은 알고 있었다. 그리하여 손턴이 달라붙어 있는 데서 멀리 상류 지점까지 강기슭을 될 수 있는 대로 빨리 달려 올라갔다. 그들은 지금까지 배를 끌어 멈추는데 사용하고 있었던 밧줄을 벅의 목이 조이거나 헤엄치는 데 방해가 되지 않도록 조심하여 벅의 목과 어깨에 매고 벅을 강물 속으로 진입시켰다. 벅은 대담하게 헤엄 쳐 나갔지만 강물의 흐름을 향해 똑바로는 헤엄 치지 않았다. 벅은 그 실수를 깨달았지만 그 때는 이미 늦었다. 그때 손턴은 벅과 나란히 있게 됐고 불과 여섯 번 정도 헤엄 치면 닿을 수 있는 거리에 떨어져 있을 뿐이었지만 어찌할 수 없이 벅은 하류로 밀려 떠내려가고 말았다.

한스는 벅이 마치 배라도 되는 듯 잽싸게 밧줄로 당겨 멈췄다. 밧줄이 이렇게 세찬 급류 속에서 세게 잡아당겼으므로 벅은 갑자기 수면 아래로 끌려 들어가 몸이 강기슭에 부딪쳐 끌어 올려질 때까지 그대로 물 속에 잠겨 있었다. 벅은 거의 익사 상태에 있었다. 그리하여 한스와 피트는 벅 위에 몸을 던져서 벅의 몸을 눌러 숨을 되쉬게 하고 물을 토하게 했다. 벅은 비틀거리며 일어섰지만 또 쓰러졌다. 손턴의 목소리가 어렴풋이 들려 왔다. 뭐라고 하는지 알 수 없었지만 그들은 그가

---

③ **churning water**—소용돌이치는 물. ⑤ **hold one's own**—자기의 입장을 유지하다, 흘러내려가지 않고 있다.⑧ **rear**—뒷발로 일어서다. ⑳ **strike out**—여기서는 「헤엄쳐 가다」의 뜻. ㉓**bare**— only. ㉗**sweep**—빠르고 강한 계속적인 물결. ㉛**pound~him**—그의 몸을 밀려나 두들겨서 숨을 쉬게 하고 물을 토하게 하다.

they could not make out the words of it, they knew that he was in his extremity. His master's voice acted on Buck like an electric shock. He sprang to his feet and ran up the bank ahead of the men to the point of his previous departure.

Again the rope was attached and he was launched, and again he struck out, but this time straight into the stream. He had miscalculated once, but he would not be guilty of it a second time. Hans paid out the rope, permitting no slack, while Pete kept it clear of coils. Buck held on till he was on a line straight above Thornton; then he turned, and with the speed of an express train headed down upon him. Thornton saw him coming, and, as Buck struck him like a battering ram, with the whole force of the current behind him, he reached up and closed with both arms around the shaggy neck. Hans snubbed the rope around the tree, and Buck and Thornton were jerked under the water. Strangling, suffocating, sometimes one upper-most and sometimes the other, dragging over the jagged bottom, smashing against rocks and snags, they veered in to the bank.

Thornton came to, belly downward and being violently propelled back and forth across a drift log by Hans and Pete. His first glance was for Buck, over whose limp and apparently lifeless body Nig was setting up a howl, while Skeet was licking the wet face and closed eyes. Thornton was himself bruised and battered, and he went carefully over Buck's body, when he had been brought around, finding three broken ribs.

"That settles it," he announced. "We camp right here." And camp they did, till Buck's ribs knitted and he was able to travel.

That winter, at Dawson, Buck performed another

최후의 궁지에 도달해 있음을 알았다. 주인의 목소리가 전기의 충격처럼 벽에게 작용했다. 벽은 발딱 뛰어 일어나서 두 사람을 앞질러 기슭을 달려 올라가 그가 먼저 출발했던 지점에 이르렀다.

다시 밧줄이 결박되고 물에 진입되었다. 그리고 다시 헤엄 처 나갔지만 이번엔 물결을 향하여 똑바로 헤엄 쳤다. 벽은 한번은 계산 착오를 했지만 두 번 다시 같은 실수를 범하지 않으리라고 생각했다. 한스가 느슨해지지 않도록 밧줄을 풀어 주고 피트는 밧줄이 엉키지 않도록 하고 있었다. 벽은 손턴의 상류 일직선이 되는 곳까지 계속 헤엄 처 갔다. 거기에서 방향을 바꾸어 급행 열차의 속도로 손턴을 향하여 떠내려갔다. 손턴은 벽이 가까이 오는 것을 보았다. 그리고 벽이 급류의 물살을 모조리 등에 받으면서 파성퇴처럼 맹렬히 그에게 부딪쳤을때 그는 손을 뻗쳐 두 팔로 벽의 털북숭이 목을 꼭 껴안았다. 한스는 밧줄을 나무에 감고 당겨 멈췄다. 그러자 벽과 손턴은 물 속으로 확 끌려 들어갔다. 밧줄에 목이 조이면서, 숨이 막히면서, 때로는 한쪽이 위가 되고 때로는 다른 쪽이 위가 되기도 하면서 들쭉날쭉한 강바닥에 긁히고 바위나 나무에 부딪치면서 그들은 기슭 방향으로 당기어 왔다.

손턴은 배를 깔고 유목(流木)위에 눕혀져 한스와 피트가 유목 위를 세차게 전후로 흔들었기 때문에 의식을 되찾았다. 그의 최초의 시선은 벽에게로 향했는데 축 늘어져 언뜻 보기에 죽은 듯한 벽의 몸을 보고 니그가 목청을 높여 울부짖었고, 스키트는 벽의 물에 젖은 얼굴과 감아 버린 눈을 핥아 주고 있었다. 손턴은 자신도 멍들고 부딪치고 하여 상처를 입고 있었지만 벽이 제정신을 차렸을 때 벽의 몸을 면밀히 조사해 보고 늑골이 세게 부러져 있음을 발견했다.

"이것으로 결정됐어." 그는 말했다. "여기서 야영하자." 그리하여 벽이 늑골이 치유되고 그가 여행할 수 있게 될 때까지 야영했다.

그해 겨울 도슨에서 벽은 그다지 영웅적인 일은 아니었을지도 모르지만 그의 이름은 알래스카의 유명한 토템 기둥에 많은 새김에서 더 높여 새겨넣게 한 또다른 공로를 세웠다. 이 공로는 그 세 사람들에게

---

① **make out** — understand. ② **be~ extremity** — 궁지에 빠져 있다. ⑨ **pay out** — (밧줄 따위를) 풀어내다. ⑩ **keep~ coils** — 얽히지 않도록 하다. ⑭ **battering ram** — 파성추(破城槌) (성벽을 부수는 데 쓴 옛 무기). ⑯ **reach up** — 잡으려고 손을 올리다. ㉑ **snag** — (강물에 잠겨 버린)나무(가지). **veer** — 방향·진로를 바꾸다. ㉒ **come to** — regain consciousness(의식을 회복하다). ㉕ **set up** — 목청을 높이다. ㉗ **go carefully over** — examine carefully. ㉘ **be brought around** — come to one's senses(제정신이 들다). ㉚ **That settles it** — 그것으로 결정되었다.

exploit, not so heroic, perhaps, but one that put his name many notches higher on the totem-pole of Alaskan fame. This exploit was particularly gratifying to the three men; for they stood in need of the outfit which it furnished,
5 and were enabled to make a long-desired trip into the virgin East, where miners had not yet appeared. It was brought about by a conversation in the Eldorado Saloon, in which men waxed boastful of their favourite dogs. Buck, because of his record, was the target for these
10 men, and Thornton was driven stoutly to defend him. At the end of half an hour one man stated that his dog could start a sled with five hundred pounds and walk off with it; a second bragged six hundred for his dog; and a third, seven hundred.

15 "Pooh! pooh!" said John Thornton; "Buck can start a thousand pounds."

"And break it out? and walk off with it for a hundred yards?" demanded Matthewson, a Bonanza king, he of the seven hundred vaunt.

20 "And break it out, and walk off with it for a hundred yards," John Thornton said coolly.

"Well," Matthewson said, slowly and deliberately, so that all could hear, "I've got a thousand dollars that says he can't. And there it is." So saying, he slammed a sack
25 of gold dust of the size of a bologna sausage down upon the bar.

Nobody spoke. Thornton's bluff, if bluff it was, had been called. He could feel a flush of warm blood creeping up his face. His tongue had tricked him. He did not
30 know whether Buck could start a thousand pounds. Half a ton! The enormousness of it appalled him. He had great faith in Buck's strength and had often thought him capable of starting such a load; but never, as now, had

는 특히 고마운 일었다. 그것은 그들이 필요로 하고 있었던 여행 준비
품 일식을 그 공로 덕분으로 마련할 수 있어서 금 채취자들이 아직 모
습을 나타낸 일이 없는 동부의 처녀지를 향하여 대망의 여행을 할 수
있게 되었기 때문이다. 이 공로는 사람들이 거기서 자기들의 애견을
점차 자랑하게 되는 엔드라드 주점에서의 대화가 원인이 되어 일어
났다. 벅은 지금까지의 유명한 이력 때문에 이들 사람들의 목표가 되
었고, 손턴은 할 수 없이 그를 악착같이 변호하지 않을 수 없었다. 삼
십 분 지나서 어떤 남자가 자기 개는 오백 파운드 실은 썰매를 움직여
그걸 그대로 끌고 걸어갈 수 있다고 말했다. 다음 사람은 자기의 개라
면 육백 파운드라고 뽐냈다. 그러자 또 다른 사람이 칠백 파운드라고
했다.

"제기랄, 고작 그거야!" 존 손턴이 말했다. "벅이라면 천 파운드는
움직여."

"그렇다면 서 있는 썰매를 움직일 수 있단 말이지? 그리고는 그것
을 끌고 100야드 걸어갈 수 있단 말이지?" 금광 벼락 부자인 매튜슨
이 따져 물었다. 그는 700파운드를 끌 수 있다고 뽐낸 사내였다.

"서 있는 썰매를 움직일 수 있어. 그리곤 그걸 끌고 백 야드 걸어갈
수 있다구"라고 존 손턴은 태연하게 말했다.

"그렇다면", 매튜슨은 모두에게 들리도록 천천히 침착하게 말했다.
"난 그런 것은 해내지 못한다는 쪽에 천 불을 걸겠어. 자 이거야." 그
렇게 말하면서 그는 볼로냐 소시지 만큼이나 큰 사금(砂金) 자루를 카
운터 위에 털썩 놓았다.

아무도 입을 여는 사람이 없었다. 손턴의 속이 빤한 으름장은 (만약
그것이 으름장이었다고 하면) 그러면 해 보이라는 승부의 도전을 받
았다. 그는 뜨거운 피가 삽시간에 얼굴에 퍼져 오는 것을 느낄 수 있
었다. 그는 우쭐해서 얼김에 입을 잘못 놀리고 만 것이었다. 그는 벅
이 천 파운드의 썰매를 움직일 수 있는지 없는지 알지 못했다. 반 톤
이 아닌가! 그 중량의 크기가 그를 오싹하게 했다. 그는 벅의 힘을
충분히 신임하고 있었고 벅이 그런 중량의 짐을 움직여 낼 수 있다고
생각한 일도 종종 있었다. 그러나 지금처럼 말없이 기다리고 있는 열

---

① **exploit**—수훈, 영웅적 행위. ② **totem-pole**—토템 기둥(totem 은 북미 토인이 숭배하는
자연물). ⑦ **Eldorado**—황금의 나라, 보물섬. ⑬ **brag**—boast. ⑮ **Pooh!**—흥! 체! (경
멸·조소를 나타냄). ⑰ **break it out**—얼어붙은 썰매를 움직이다. ⑱ **bonanza king**—금광
벼락부자. ⑲ **vaunt**—자랑하다. ㉓ **I've~ can't**—I bet a thousand dollars that he can't.
(그런 일을 할 수 없다는 쪽에 1,000달러를 건다.) ㉗ **bluff**—허세.

he faced the possibility of it, the eyes of a dozen men fixed upon him, silent and waiting. Further, he had no thousand dollars; nor had Hans or Pete.

"I've got a sled standing outside now, with twenty fifty-
5 pound sacks of flour on it," Matthewson went on with brutal directness; "so don't let that hinder you."

Thornton did not reply. He did not know what to say. He glanced from face to face in the absent way of a man who has lost the power of thought and is seeking some-
10 where to find the thing that will start it going again. The face of Jim O'Brien, a Mastodon king and old-time comrade, caught his eyes. It was as a cue to him, seeming to rouse him to do what he would never have dreamed of doing.

15 "Can you lend me a thousand?" he asked, almost in a whisper.

"Sure," answered O'Brien, thumping down a plethoric sack by the side of Matthewson's. "Though it's little faith I'm having, John, that the beast can do the trick."

20 The Eldorado emptied its occupants into the street to see the test. The tables were deserted, and the dealers and gamekeepers came forth to see the outcome of the wager any to lay odds. Several hundred men, furred and mittened, banked around the sled within easy distance.
25 Matthewson's sled, loaded with a thousand pounds of flour, had been standing for a couple of hours, and in the intense cold (it was sixty below zero) the runners had frozen fast to the hard-packed snow. Men offered odds of two to one that Buck could not budge the sled. A
30 quibble arose concerning the phrase "break out." O'Brien contended it was Thornton's privilege to knock the runners loose, leaving Buck to "break it out" from a dead standstill. Matthewson insisted that the phrase

둘이나 되는 사람들의 눈이 꼼짝 않고 자기에게 쏠려 있어 그런 일이
과연 가능할지 어떨지에 직면한 일은 한번도 없었다. 더우기 그는 천
달러라는 돈을 갖고 있지 않았으며 한스도 피트도 갖고 있지 않았다.

"나는 지금 밖에 오십 파운드 무게의 밀가루 자루 이십 개를 실은
썰매를 세워 놓고 있다구"라고 마튜슨이 거리낌 없이 직선적으로 말
을 이었다. "그러니까 썰매 문제일랑 걱정 말라구."

손턴은 대답하지 않았다. 그는 뭐라고 말해야 좋을지 몰랐다. 그는
생각하는 힘을 잃어버리고 그것을 다시 한 번 작동시킬 실마리를 어디
선가 찾으려고 애쓰고 있는 사람처럼 멍하니 사람들의 얼굴을 하나하
나 쳐다보았다. 마스토돈 금광의 벼락 부자이자 옛날의 동료였던 짐
오브라이언의 얼굴이 그의 눈길을 끌었다. 이것이 그에게 실마리처럼
되어 아마 그가 한 번도 꿈에도 생각해 본 일이 없는 일을 그에게 하게
끔 했다.

"천 달러 빌려 줄 수 있겠어?" 그는 거의 속삭이듯 물었다.

"그래 좋구말구"라고 오브라이언이 대답하고 불룩한 사금 자루를
매튜슨의 자루 옆에 털썩 놓았다. "그렇지만 말이야, 존, 저 개가 그
런 일을 해낼 수 있다곤 난 어쨌든 믿지 않고 있어."

엘도라도에 있었던 사람들은 모두 이 시합을 구경하려고 거리에 쏟
아져 나왔다. 테이블에는 아무도 있지 않았다. 카드를 돌리는 사람들
도 도박을 하고 있던 사람들도 이 내기의 결과를 보려고 또 상대에게
비율이 좋은 내기를 걸려고 밖으로 나왔다. 털옷을 입고 두터운 장갑
을 낀 수백 명의 사람들이 썰매 주변을 꽤 여유 있게 둘러 서서 사람
울타리를 이루었다. 천 파운드의 밀가루를 실은 매튜슨의 썰매는 두
시간이나 서 있는 채로여서 혹한 (영하 60도) 속에서 썰매의 미끄럼판
은 밟혀 굳어진 눈에 단단히 얼어 붙어 있었다. 사람들은 벅이 이 썰
매를 움직일 수 없다는 편으로 내기를 걸어 2대1의 비율을 주었다.
"썰매를 움직여 낸다"는 표현에 대하여 해석의 차이가 생겼다. 오브
라이언은 얼어 붙은 썰매를 흔들어 미끄럼판을 지면에서 떼 내는 것은
손턴의 특권이다. 다음에 완전한 정지 상태에서 벅에게 "썰매를 움직
여 내." 하면 된다고 주장했다. 매튜슨은 그 표현은 눈에 단단히 얼어

⑤ went ~ directness—거침 없이 줄줄 계속 말했다. ⑪ Mastodon King—마스토던의 금
광 벼락부자. ⑫ cue—단서, 계기, 암시. ⑰ plethoric—부풀어 오른. ⑱ it's ~ having—I
have little faith. ⑲ trick—재주, 멋진 솜씨. ㉒ gamekeeper—사람을 모아 도박을 시키는
사람. wager—내기, 노름. ㉓ lay odds—offer a wager on terms favorable to the other
party. ㉔ bank—사람이 울타리처럼 늘어서다. within easy distance—꽤 거리를 두고.

149

included breaking the runners from the frozen grip of the snow. A majority of the men who had witnessed the making of the bet decided in his favour, whereat the odds went up to three to one against Buck. There were no takers. Not a man believed him capable of the feat. Thornton had been hurried into the wager, heavy with doubt, and now that he looked at the sled itself, the concrete fact, with the regular team of ten dogs curled up in the snow before it, the more impossible the task appeared. Matthewson waxed jubilant.

"Three to one!" he proclaimed. "I'll lay you another thousand at that figure, Thornton. What d'ye say?"

Thornton's doubt was strong in his face, but his fighting spirit was aroused—the fighting spirit that soars above odds, fails to recognise the impossible, and is deaf to all save the clamour for battle. He called Hans and Pete to him. Their sacks were slim, and with his own the three partners could rake together only two hundred dollars. In the ebb of their fortunes, this sum was their total capital; yet they laid it unhesitatingly against Matthewson's six hundred.

The team of ten dogs was unhitched, and Buck, with his own harness, was put into the sled. He had caught the contagion of the excitement, and he felt that in some way he must do a great thing for John Thornton. Murmurs of admiration at his splendid appearance went up. He was in perfect condition, without an ounce of superfluous flesh, and the one hundred and fifty pounds that he weighed were so many pounds of grit and virility. His furry coat shone with the sheen of silk. Down the neck and across the shoulders, his mane, in repose as it was, half bristled and seemed to lift with every movement, as though excess of vigour made each particular

붙어 있는 상태에서 미끄럼판을 떼 내는 것도 포함되어 있다고 우겼다. 이 내기의 성립에 입회했던 사람들의 대부분이 매튜슨의 설에 찬성했다. 그러자 비율에 의한 내기는 벅이 해낼 수 없다는 쪽으로 3대 1의 비율로 뛰었다. 내기에 응하는 자는 아무도 없었다. 어느 한 사람도 벅이 그런 곡예를 해낼 수 있다고는 믿지 않았다. 손턴은 마음에 큰 의혹을 품으면서도 경황 없이 이 내기에 몰려 들어가고 말았다. 그리고 구체적인 사실로서 늘 그 썰매를 끌고 있는 열 마리의 개 떼들이 썰매 앞 눈 속에 웅크리고 있는 바로 그 썰매를 보았으므로 이 일은 그만치 한층 더 불가능한 것으로 생각되었다. 매튜슨은 점점 환성을 올리며 기뻐하게 되었다.

"3대1이야!" 그는 소리쳤다. "난 이 비율로 천 달러를 더 걸테야. 어때, 손턴?"

손턴의 의문은 강하게 얼굴에 나타났지만 그의 투지가 눈을 떴다 — 그것은 승부를 초월하여 불가능을 인정하지 않고 싸움을 바라는 외침 소리 이외에는 아무 것에도 귀를 기울지 않는 투지였다. 그는 한스와 피트를 가까이 불렀다. 그들의 자루도 얼마 들어 있지 않았다. 그리하여 그 자신의 몫까지 합하여 세 사람의 동료들은 겨우 이백 달러를 긁어 모을 수 있었다. 그들의 운이 내리막이어서 이 금액이 그들의 전재산이었다. 그러나 그들은 그것을 아무런 주저도 없이 매튜슨의 육백 달러를 상대로 걸었다.

열 마리의 개 떼는 풀리고 자기의 썰매 끌기 혁대를 단 벅이 썰매에 매어졌다. 벅도 사람들의 흥분에 감염되어 있었다. 그리고 어떻게든 해서 자기가 존 손턴을 위하여 대단한 일을 하지 않으면 안 된다고 느끼고 있었다. 벅의 멋진 모습을 보고 술렁거리는 탄성이 일어났다. 그는 나무랄 데 없는 상태로 일 온스의 여분의 살도 붙어 있지 않았으며, 체중 백 오십 파운드는 꼭 그것과 동일한 무게의 투지와 기백에 넘쳐 있었다. 벅의 복슬복슬한 털의 결은 비단 같은 광택으로 빛나고 있었다. 목 밑에서 양어깨에 걸쳐 목덜미의 긴 털은 실제는 가만히 자리 잡고 있었지만 흡사 넘치는 활력이 털 하나하나를 생생하게 활동시키고 있는 듯이 반쯤 곤두서고, 벅의 일거일동과 더불어 우뚝 서는 것

④ odds ~ Buck—벅이 할 수 없다는 쪽에 내기를 걸어 3대의1의 비율로 증가했다. **three to one** 은 「이기면 1을 얻지만 지면 3을 지불하는」. ⑤ **taker**—내기에 응하는 사람. ⑪ **lay**— bet. ⑫ **at that figure**— at that ratio(of three to one). **what d'ye say?**— What do you say? (어때?) ⑭ **soar above odds**—승산을 초월하다. ⑱ **rake together**—긁어 모으다. ⑲ **ebb** — 쇠퇴기 ㉒ **unhitch**—풀어 놓다. ㉓ **catch the contagion**—감염하다. ㉙ **grit**—투지 (pluck, stamina). **virility**—기력(vigor, robustness).

hair alive and active. The great breast and heavy for legs were no more than in proportion with the rest of the body, where the muscles showed in tight rolls underneath the skin. Men felt these muscles and proclaimed them
5 hard as iron, and the odds went down to two to one.

"Gad, sir! Gad, sir!" stuttered a member of the latest dynasty, a king of the Skookum Benches. "I offer you eight hundred for him, sir, before the test, sir; eight hundred just as he stands."

10 Thornton shook his head and stepped to Buck's side.

"You must stand off from him," Matthewson protested. "Free play and plenty of room."

The crowd fell silent; only could be heard the voices of the gamblers vainly offering two to one. Everybody
15 acknowledged Buck a magnificent animal, but twenty fifty-pound sacks of flour bulked too large in their eyes for them to loosen their pouch-strings.

Thornton knelt down by Buck's side. He took his head in his two hands and rested cheek on cheek. He did not
20 playfully shake him, as was his wont, or murmur soft love curses; but he whispered in his ear. "As you love me, Buck. As you love me," was what he whispered. Buck whined with suppressed eagerness.

The crowd was watching curiously. The affair was
25 growing mysterious. It seemed like a conjuration. As Thornton got to his feet, Buck seized his mittened hand between his jaws, pressing in with his teeth and releasing slowly, half-reluctantly. It was the answer, in terms, not of speech, but of love. Thornton stepped well back.

30 "Now, Buck," he said.

Buck tightened the traces, then slacked them for a matter of several inches. It was the way he had learned.

"Gee!" Thornton's voice rang out, sharp in the tense

처럼 보였다. 폭 넓은 가슴과 실팍한 앞발은 몸의 여타 부위와 잘 조화되어 있었는데 여타 부위에서는 근육이 피부 밑에서 단단히 불거져 나와 보였다. 사람들은 이들 근육을 만져 보고 무쇠같이 단단하다고 말했다. 그러자 비율 내기는 2대 1로 내려갔다.

"잠깐만, 이봐, 잠깐만 기다려." 최근에 벼락 부자가 된 패거리의 한 사람이며 스쿠컴 벤치즈의 금광 왕이 더듬거리면서 말했다.「내 내기를 하기 전에 말야 나 난 파 팔백 불로 저 저 개를 살 테야. 지 지금 그대로 파 팔백 불을 줄 테야."

손턴은 머리를 저었고 벅의 옆으로 다가갔다.

"자넨 그 개한테서 떨어져 있어야 해"라고 매튜슨이 항의했다. "좋을 대로 시키는거야. 그리고 충분히 넓게 비워 두고 말이야."

구경꾼들은 모두 잠잠해졌다. 다만 응하는 자가 없는데도 2대 1의 내기를 권유하는 도박꾼들의 목소리가 들릴 뿐이었다. 누구나 다 벅이 굉장한 개라는 것을 인정하고 있었다. 그러나 밀가루 50파운드 자루가 20개라는 것은 그들이 주머니 끈을 풀기에는 너무도 엄청난 양이었다.

손턴은 벅의 곁에 무릎을 꿇었다. 그는 벅의 머리를 양손으로 들고 볼에 볼을 댔다. 그는 언제나 하는 버릇처럼 장난으로 벅의 몸을 흔들기도 하고 또는 부드러운 사랑의 욕지거리를 중얼거리기도 하지 않고 벅의 귀에 속삭였다. "네가 나를 사랑하는 것처럼, 벅, 네가 나를 사랑하는 것처럼." 그가 속삭인 말이었다. 벅은 열의를 억누르고 코를 낑낑거렸다.

군중은 호기심을 가지고 지켜보고 있었다. 사태는 점점 신비적인 양상을 띠었다. 어떤 요술을 쓰고 있는 것처럼 보였다. 손턴이 일어섰을 때 그의 두터운 장갑을 낀 손을 벅은 입 안에 물고 이빨로 꼭 물었다가 천천히 거의 마지못한 듯이 그것을 놓았다. 그것은 언어에 의한 것이 아니고 사랑에 의한 회답이었다. 손턴은 걸어서 충분히 물러났다.

"자 어서 벅." 그는 말했다.

벅은 썰매 끌기 혁대를 팽팽하게 했다. 그리고는 몇 인치 정도 늦추었다. 이것이 그가 습득한 요령이었다.

"우(右) 로!" 손턴의 목소리가 긴장된 침묵 속에서 날카롭게 울려

---

② **no more than**—just. ⑤ **the odds**—내기의 비율. ⑥ **Gad**—God의 변형으로 거의 무의미한 감탄사. **the latest dynasty**—최근에 벼락부자가 된 사람들. ⑨ **as he stands**—(벅의) 현재 그 상태로. ⑪ **stand off**—떨어져 있다(keep at a distance). ⑫ **free play**—여기서는 「하고 싶은 대로 시킨다」는 뜻. ⑭ **gamblers ~ one**—신청자도 없는데 2대1 내기에 유혹하는 도박꾼들. ⑰ **pouch-string**—돈지갑 끈 (purse strings). ⑳ **wont**—custom(버릇).

silence.

Buck swung to the right, ending the movement in a plunge that took up the slack and with a sudden jerk arrested his one hundred and fifty pounds. The load quivered, and from under the runners arose a crisp crackling.

"Haw!" Thornton commanded.

Buck duplicated the manœuvre, this time to the left. The crackling turned into a snapping, the sled pivoting and the runners slipping and grating several inches to the side. The sled was broken out. Men were holding their breaths, intensely unconscious of the fact.

"Now, MUSH!"

Thornton's command cracked out like a pistol-shot. Buck threw himself forward, tightening the traces with a jarring lunge. His whole body was gathered compactly together in the tremendous effort, the muscles writhing and knotting like live things under the silky fur. His great chest was low to the ground, his head forward and down, while his feet were flying like mad, the claws scarring the hardpacked snow in parallel grooves. The sled swayed and trembled, half-started forward. One of his feet slipped, and one man groaned aloud. Then the sled lurched ahead in what appeared a rapid succession of jerks, though it never really came to a dead stop again. . . half an inch. . . an inch. . . two inches. . . . The jerks perceptibly diminished; as the sled gained momentum, he caught them up, till it was moving steadily along.

Men gasped and began to breathe again, unaware that for a moment they had ceased to breathe. Thornton was running behind, encouraging Buck with short, cheery words. The distance had been measured off, and as he neared the pile of firewood which marked the end of the

나왔다.

벅은 우측으로 내질러 늘쳐진 끌기 혁대를 팽팽하게 당기고 갑자기 홱 끌어 150파운드의 체중을 건 돌진으로 그 동작을 끝냈다. 짐이 흔들렸고 미끄럼판 밑에서 우지끈 금가는 소리가 났다.

"좌(左)로!" 손턴이 명령했다.

벅은 이번에는 좌측으로 먼저번 동작을 반복했다. 금가는 소리는 뚝, 딱, 하는 얼음 깨지는 소리로 변했고 썰매는 축을 중심으로 좌로 회전했으며 미끄럼판이 미끄러져서 몇 인치 좌로 삐걱거려 움직였다. 썰매는 동결된 얼음에서 풀려났다. 사람들은 완전히 무의식적으로 숨을 죽이고 있었다.

"자아 앞으로!"

손턴의 명령이 권총 발사음처럼 울려 퍼졌다. 벅은 몸을 앞으로 내던지듯이 하여 삐걱거리는 소리를 내면서 끌기 혁대를 팽팽하게 당겼다. 벅의 몸 전체가 이 엄청난 노력에 밀집되어 뭉쳐졌고 근육은 비단 같은 털결 밑에서 살아 있는 물건처럼 굼틀거렸고 울툭불툭 매듭지어 일어났다. 벅은 드넓은 가슴을 지면에 대듯 낮추고 머리를 숙여 앞으로 내밀었으며 한편 발은 미친 듯이 발버둥 쳐서 그 발톱은 단단하게 밟혀 굳어진 눈에 두 줄의 평행선 홈을 파 놓았다. 썰매는 흔들거리고 진동하면서 앞으로 미끄러져 나가기 시작했다. 벅의 발 하나가 미끄러졌다. 누군가가 크게 신음 소리를 냈다. 그러자 썰매는 실제로는 두 번 다시 완전히 서 버린 일은 없었지만 홱 끌고는 서고, 홱 끌고는 서는 식의 움직임이 급속히 연속하고 있는 듯이 보이는 동작으로 비틀거리며 나아갔다. ……반(半)인치……1인치……2인치……홱, 홱 잡아 끄는 동작은 눈에 보이게 적어졌고 썰매에 타성이 붙으면서 벅은 그것을 교묘하게 포착하여 드디어 썰매는 꾸준히 미끄러져 나아갔다.

사람들은 숨을 죽이고 있었는데 자기들이 잠시 호흡을 멈추고 있었음을 깨닫고 다시 숨쉬기 시작했다. 손턴은 짧고 쾌활한 말로 벅을 격려하면서 썰매의 뒤를 달리고 있었다. 거리는 사전에 재어 표시가 되

---

④ arrest—막아내다. ⑤ runner—썰매의 활주부(滑走部). ⑦ Haw!—좌로! (Turn to the left!). ⑧ duplicate—되풀이하다. ⑨ pivot—추축으로 선회하다, (…을 중심으로)돌다. ⑬ intensely unconscious—전혀 의식하지 못하고. ⑯ lunge—돌진(rush). gather compactly together—꽉 죄다, 바짝 긴장하다. ㉔ lurch—비틀거리다. ㉗ gain momentum—기세가 오르다, 타력이 붙다. ㉜ had~off—미리 재서 구분해 두었다, 재서 표시를 해 놓았다.

hundred yards, a cheer began to grow and grow, which burst into a roar as he passed the firewood and halted at command. Every man was tearing himself loose, even Matthewson. Hats and mittens were flying in the air. Men were shaking hands, it did not matter with whom, and bubbling over in a general incoherent babel.

But Thornton fell on his knees beside Buck. Head was against head, and he was shaking him back and forth. Those who hurried up heard him cursing Buck, and he cursed him long and fervently, and softly and lovingly.

"Gad, sir! Gad, sir!" spluttered the Skookum Bench king. "I'll give you a thousand for him, sir, a thousand, sir—twelve hundred, sir."

Thornton rose to his feet. His eyes were wet. The tears were streaming frankly down his cheeks. "Sir," he said to the Skookum Bench king, "no, sir. You can go to hell, sir. It's the best I can do for you, sir."

Buck seized Thornton's hand in his teeth. Thornton shook him back and forth. As though animated by a common impulse, the onlookers drew back to a respectful distance; nor were they again indiscreet enough to interrupt.

어 있었다. 그리고 벅이 백 야드 끝의 표적이 되어 있는 장작더미에 가까와짐에 따라 환호성이 점차 커 갔고, 벅이 장작더미를 지나 명령을 받고 정지했을 때 그 환호성은 노호가 되어 폭발했다. 누구나 다, 매튜슨까지도 법석을 떨며 날뛰었다. 모자와 장갑이 하늘에 날려졌다. 사람들은 상대가 누구든 관계없이 서로 악수했고 그저 모두가 뒤죽박죽으로 와자지껄 떠들어 댔다.

그러나 손턴은 벅 곁에 꿇어 앉았다. 머리에 머리를 대고 그는 벅을 앞뒤로 흔들고 있었다. 서둘러 달려온 사람들은 손턴이 벅에게 욕지거리를 퍼붓고 있는 것을 들었다. 그는 벅에게 오랫 동안 열정적으로 그리고 부드럽게 애정을 담아 욕설을 했다.

"기 기다려줘 자 잠시만 자네." 스쿠컴 벤치의 벼락 부자가 더듬거리며 말했다. "나 난 저 저 개에게 처 천불 넬게. 천 달러 말이야— 처 천이백 달러 내겠다구."

손턴은 일어섰다. 그의 눈은 젖어 있었다. 눈물은 그의 뺨을 흘러내리고 있었지만 그는 그것을 감추려고도 하지 않았다. "이봐"라고 그는 스쿠컴 벤치의 벼락 부자에게 말했다. "난 절대 거절이야. 어디로든지 썩 꺼져 버리라구. 기껏해야 이 정도의 대답밖엔 할 수 없으니까 말야."

벅은 손턴의 손을 입에 물었다. 손턴은 그를 앞뒤로 흔들었다. 마치 모두에게 공통하는 충동에 움직인 듯이 구경꾼들이 실례되지 않는 거리로 물러섰다. 그리고 다시는 그 개와 주인의 방해를 할 만치 무분별한 짓은 하지 않았다.

③ **tear oneself loose**—딩실거리며 기뻐하다(burst into a hubbub). ⑥ **bubble over**—시시덕거리다, 흥분하다. **in ~ babel**—모두가 형편없이 떠들썩하여. ⑪ **splutter**— sputter (잽싸게 지껄여 대다). ⑮ **frankly**—거리낌없이. ⑯ **you ~ hell**—썩 꺼져 버려라.

VII
THE SOUNDING OF THE CALL

When Buck earned sixteen hundred dollars in five
minutes for John Thornton, he made it possible for his
master to pay off certain debts and to journey with his
partners into the East after a fabled lost mine, the history
of which was as old as the history of the country. Many
men had sought it; few had found it; and more than a
few there were who had never returned from the quest.
This lost mine was steeped in tragedy and shrouded in
mystery. No one knew of the first man. The oldest tradi-
tion stopped before it got back to him. From the begin-
ning there had been an ancient and ramshackle cabin.
Dying men had sworn to it, and to the mine the site of
which it marked, clinching their testimony with nuggets
that were unlike any known grade of gold in the North-
land.

But no living man had looted this treasure house, and
the dead were dead; wherefore John Thornton and Pete
and Hans, with Buck and half a dozen other dogs, faced
into the East on an unknown trail to achieve where men
and dogs as good as themselves had failed. They sledded
seventy miles up the Yukon, swung to the left into the
Stewart River, passed the Mayo and the McQuestion,
and held on until the Stewart itself became a streamlet,
threading the upstanding peaks which marked the back-
bone of the continent.

John Thornton asked little of man or nature. He was
unafraid of the wild. With a handful of salt and a rifle he
could plunge into the wilderness and fare wherever he

Ⅶ
부름의 메아리

벅이 존 손턴을 위해 5분간에 1,600달러를 벌어 주자 그로 인해 손턴은 얼마간의 빚을 모두 청산하여 전해져 내려오기는 하고 있으나 지금은 어디에 있는지 모르는 금광을 찾아 동료들과 함께 동부로 여행할수 있게 되었는데, 그 금광의 역사는 그 지방의 역사만큼 오래 된 것이다. 많은 사람이 그것을 찾으러 갔으나 발견한 사람은 거의 없었다. 그것을 찾으러 가서 두 번 다시 돌아오지 않은 사람도 적지 않았다. 어디에 있는지 알 수 없는 이 금광은 비극에 물들었고, 신비에 싸여 있었다. 그것을 제일 먼저 발견한 사람에 관해서는 아무도 몰랐다. 가장 오래 된 전설까지도 첫 발견자로 거슬러 올라가기 전에 단절되고 있었다. 시초부터 이미 아주 낡고 무너질 듯한 오두막이 있었던 것이다. 빈사 상태에 있던 사람들이 그 오두막이 있다는 것과 오두막이 위치의 표적으로 돼 있는 금광이 존재한다고 서약, 그 증거로서 이 북국에서 지금까지 발견된 금의 품종과는 다른 함유량을 가진 천연 금괴를 보았다고 전해지고 있다.

그러나 살아 있는 사람으로 이 보물 집을 손에 넣은 사람은 하나도 없었고, 죽은 사람은 말이 없어 아무 말도 들을 수 없었다. 그런 까닭에 존 손턴과 피트, 한스는 벅과 그밖의 여섯 마리 개를 거느리고 그들 자신과 동일한 인간과 개들이 가려다 실패했던 곳에 도달하려고 미지의 썰매길을 따라 동부로 향했다. 그들은 유콘 강을 썰매로 70마일 올라가 좌회전해서 스튜어트 강으로 들어간 후 메이요 강과 맥퀘스천 강을 건너 스튜어트 강 자체가 작은 시내로 되어 있는 곳까지 계속 전진하여 이 대륙의 등뼈가 되어 높이 솟은 산봉우리 사이를 빠져 나갔다.

존 손턴은 인간에게도 자연에게도 바라는 것이 거의 없었다. 그는 황야를 두려워하지 않았다. 한줌의 소금과 한 자루의 라이플 총을 갖고 황야에 뛰어들어 마음 내키는 대로 어디로나 마음 내키는 때까지 언제

---

① **sixteen hundred dollars**—내기로 본래 전 1,000달러와 나중의 3대1 비율로 전 200달러가 600달러가 되어 합계 1,600달러. ③ **pay off**—모두 지불하다. ④ **fabled lost mine**—전설적으로는 전해지고 있으나 지금은 어디에 있는지 알 수 없는 금광. ⑨ **the first man**—그 금광을 맨먼저 발견한 사람. ⑪ **ramshackle**—쓰러질 듯한.

pleased and as long as he pleased. Being in no haste, Indian fashion, he hunted his dinner in the course of the day's travel; and if he failed to find it, like the Indian, he kept on travelling, secure in the knowledge that sooner or
5 later he would come to it. So, on this great journey into the East, straight meat was the bill of fare, ammunition and tools principally made up the load on the sled, and the time-card was drawn upon the limitless future.

To Buck it was boundless delight, this hunting, fishing,
10 and indefinite wandering through strange places. For weeks at a time they would hold on steadily, day after day; and for weeks upon end they would camp, here and there, the dogs loafing and the men burning holes through frozen muck and gravel and washing countless
15 pans of dirt by the heat of the fire. Sometimes they went hungry, sometimes they feasted riotously, all according to the abundance of game and the fortune of hunting. Summer arrived, and dogs and men packed on their backs, rafted across blue mountain lakes, and descended
20 or ascended unknown rivers in slender boats whipsawed from the standing forest.

The months came and went, and back and forth they twisted through the uncharted vastness, where no men were and yet where men had been if the Lost Cabin were
25 true. They went across divides in summer blizzards, shivered under the midnight sun on naked mountains between the timber line and the eternal snows, dropped into summer valleys amid swarming gnats and flies, and in the shadows of glaciers picked strawberries and
30 flowers as ripe and fair as any the Southland could boast. In the fall of the year they penetrated a weird lake country, sad and silent, where wild-fowl had been, but where then there was no life nor sign of life—only the blowing of

까지나 여행을 할 수 있었다. 조금도 서두르지 않았으므로 인디언 식으로 그는 하루 여정 도중 사냥을 하여 자신이 먹을 것을 구했고, 만일 먹을 것을 못 찾을 때는 인디언처럼 조만간 사냥감을 만나게 되리라고 굳게 믿으면서 여행을 계속했다. 그래서 동부로 향하는 이 대여행에서는 짐승 고기만이 식사의 메뉴였고, 탄약과 도구류가 썰매의 주요한 짐이었고, 예정 시간표는 끝없는 미래 위에 작성되었다.

벅에게는 이런 식으로 사냥을 하고, 물고기를 잡고, 미지의 땅을 정처 없이 헤매어 걸어 다닌다는 것이 무한한 기쁨이었다. 몇 주 동안이나 쉬지 않고 그들은 날마다 계속 전진했다. 그리고는 몇 주 동안이나 연달아 이곳저곳에서 야영을 했고, 개들은 할 일 없이 놀았으며, 사람들은 불을 피워 부식토(腐蝕土)나 자갈에 구멍을 내어 수없이 많은 흙을 접시에 올려놓고서는 불의 열로 녹여 씻어서 골라 냈다. 사냥감의 수가 많으냐 적으냐, 사냥의 운이 좋으냐 나쁘냐에 따라 이따금 그들은 배를 굶주린 채 있었고, 때로는 웃고 떠들면서 맛있는 음식을 먹었다. 여름이 오자 개도 사람도 짐을 걸머지고 푸른 산속의 호수를 뗏목으로 건너, 서 있는 나무를 실톱으로 켜서 만든 가느다란 보트에 타고 이름도 모르는 강을 내려가기도 했고 오르기도 했다.

연방 달이 바뀌고는 지나갔고, 그들은 사람들이 전혀 살지 않았으나 만약 어디에 있는지 알려지지 않은 그 오두막이 정말이라면 사람들이 산 일이 있었을지도 모를 넓은 지도도 없는 지방을 앞뒤로 꾸불꾸불 전진했다. 그들은 여름 눈보라 속에 분수령을 넘어갔고, 수목 한계선(樹木限界線)과 만년설의 중간에 있는 나무 없는 벌거벗은 산에서 한밤중의 태양 밑에서 몸을 떨었고, 파리매와 파리가 떼지어 모인 속을 뚫고 여름의 계곡으로 내려와, 빙하의 그늘에서 남극이 자랑하는 그 어느 것에 못지 않게 익은 아름다운 딸기와 꽃을 땄다. 그해 가을 그들은 슬픈 기분을 자아내는 조용하고 으스스한 호수 지대로 들어갔다. 그곳에는 이전에 들새들이 있었으나 그때는 생물이 없었고, 생물이 있을 듯한 흔적이 없었다 — 다만 살을 에는 듯한 추운 바람이 불고, 그

---

⑥ **staight meat**—육식만의 식사(pure meat diet without anything else). straight 는 「썩지 않은」(umixed with anything else). **bill of fare**—menu. **fare** 는 「음식물」(food and drink). ⑩ **For~time**—몇 주 동안 줄곧. ⑫ **upon end**—계속해서. ⑭ **muck**—부식토(腐蝕土). **wash~dirt**—끊임없이 흙을 세광(洗鑛) 냄비에 담아 씻어서 추려내다. **wash** 는 「물 속에서 흔들어 무거운 광물을 분리하다」. ⑮ **go hungry**—굶주리다, 늘 공복 상태에 있다. ⑰ **game**—사냥감. ⑱ **pack**—짊어지다. ⑳ **whipsaw**—가늘고 긴 톱으로 켜다. ㉑ **forest**—삼림의 수목. ㉕ **divide**—분수령(watershed). **blizzard**—눈보라. ㉗ **timber line**—남극·북극이나 높은 산에서 그 이상 높아지거나 추워지면 수목이 자라지 않는 수목 한계선.

chill winds, the forming of ice in sheltered places, and the melancholy rippling of waves on lonely beaches.

And through another winter they wandered on the obliterated trails of men who had gone before. Once, they came upon a path blazed through the forest, and ancient path, and the Lost Cabin seemed very near. But the path began nowhere and ended nowhere, and it remained mystery, as the man who made it and the reason he made it remained mystery. Another time they chanced upon the time-graven wreckage of a hunting lodge, and amid the shreds of rotted blankets John Thornton found a long-barrelled flint-lock. He knew it for a Hudson Bay Company gun of the young days in the Northwest, when such a gun was worth its height in beaver skins packed flat. And that was all—no hint as to the man who in an early day had reared the lodge and left the gun among the blankets.

Spring came on once more, and at the end of all their wandering they found, not the Lost Cabin, but a shallow placer in a broad valley where the gold showed like yellow butter across the bottom of the washing-pan. They sought no farther. Each day they worked earned them thousands of dollars in clean dust and nuggets, and they worked every day. The gold was sacked in moose-hide bags, fifty pounds to the bag, and piled like so much fire-wood outside the spruce-bough lodge. Like giants they toiled, days flashing on the heels of days like dreams as they heaped the treasure up.

There was nothing for the dogs to do, save the hauling in of meat now and again that Thornton killed, and Buck spent long hours musing by the fire. The vision of the short-legged hairy man came to him more frequently, now that there was little work to be done; and often,

늘에는 얼음이 얼어 있고, 쓸쓸한 호수 가에는 음울한 잔물결이 있을 뿐이었다.

그리고 다음 겨울 동안 그들은 먼저 지나간 사람들의 자국도 지워진 길을 헤매면서 걸었다. 한번은 그들이 숲속에서 나무 껍질을 벗겨 표적을 낸 아주 오래 된 길을 우연히 발견했다. 그래서 그 전설의 오두막도 아주 가까이에 있는 듯이 생각되었다. 그러나 그 길은 어디서 시작되어 어디서 끝났는지 몰랐고, 그것을 만든 사람도, 그것을 만든 이유도 여전히 수수께끼인 양 그 길은 신비에 싸인 채 있었다. 또 언젠가 그들은 오랜 세월 비바람을 맞은 사냥꾼의 오두막을 우연히 발견하여 썩은 모포 나부랑이 사이에서 존 손턴은 총신이 긴 수발총(燧發銃) 한 자루를 찾아냈다. 그는 그것을 보고 서북부 개발 초기의 허드슨만(灣) 회사 총이라는 것을 알았는데 그 당시에는 그런 총이 그 총 높이로 해리(海狸) 모피를 납작하게 눌러서 쌓아 올린 만큼의 값어치가 있었다. 그러나 그뿐이었다―그런 초기에 그 오두막을 세워 모포 사이에 총을 남긴 남자에 관해서는 암시가 될 만한 것은 하나도 없었다.

봄이 다시 돌아왔고, 그들은 이곳저곳 헤맨 끝에 그 전설의 오두막이 아니라 어느 넓은 계곡에서 황금 토사(土砂)가 얕은 사광(砂鑛)을 발견했는데 그곳에서는 세광(洗鑛) 남비 밑에 금이 노란 버터처럼 나왔다. 그들은 더 이상 금을 찾아 헤매는 것을 멈추었다. 그들은 일하는 하루하루 순 사금과 천연 금괴로 수천 달러나 벌었다. 그들은 매일 일했다. 금은 큰 사슴 가죽으로 만든 자루에 한 자루 50파운드씩 가득 담겨져 가문비 나뭇 가지로 만든 오두막 밖에 그만한 부피의 땔감처럼 쌓였다. 마치 거인처럼 그들은 열심히 일했는데 보물이 쌓여 올라감에 따라 시간도 연달아 꿈처럼 지나갔다.

개들은 손턴이 잡은 짐승의 고기를 이따금 썰매로 운반해 오는 외에는 할 일이 없었고, 그래서 벅은 모닥불 옆에서 생각에 잠기면서 오랜 시간을 보냈다. 할 일이 거의 없었으므로 다리가 짧고 털 많은 인간의 환상이 지금까지보다도 자주 벅에게 나타나게 되었다. 그리고 여러 차례나 모닥불 옆에서 잠이 오듯 눈을 가늘게 뜨고 있을 때 벅은 자기 기

---

⑤ **come upon**―우연히 발견하다, 마주치다. **blaze**―나무껍질을 벗겨 표적을 내다. ⑨ **chance upon**―우연히 마주치다(come upon by chance). ⑩ **time-graven wreckage**―오랜 세월 속에 무너지고 비바람에 씻긴 잔해. ⑫ **flint-lock**―옛날의 부싯돌식 발화장치의 총, 수발총(燧發銃). **for**―as. **Hudson Bay Company**―1670년 지금의 캐나다에 창설된 영국 국책 회사. ⑭ **its ~ skin**―총 높이의 해리(海狸) 가죽. ⑮ **that was all**―그것뿐이었다. (총이 있었을 뿐입니다.) ⑳ **placer**―광상(鑛床). ㉓ **clean dust**― pure gold dust. ㉗ **flash**―번개처럼 빨리 지나가다. ㉙ **haul in**―끌어온다.

blinking by the fire, Buck wandered with him in that other world which he remembered.

The salient thing of this other world seemed fear. When he watched the hairy man sleeping by the fire, head between his knees and hands clasped above, Buck saw that he slept restlessly, with many starts and awakenings, at which times he would peer fearfully into the darkness and fling more wood upon the fire. Did they walk by the beach of a sea, where the hairy man gathered shell-fish and ate them as he gathered, it was with eyes that roved everywhere for hidden danger and with legs prepared to run like the wind at its first appearance. Through the forest they crept noiselessly, Buck at the hairy man's heels; and they were alert and vigilant, the pair of them, ears twitching and moving and nostrils quivering, for the man heard and smelled as keenly as Buck. The hairy man could spring up into the trees and travel ahead as fast as on the ground, swinging by the arms from limb to limb, sometimes a dozen feet apart, letting go and catching, never falling, never missing his grip. In fact, he seemed as much at home among the trees as on the ground; and Buck had memories of nights of vigil spent beneath trees wherein the hairy man roosted, holding on tightly as he slept.

And closely akin to the visions of the hairy man was the call still sounding in the depths of the forest. It filled him with a great unrest and strange desires. It caused him to feel a vague, sweet gladness, and he was aware of wild yearnings and stirrings for he knew not what. Sometimes he pursued the call into the forest, looking for it as though it were a tangible thing, barking softly or defiantly, as the mood might dictate. He would thrust his nose into the cool wood moss, or into the black soil where long

억에 남아 있는 그 원시의 세계를 그 인간과 함께 헤맸다.

이 원시의 세계에서 두드러진 것은 공포인 듯 싶었다. 그 털 많은 남자가 머리를 무릎 사이에 두고 두 손을 머리 위에 마주 잡고 불 옆에서 잠자고 있는 것을 보았을 때 벅은 그 남자가 여러 차례 놀라면서 깨어나 숙면하지 않고 있다는 것을 알았는데 그럴 때는 언제나 어둠 속을 불안한 듯이 보고는 나무를 불에 더 지피는 것이었다. 그들은 해안을 걸을 때, 털 많은 그 남자는 조개를 줍고, 주으면서 먹었는데 도처에 끊임없이 시선을 움직여 숨은 위험을 찾아내려는 눈매를 하고 있었고, 또 위험이 조금이라도 나타나면 즉시 바람처럼 도망치려는 자세를 갖춘 걸음걸이였다. 벅이 그 털 많은 남자 바로 뒤를 따랐고, 그들은 숲속을 소리도 내지 않고 살그머니 걸었다. 그리고 그들은 둘 다 귀를 쫑긋쫑긋 움직이고 콧구멍을 벌름거리면서 빈틈없이 긴장하고 있었는데 왜냐하면 그 남자의 청각도 후각도 벅처럼 예민했기 때문이다. 이 털 많은 남자는 뛰어서 나뭇 가지를 잡을 수 있었고, 때로는 12피트나 떨어져 있는 나뭇 가지에서 나뭇 가지로 손을 떼지 않고 잡고, 떨어지는 일도 헛잡는 일도 없이 팔을 써서 움직여 지상을 가는 것과 동일하게 빨리 전진할 수 있었다. 사실 그는 나무 사이에서도, 지상과 마찬가지로 운동이 자유로운 듯이 보였다. 또 벅은 그 털 많은 남자가 잠자면서 꽉 잡은 채 잠든 나무 밑에서 밤샘을 하면서 지낸 여러 날 밤을 기억하고 있었다.

이 털 많은 인간의 환상과 꼭같이 귀에 익은 그 부르는 소리도 역시 속의 후미진 곳으로부터 울려 오고 있었다. 그 소리를 들으면 벅은 큰 불안과 알 수 없는 욕망으로 가득 찼다. 그것은 벅에게 막연한 감미로운 기쁨을 느끼게 했고, 그는 뭔지 알 수 없는 것에 대한 거센 동경과 마음을 움직이게 하는 자극을 느낀다는 것을 알았다. 이따금 벅은 그 부르는 소리를 찾아 숲속으로 들어가서 기분 내키는 대로 때로는 부드럽게, 때로는 도전하듯 짖으면서 마치 손에 만질 수 있는 물건인 양 그 부르는 소리를 찾는 일도 있었다. 벅은 차가운 나무 이끼 속이나

---

③ **the salient thing**—눈에 띄게 두드러진 것. ⑥ **start**—slight shock (벌떡 놀라는 일). ⑧ **Did they walk**—If they walked. **they** 는 Buck 와 the hairly man. ⑪ **rove**—시선이 그칠 새 없이 움직이다, 두리번거리다. ⑫ **its**—hidden danger 를 가리킨다. ⑲ **from limb to limb**— from bough to bough(나뭇 가지에서 나뭇 가지로). ⑳ **let go**—손을 놓다, (쥐고 있던 것을)놓다. ㉓ **roost**—잠을 자다, 밤을 지내다(pass the nights). ㉙ **for~what**—for something which could not be known (뭔지 모르는 것에 대해). ㉜ **as~dictate**—그때 그때 기분 내키는 대로.

grasses grew, and snort with joy at the fat earth smells;
or he would crouch for hours, as if in concealment,
behind fungus-covered trunks of fallen trees, wide-eyed
and wide-eared to all that moved and sounded about
5 him. It might be, lying thus, that he hoped to surprise
this call he could not understand. But he did not know
why he did these various things. He was impelled to do
them, and did not reason about them at all.

Irresistible impulses seized him. He would be lying in
10 camp, dozing lazily in the heat of the day, when suddenly
his head would lift and his ears cock up, intent and
listening, and he would spring to his feet and dash away,
and on and on, for hours, through the forest aisles and
across the open spaces where the niggerheads bunched.
15 He loved to run down dry watercourses, and to creep
and spy upon the bird life in the woods. For a day at a
time he would lie in the underbrush where he could
watch the partridges drumming and strutting up and
down. But especially he loved to run in the dim twilight
20 of the summer midnights, listening to the subdued and
sleepy murmurs of the forest, reading signs and sounds
as man may read a book, and seeking for the mysterious
something that called—called, waking or sleeping, at all
times, for him to come.

25 One night he sprang from sleep with a start, eager-eyed,
nostrils quivering and scenting, his mane bristling in
recurrent waves. From the forest came the call (or one
note of it, for the call was many noted), distinct and
definite as never before—a long-drawn howl, like, yet
30 unlike, any noise made by husky dog. And he knew it, in
the old familiar way, as a sound heard before. He sprang
through the sleeping camp and in swift silence dashed
through the woods. As he drew closer to the cry he went

또는 키 큰 잡초가 자란 검은 흙 속에 코를 틀어박고 기쁜 듯이 풍성한 흙 냄새를 맡곤 했다. 아니면 벅은 마치 숨어 있으려고 하듯 곰팡이에 뒤덮인 쓰러진 나무 줄기 그늘에 여러 시간 동안 웅크리고 앉아 자기 주변에서 움직이고 소리를 내는 것을 모두 크게 눈을 뜨고 귀를 기울여서 보고 듣곤 했다. 어쩌면 그렇게 웅크리고 앉았던 것은 그로서는 도저히 알 수 없는 이 부르는 소리를 기습하려고 생각했는지도 모른다. 그러나 벅은 왜 이런 여러 가지 짓을 하는지 자기 자신도 몰랐다. 벅은 그런 일들을 하지 않을 수 없었으며 그 일들에 관한 이유를 전혀 생각하려고 하지 않았다.

도저히 억제할 수 없는 충동이 벅에게 엄습했다. 벅은 한낮에 꾸벅 꾸벅 졸면서 야영지에 드러누워 있을 때 갑자기 머리를 들어 귀를 치켜세우고는 여념(餘念) 없이 귀를 기울이곤 하는 일이 있었다. 그리고는 벌떡 일어나서 뛰어가고, 숲속의 좁은 길을 빠져 검은 잡초가 떼지어 자란 빈터로 가로질러 여러 시간 계속 달리는 일도 있었다. 그는 물이 마른 계류(溪流)로 달려 내려가 살금살금 기어서 새들을 눈여겨 보는 것이 좋았다. 하루 종일 자고(鷓鴣)가 날개 치고 꽁지를 펴고 이곳저곳을 걸어 다니는 것을 볼 수 있는 덤불 속에 누워 있곤 했다. 그러나 특히 그는 여름 한밤중의 어슴푸레한 빛 속을 달려가서 억눌리고 졸린 듯한 숲속의 속삭임에 귀를 기울리고, 인간이 책을 읽듯이 발자국과 소리를 판독하고, 잠자거나 깨어 있거나 끊임없이 자신을 계속 부르고 있는 그 신비스러운 것을 찾는 것이 좋았다.

어느 날 밤 벅은 깜짝 놀라 눈을 빛내고, 코를 씰룩씰룩 움직여 냄새를 맡고, 목덜미의 긴 털의 결을 밀려왔다 밀려가는 파도처럼 곤두세워 잠에서 벌떡 일어났다. 숲에서 들려 오는 부름은 (또는 부르는 소리 중의 하나였다. 왜냐하면 그 부르는 소리는 음정이 여러 갈래였다.) 지금까지 없었을 정도로 똑똑하고 명확하게 들려 왔다 — 에스키모종 개가 짖는 소리와 비슷했으나 다른 먼 데서 길게 뽑는 소리였다. 그리고 벅은 종전의 방식으로 부르는 그 소리가 이전에 들은 적이 있는 소리라는 것을 알았다. 벅은 잠들어 조용해진 야영지에서 뛰쳐 나와 소리도 안 낸 채 재빨리 숲속을 달렸다. 그 부르는 소리에 다가가

---

⑤ **surprise**—기습하다. ⑧ **reason**—이론적으로 따지다(examine critically). ⑩. **heat~ day**—한낮, 하루중 제일 더운 때. ⑪ **cock up**—곤두서다. ⑬ **aisle**—통로(passage). ⑭ **niggerhead**—검은 잡초. ⑯ **the bird life**—조류. ⑱ **partridge**— 자고(鷓鴣)류의 새. **drum**—날개 쳐서 드럼같은 소리를 내다. **strut**— (공작 따위가)꼬리를 펴고 걷다. ㉑ **sign**—(들짐승 따위가)지나간 흔적. ㉖ **in recurrent waves**—밀려왔다가 되돌아가는 파도처럼.

more slowly, with caution in every movement, till he
came to an open place among the trees, and looking out
saw, erect on haunches, with nose pointed to the sky, a
long, lean, timber wolf.

5   He had made no noise, yet it ceased from its howling
and tried to sense his presence. Buck stalked into the
open, half crouching, body gathered compactly together,
tail straight and stiff, feet falling with unwonted care.
Every movement advertised commingled threatening and
10 overture of friendliness. It was the menacing truce that
marks the meeting of wild beasts that prey. But the wolf
fled at sight of him. He followed, with wild leapings, in a
frenzy to overtake. He ran him into a blind channel, in
the bed of the creek, where a timber jam barred the way.
15 The wolf whirled about, pivoting on his hind legs after
the fashion of Joe and of all cornered husky dogs,
snarling and bristling, clipping his teeth together in a
continuous and rapid succession of snaps.

Buck did not attack, but circled him about and hedged
20 him in with friendly advances. The wolf was suspicious
and afraid; for Buck made three of him in weight, while
his head barely reached Buck's shoulder. Watching his
chance, he darted away, and the chase was resumed.
Time and again he was cornered, and the thing repeated,
25 though he was in poor condition, or Buck could not so
easily have overtaken him. He would run till Buck's head
was even with his flank, when he would whirl around at
bay, only to dash away again at the first opportunity.

But in the end Buck's pertinacity was rewarded; for
30 the wolf, finding that no harm was intended, finally
sniffed noses with him. Then they became friendly, and
played about in the nervous, half-coy way with which
fierce beasts belie their fierceness. After some time of this

자 벅은 일거일동을 조심해서 걸음을 늦추어 전진한 끝에 마침내 나무에 둘러싸인 공터에 와 보니 몸집이 긴 여윈 늑대 한 마리가 궁둥이를 땅에 대고 몸을 뻗고, 코를 하늘로 향한 채 있었다.

벅은 소리를 전혀 내지 않았으나 늑대는 짖는 것을 멈추고 벅의 존재를 밝혀 내려고 했다. 벅은 반은 기어가듯 몸을 바짝 긴장시켜 꼬리를 꼿꼿이 세우고, 여느 때와는 달리 신중히 걸음을 옮기면서 그 빈터로 살그머니 들어갔다. 동작 하나하나가 위협과 호의의 접근이 뒤섞여 있음을 나타내고 있었다. 육식을 하는 야수들이 만났을 때의 특성이 되는 것은 화해하고 싶은 속마음이 있는 위협이었다. 그러나 그 늑대는 벅을 보자 도망 쳤다. 벅은 따라잡으려고 흥분하여 몸을 세차게 흔들어 가면서 뒤쫓았다. 벅은 시내 바닥에서 유목(流木) 더미가 길을 가로막아 막힌 하상(河床)으로 늑대를 몰아넣었다. 늑대는 조우와 막다른 골목에 몰린 모든 에스키모 종 개들이 하듯 뒷발을 홱 돌려 으르렁대고, 털을 곤두세워, 덤벼들려고 계속 재빨리 이를 서로 맞물리게 했다.

벅은 공격하지 않고 호의를 보이면서 접근하여 늑대의 주변을 빙글빙글 돌면서 늑대를 그속에 가두었다. 늑대는 의심을 갖고 겁먹고 있었다. 왜냐하면 벅의 체중이 늑대의 세 배였고, 늑대의 머리는 겨우 벅의 어깨에 닿을 정도였기 때문이었다. 틈을 봐서 늑대는 도망쳤고 추적이 다시 시작되었다. 몇 차례나 늑대는 막다른 곳에 몰렸고, 늑대는 몸의 상태가 안 좋았지만 같은 일이 되풀이되었는데 만일 늑대의 건강 상태가 좋았다면 벅은 그리 쉽게 늑대를 따라잡지 못했을 것이다. 늑대는 벅의 머리가 자기의 옆구리와 가지런히 될 때까지 달려 나란히 되면 늑대는 궁지에 빠져 몸을 홱 돌리고는 틈이 나면 즉시 쏜살같이 도망치곤 했다.

그러나 결국 벅의 끈기가 열매를 맺게 되었다. 왜냐하면 그 늑대는 벅이 해를 주려는 기색이 없다는 것을 알고 마침내 벅과 코를 맞대어 서로 냄새를 맡았기 때문이다. 그리고 나서 그들은 친해졌고, 맹수들이 사나운 기질을 감추듯이 흠칫흠칫, 반은 수줍어하

② **looking out saw**—when he looked out, he saw. ③ **haunches**—궁둥이. ④ **timber wolf**—(북미산) 얼룩얼룩한 큰 이리(large gray wolf).⑥ **stalk**—walk along stealthily(발소리를 죽이고 몰래 걷다). ⑧ **unwonted**—unaccustomed. ⑨ **advertise**—보이다. **commingle**—mix. ⑩ **menacing truce**—화해를 바라면서 하는 위협. ⑫ **in a frenzy**—흥분하여. ⑬ **blind**—막다른. ⑭ **jam**—난잡하게 많이 쌓여 있음. ⑮ **after~of**—~의 방식에 따라(~가 하듯). ⑯ **corner**—궁지에 몰다. ㉑ **make~weight**—체중은 그의 3배가 되다. ㉗ **even**—평행의(parallel). **at bay**—몰려서, 궁지에 빠져. ㉙ **pertinacity**—끈기(persistency).

the wolf started off at an easy lope in a manner that plainly showed he was going somewhere. He made it clear to Buck that he was to come, and they ran side by side through the sombre twilight, straight up the creek
5 bed, into the gorge from which it issued, and across the bleak divide where it took its rise.

On the opposite slope of the watershed they came down into a level country where were great stretches of forest and many streams, and through these great
10 stretches they ran steadily, hour after hour, the sun rising higher and the day growing warmer. Buck was wildly glad. He knew he was at last answering the call, running by the side of his wood brother toward the place from where the call surely came. Old memories were coming
15 upon him fast, and he was stirring to them as of old he stirred to the realities of which they were the shadows. He had done this thing before, somewhere in that other and dimly remembered world, and he was doing it again, now, running free in the open, the unpacked earth
20 underfoot, the wide sky overhead.

They stopped by a running stream to drink, and, stopping, Buck remembered John Thornton. He sat down. The wolf started on toward the place from where the call surely came, then returned to him, sniffing noses
25 and making actions as though to encourage him. But Buck turned about and started slowly on the back track. For the better part of an hour the wild brother ran by his side, whining softly. Then he sat down, pointed his nose upward, and howled. It was a mournful howl, and as
30 Buck held steadily on his way he heard it grow faint and fainter until it was lost in the distance.

John Thornton was eating dinner when Buck dashed into camp and sprang upon him in a frenzy of affection,

듯 장난치면서 돌아다녔다. 잠시 이렇게 하다가 늑대는 지금부터 어디로 간다고 분명히 보여 주듯이 천천히 성큼성큼 뛰어가기 시작했다. 늑대는 벅에게 함께 와야 한다는 것을 분명히 이해시켰고, 뒤이어 그들은 나란히 침울하고 희미한 빛 속을 거쳐, 시내 바닥을 곧장 올라가, 그 시내가 흘러 내리는 수원(水源)인 협곡 속으로 들어가서, 그 협곡이 시작된 추운 바람이 몰아치는 분수령을 넘어 달렸다.

분수령의 맞은편 비탈을 내려가 그들은 끝없이 계속되는 큰 산림이 있고 많은 시내가 흐르는 평지로 들어왔다. 그리고는 이 넓게 퍼진 숲 속을 여러 시간 계속 달려가니 해는 점점 더 높이 떴고 점점 더 따뜻해졌다. 벅은 기뻐서 견딜 수가 없었다. 벅은 이제 드디어 자신이 그 부르는 소리에 응하여 그 부르는 소리가 확실히 들려 온 그 장소로 향해 숲의 형제 곁에서 나란히 달려가고 있다는 것을 알았다. 옛 기억이 잇따라 밀어닥쳤고, 옛날 현실에 따라 움직였듯이 그런 기억에 따라 움직이고 있었는데 그 기억들은 옛 현실의 망령과 같은 것이었다. 벅은 이전에도 현실과는 다른, 희미하게 기억에 남아 있는 그 세계의 어디선가 이런 일을 한 적이 있었고, 지금은 발 밑에 아무도 밟은 일이 없는 땅을 밟고, 머리 위에는 넓은 하늘을 보고, 야외에서 자유롭게 달리면서 그 일을 다시 되풀이하고 있었다.

그들은 흐르는 시냇가에서 멈추어 물을 마셨다. 달리기를 멈추었을 때 벅은 존 손턴이 머리에 떠올랐다. 그는 주저앉았다. 늑대는 그 부르는 소리가 틀림없이 들려 온 그 장소로 향해 계속 달리기 시작했다가는 벅에게 되돌아와서 코냄새를 맡고, 마치 벅을 격려하는 듯한 행동을 했다. 그러나 벅은 방향을 휙 돌려 천천히 온 길로 걷기 시작했다. 거의 한 시간 동안 이 황야의 형제는 부드러운 소리로 킹킹대면서 벅과 나란히 달렸다. 그리고 늑대는 주저앉아 코를 위로 향해 소리르 길게 뽑으면서 짖었다. 그것은 슬프게 짖는 소리였고, 한눈을 팔지 않고 계속 나감에 따라 벅은 길게 짖는 소리가 점점 희미해지는 것을 들었고, 끝내는 멀리 와서 안 들리게 되었다.

존 손턴이 식사를 하고 있을 때 벅은 야영지로 뛰어들어 미칠 듯한

---

① lope—껑충껑충 뛰기. ⑤ gorge—협곡(narrow valley). ⑥ rise—여기서는 협곡의 원천, 발원지(發源地). ⑧ level country—평탄한 지대. ⑮ fast—재빨리 연속적으로. of old—옛적. ⑯ they—old memories를 가리킴. ㉖ the back track—왔던 길. *cf.* take the back 은 「되돌아가다」(return). ㉗ For ~ hour —대충 한 시간. *cf.* the better part of life(인생의 대부분). better~greater, more. ㉚ steadily—그치지 않고 (uninterruptedly), 계속해서(continuously).

overturning him, scrambling upon him, licking his face, biting his hand—"playing the general tom-fool," as John Thornton characterized it, the while he shook Buck back and forth and cursed him lovingly.

5 For two days and nights Buck never left camp, never let Thornton out of his sight. He followed him about at his work, watched him while he ate, saw him into his blankets at night and out of them in the morning. But after two days the call in the forest began to sound more 10 imperiously than ever. Buck's restlessness came back on him, and he was haunted by recollections of the wild brother, and of the smiling land beyond the divide and the run side by side through the wide forest stretches. Once again he took to wandering in the woods, but the 15 wild brother came no more; and though he listened through long vigils, the mournful howl was never raised.

He began to sleep out at night, staying away from camp for days at a time; and once he crossed the divide at the head of the creek and went down into the land of 20 timber and streams. There he wandered for a week, seeking vainly for fresh sign of the wild brother, killing his meat as he travelled and travelling with the long, easy lope that seems never to tire. He fished for salmon in a broad stream that emptied somewhere into the sea, and 25 by this stream he killed a large black bear, blinded by the mosquitoes while likewise fishing, and raging through the forest helpless and terrible. Even so, it was a hard fight, and it aroused the last latent remnants of Buck's ferocity. And two days later, when he returned to his kill and 30 found a dozen wolverenes quarrelling over the spoil, he scattered them like chaff; and those that fled left two behind who would quarrel no more.

The blood-longing became stronger than ever before.

172

애정에 사로잡혀 달려들어 그를 쓰러 뜨렸고, 그의 몸에 발을 걸쳐 놓고, 그의 얼굴을 핥고, 그의 손을 물기도 했다 — 존 손턴은 이같은 짓을 "야단법석 장난을 쳤다"고 묘사했고 한편 손톤은 벅의 몸을 앞뒤로 흔들어 애정이 담긴 욕설을 했다.

이틀 동안 밤낮으로 벅은 야영지에서 떠나지 않았고, 손턴에게서 눈을 절대로 떼지 않았다. 손턴이 일하는 동안에도 그를 따라다녔고, 식사를 하는 동안 그를 지켜보았고, 밤에 그가 모포 속에 들어가는 것을 보았고, 아침에 모포 속에서 나오는 것을 보았다. 그러나 이틀이 지나자 숲속의 그 부름의 소리는 지금보다도 더 엄숙하게 명령하듯 울리기 시작했다. 벅은 또 침착성을 잃었다. 벅은 그 광야의 형제, 분수령 너머 미소 짓는 땅, 넓은 숲을 나란히 달렸던 일들이 쉴 새 없이 머리에 떠올라 떠나지 않았다. 또 다시 벅은 숲속을 방황하게 되었으나 그 황야의 형제는 두 번 다시 오지 않았다. 그리고 며칠 밤이나 오랫 동안 잠을 안 자면서 정신을 집중해서 귀를 기울였지만 그 슬픈 길게 짖는 소리는 결코 일어나지 않았다.

벅은 밤에 다른 곳에 가서 잠자기 시작하여 며칠씩 계속 야영지에 돌아오지 않게 되었다. 그리고 언젠가 그는 그 시내의 수원지에 있는 분수령을 넘어 나무와 개울이 많은 땅으로 내려갔다. 거기서 그는 한 주일 동안 방황하여 황야의 형제의 새 발자국을 발견할 수도 없는데 찾아 다녔고, 서둘러 걸어가는 도중 동물을 잡아먹고, 결코 피곤해지는 일이 없는 듯이 생각되는 느긋하게 성큼성큼 걷는 발걸음으로 돌아다녔다. 그는 어디선가 바다로 흘러 들어가는 폭 넓은 개울에서 연어를 찾아서 잡았고, 또 그 개울 가에서 똑같이 물고기를 잡고 있을 때 모기에 물려 앞을 못 보게 되어 어찌할 바를 모르고 흉폭하게 숲속을 날뛰어 돌아다니던 큰 검은 색 곰 한 마리를 죽였다. 비록 앞을 못 보았지만 그것은 격전이었으며, 이 싸움은 벅 속에 숨어 있던 모질고 사나운 성질의 마지막 잔해를 불러일으켰다. 그리고 이틀 후 벅은 죽인 사냥감이 있는 곳으로 돌아가 12마리의 오소리가 이 먹이를 두고 다투고 있는 것을 발견했을 때 그것들을 마치 겨처럼 쫓아 버렸다. 그러자 달아난 놈들은 더 다투려고 하지 않는 두 마리를 남기고 갔다.

---

② **play ~ tom-fool**—바보처럼 왁자그르 실컷 장난 치다. **tom-fool**은 「멍텅구리」(great fool). ③ **characterize**—describe. ⑥ **let ~ sight**—손턴한테서 눈을 다른 데로 돌리다. ⑩ **imperiously**—명령하듯(imperatively). ⑭ **take to**—form a habit of. ⑰ **sleep out**—외박하다. ⑲ **head**—(하천·계곡 따위의)원천, 수원. ㉑ **sign**—(들짐승이)지나간 흔적. ㉔ **empty ~ sea**—어디선가 바다로 흘러들어가는 (하천). ㉖ **while likewise fishing**—while it was likewise fishing. ㉗ **Even so**—Though the bear was in such a state.

He was a killer, a thing that preyed, living on the things
that lived, unaided, alone, by virtue of his own strength
and prowess, surviving triumphantly in a hostile environ-
ment where only the strong survived. Because of all this
he became possessed of a great pride in himself, which
communicated itself like a contagion to his physical
being. It advertised itself in all his movements, was
apparent in the play of every muscle, spoke plainly as
speech in the way he carried himself, and made his
glorious furry coat if anything more glorious. But for the
stray brown on his muzzle and above his eyes, and for
the splash of white hair that ran midmost down his chest,
he might well have been mistaken for a gigantic wolf,
larger than the largest of the breed. From his St. Bernard
father he had inherited size and weight, but it was his
shepherd mother who had given shape to that size and
weight. His muzzle was the long wolf muzzle, save that
it was larger than the muzzle of any wolf; and his head,
somewhat broader, was the wolf head on a massive scale.

His cunning was wolf cunning, and wild cunning; his
intelligence, shepherd intelligence and St. Bernard intelli-
gence; and all this, plus an experience gained in the
fiercest of schools, made him as formidable a creature as
any that roamed the wild. A carnivorous animal, living
on a straight meat diet, he was in full flower, at the high
tide of his life, overspilling with vigour and virility. When
Thornton passed a caressing hand along his back, a
snapping and crackling followed the hand, each hair dis-
charging its pent magnetism at the contact. Every part,
brain and body, nerve tissue and fibre, was keyed to the
most exquisite pitch; and between all the parts there was
a perfect equilibrium or adjustment. To sights and
sounds and events which required action, he responded

피에 대한 갈망은 일찌기 없었을 정도로 더 강해져 갔다. 벅은 누구의 도움도 받지 않고 오직 혼자서 자기 자신의 힘과 훌륭한 솜씨로 살아 있는 동물을 먹고 살고 있으며, 오직 강한 자만이 살아 남을 수 있는 적의에 찬 환경 속에서 승리하여 의기 양양하게 살아 남고 있는 살육자이며, 동물을 포식(捕食)하는 맹수였다. 모든 이런 것 때문에 벅은 자신에게 커다란 긍지를 가지게 되었으며 그것은 감화력처럼 벅의 육체에도 전달되고 있었다. 그것은 벅의 모든 동작에 뚜렷이 나타나 있었으며, 하나하나 근육의 율동에 명백히 보였고, 처신하는 거동 속에 말처럼 명료하게 표현되어 있어 벅의 찬란한 털결을 더욱 더 찬란히 빛나게 하였다. 벅의 주둥이와 눈 위에 섞여 들어간 갈색 털과 가슴 한가운데에 이어져 있는 흰 털의 줄무늬가 없었더라면 벅은 거대한 늑대, 늑대라는 종족 중에서도 가장 큰 것보다 더 큰 늑대로 오인되는 것도 당연했으리라. 세인트 버나드종인, 벅이 혈통을 이어받은 개로부터 벅은 크기와 체중을 이어받았지만 그 크기와 체중에 형태를 부여한 것은 셰퍼드종인 벅의 어미개였다. 벅의 주둥이는 어느 늑대의 주둥이보다도 크다는 점을 제외하면 기다란 늑대주둥이 그대로였고, 다소 폭이 넓은 머리는 규모를 크게 한 늑대 그대로의 머리였다.

벅의 교활함은 늑대의 교활함이었으며 야수의 교활함이었다. 지능은 셰퍼드종의 지능과 세인트 버나드종의 지능이었다. 이들 모든 것에 가장 사나운 단련의 도장에서 얻은 경험이 덧 붙여져 벅은 황야를 배회하는 어떠한 동물에게도 지지 않을 막강한 동물이 되었다. 수육(獸肉)만을 먹고 사는 육식 동물로서 벅은 전성기에 있었고, 생명의 최고조에 있었으며, 활력과 기력이 넘쳐 흐르고 있었다. 손턴이 애무의 손으로 등을 쓰다듬으면 털 하나하나가 그의 접촉에 의하여 각기 저장한 전기를 방전하고, 손이 지나간 후 바삭바삭 딱딱 하는 소리를 냈다. 두뇌도, 신체도, 신경 조직도, 섬유도, 모든 부분이 더할 나위 없이 절묘한 가락에 조율(調律)되어 있었으며, 육체의 각부분 사이에는 완전한 균형, 다시 말해서 완전한 조정이 이루어져 있었다. 눈에 보이는 것이나 소리, 행동을 요하는 사건에는 그는 번개와도 같은 민첩성으로 반응을 나타냈다. 에스키모 개는 적의 공격으로부터 몸을 방어하기 위

---

③ prowess—솜씨. ⑨ carry oneself—행동하다, 처신하다. ⑩ the stray brown—섞여 있는 갈색 털. ⑫ splash—반점, 얼룩. ㉑ St. Bernard—개의 종(種). ㉒ plus—~에 더하여(with the addition of~). ㉓ the~ schools—가장 맹렬한 도장(막대기와 송곳니의 법도가 지배하는 북극의 환경을 가리킨다). ㉔ wild—황야. carnivorous—육식을 하는. ㉙ pent magnetism—속에 갇힌 자기(磁氣). ㉚ be keyed—조정되다, 긴장하고 있다.

with lightning-like rapidity. Quickly as a husky dog could
leap to defend from attack or to attack, he could leap
twice as quickly. He saw the movement, or heard sound,
and responded in less time than another dog required to
compass the mere seeing or hearing. He perceived and
determined and responded in the same instant. In point
of fact the three actions of perceiving, determining, and
responding were sequential; but so infinitesimal were the
intervals of time between them that they appeared simul-
taneous. His muscles were surcharged with vitality, and
snapped into play sharply, like steel springs. Life streamed
through him in splendid flood, glad and rampant, until it
seemed that it would burst him asunder in sheer ecstasy
and pour forth generously over the world.

"Never was there such a dog," said John Thornton
one day, as the partners watched Buck marching out of
camp.

"When he was made, the mould was broke," said
Pete.

"Py jingo! I t'ink so mineself," Hans affirmed.

They saw him marching out of camp, but they did not
see the instant and terrible transformation which took
place as soon as he was within the secrecy of the forest.
He no longer marched. At once he became a thing of the
wild, stealing along softly, cat-footed, a passing shadow
that appeared and disappeared among the shadows. He
knew how to take advantage of every cover, to crawl on
his belly like a snake, and like a snake to leap and strike.
He could take a ptarmigan from its nest, kill a rabbit as
it slept, and snap in mid air the little chipmunks fleeing a
second too late for the trees. Fish, in open pools, were
not too quick for him; nor were beaver, mending their
dams, too wary. He killed to eat, not from wantonness;

하여 또는 적을 공격하기 위하여 실로 날쌔게 도약할 수 있었지만 벽은 그 두 배나 날렵하게 몸을 날릴 수가 있었다. 벽은 상대의 움직임을 보든지 또는 소리를 들으면 다른 개가 그저 보고 또는 듣기를 끝내는 데 필요한 시간보다도 빨리 반응을 나타내고 있었다. 벽은 일순간에 인식과 판단과 반응을 나타내고 행동을 모두 동시에 행하였다. 사실상 인식과 판단과 반응이라는 세 작용은 순서를 따라 차례로 일어나는 것이었지만 그 각각의 작용간의 시간상 간격이 눈에 보이지 않을 정도로 짧았기 때문에 세 작용은 동시에 일어나는 것처럼 보였다. 벽의 근육은 활력에 넘쳐 흐르고 있어 강철 용수철처럼 날쌔고 민첩하게 활동했다. 생명은 기쁨에 넘쳐 자유 분방하게 장대(壯大)한 분류(奔流)를 이루어 벽의 전신을 움직이고 드디어는 그저 더없는 환희의 나머지 그의 몸을 산산 조각으로 찢어 발겨 풍요하게 외계로 흘러 나오는 것처럼 생각되었다.

"일찌기 이런 개는 한 마리도 있은 일이 없어"라고 어느 날 벽이 당당하게 야영지를 걸어 나가는 것을 동료들이 유심히 바라보고 있었을 때 존 숀턴이 말했다.

"저 개가 만들어졌을 때 저것을 만든 형(型)이 부서지고 말거야"라고 피트가 말했다.

"참말이야, 나도 그렇게 생각해."한스가 긍정했다.

그들은 벽이 야영지를 걸어 나가는 것은 보았지만 벽이 숲속의 신비 속으로 들어가자 곧 일어나는 저 즉각적이고도 무서운 변형(變形)을 모르고 있었다. 벽은 이젠 당당한 걸음걸이는 하지 않았다. 곧 그는 사뿐히 고양이의 발걸음으로 살금살금 나아가는 야수가 되어 그림자 사이에서 보였다 사라졌다가는 지나가는 환영처럼 되었다. 모든 은신처를 이용하고 뱀처럼 배를 깔고 포복하며, 뱀처럼 뛰어서 급습하는 방법을 알고 있었다. 보금자리에 있는 뇌조(雷鳥)를 잡으며, 잠든 토끼를 죽이며, 불과 일 초 더디게 나무로 도망치는 조그만 얼룩다람쥐를 공중에서 덥썩 물 수 있었다. 얼어 붙지 않은 못에 있는 물고기도 벽이 잡을 수 없을 만치 민첩하지는 않았으며 또한 자기들의 둑을 손질하고 있는 해리(海狸)도 벽에게 잡히지 않을 정도로 조심스럽지는 못했다. 벽이 동물을 죽인 것은 먹기 위해서였으며 변덕에서 한 짓은

---

⑤ **compass**—성취하다(attain, achieve). ⑧ **sequential**—sequent (차례로 계속하는). **infinitesimal**—infinitely small. ⑫ **rampant**—자유분방의, 맹렬한. ⑳ **Py jingo!**—By jingo! ㉙ **ptarmigan**—뇌조(雷鳥). ㉚ **chipmunk**—(북미산) 줄무늬 다람쥐. ㉛ **open**—어름이 얼지 않은.

but he preferred to eat what he killed himself. So a lurking humour ran through his deeds, and it was his delight to steal upon the squirrels, and, when he all but had them, to let them go, chattering in mortal fear to the tree-tops.

As the fall of the year came on, the moose appeared in greater abundance, moving slowly down to meet the winter in the lower and less rigorous valleys. Buck had already dragged down a stray part-grown calf; but he wished strongly for larger and more formidable quarry, and he came upon it one day on the divide at the head of the creek. A band of twenty moose had crossed over from the land of streams and timber, and chief among them was a great bull. He was in a savage temper, and, standing over six feet from the ground, was as formidable an antagonist as ever Buck could desire. Back and forth the bull tossed his great palmated antlers, branching to fourteen points and embracing seven feet within the tips. His small eyes burned with a vicious and bitter light, while he roared with fury at sight of Buck.

From the bull's side, just forward of the flank, protruded a feathered arrow-end, which accounted for his savageness. Guided by that instinct which came from the old hunting days of the primordial world, Buck proceeded to cut the bull out from the herd. It was no slight task. He would bark and dance about in front of the bull, just out of reach of the great antlers and of the terrible splay hoofs which could have stamped his life out with a single blow. Unable to turn his back on the fanged danger and go on, the bull would be driven into paroxysms of rage. At such moments he charged Buck, who retreated craftily, luring him on by a simulated inability to escape. But when he was thus separated from his fellows, two or

아니었다. 그렇지만 벅은 역시 자기가 직접 죽인 것을 먹는 편이 더 좋았다. 그러니까 그의 행동에는 언제나 숨어 있는 유머가 흐르고 있었다. 그래서 살며시 다람쥐에게 다가가서는 거의 그들을 붙잡으려 했을 때 그들을 놓아 주어 죽음의 공포에 사로잡혀 울면서 우듬지로 달려 올라가게 하는 것이 벅의 즐거움이었다.

그 해 가을이 오자 큰 사슴들이 전보다 훨씬 많이 나타나서 기후가 그다지 혹심하지 않은 훨씬 아래쪽 계곡에서 겨울을 맞이하려고 서서히 내려왔다. 벅은 이미 한패에서 처진 꽤 큼직하게 자란 새끼 사슴을 끌어당겨 쓰러뜨린 적은 있었지만 보다 크고 보다 무서운 사냥감을 몹시 희구하고 있었다. 그리하여 어느 날 그 시내와 수원(水源)을 이루고 있는 분수령에서 그러한 사냥감을 우연히 만났다. 20마리의 큰 사슴 한떼가 강이랑 수목이 많은 땅에서 산을 넘어 온 것이었다. 그리고 그 떼의 지도자는 커다란 숫사슴이었다. 그 숫사슴은 성질이 난폭하고 키가 지상에서 6피트 이상이나 되어 벅도 그 이상 바랄 수 없을 정도의 무서운 강적이었다. 숫사슴은 가지의 끝이 14개로 갈라져 있고 양 끝의 사이가 7피트나 되는 커다란 손바닥을 펼친 것 같은 가지 진 뿔을 전후로 흔들어 대고 있었다. 그 사슴의 조그만 눈은 악의에 찬 무정한 빛으로 타오르고 있었는데 벅을 보고 광포하게 으르렁거렸다.

그 숫사슴의 측면으로부터 옆구리의 바로 앞에 깃이 달린 화살 끝이 삐져 나와 있었는데 이것이 그의 광포함의 이유를 설명하고 있었다. 원시 세계의 오래 된 수렵 시대로부터 전해져 온 저 본능에 인도되어 벅은 그 숫사슴을 무리에서 떼어 내려 하기 시작했다. 그것은 결코 손쉬운 일은 아니었다. 벅은 숫사슴 앞에서 저 커다란 가지 진 뿔이나, 단 일격으로 벅의 목숨을 짓밟아 뭉개 버릴 수 있으리라 생각되는 무섭고 편평한 발굽이 겨우 미치지 않을 정도에서 짖어 대고 뛰어 돌아다니곤 했다. 송곳니를 드러내고 있는 위험에 등을 돌리고 그대로 계속하여 나아갈 수 없었기에 숫사슴은 몇 번이고 발작적인 격노에 휩쓸리곤 했다. 그런 순간에 숫사슴은 벅에게 돌진해 왔지만 벅은 교묘하게 후퇴하여 쫓겨도 도망갈 수 없는 듯한 시늉을 함으로서 숫사슴을 꾀어 냈다. 그러나 이렇게 숫사슴이 동료들로부터 이탈되면 두세 마리

④ **in mortal fear**—죽음의 공포에 휩쓸려. ⑧ **rigorous**—(기후가)혹독한. ⑩ **quarry**—(찾는)먹이. ⑭ **bull**—male moose(수컷 큰사슴). ⑰ **palmated antler**—손바닥처럼 퍼진 사슴의 가지뿔. ⑱ **embrace seven feet**—7피트에 걸쳐 있다. 간격이 7피트나 된다. ㉕ **cut ~ from**—숫사슴을 무리에서 고립시키다. ㉗ **splay**—바깥으로 퍼진(열린). ㉘ **stamp ~ out**—밟아서 그를 죽이다. ㉙ **fanged danger**—dangerous fangs. ㉚ **paroxysm**—발작.

three of the younger bulls would charge back upon Buck
and enable the wounded bull to rejoin the herd.

There is a patience of the wild—dogged, tireless, per-
sistent as life itself—that holds motionless for endless
5 hours the spider in its web, the snake in its coils, the
panther in its ambuscade; this patience belongs peculiarly
to life when it hunts its living food; and it belonged to
Buck as he clung to the flank of the herd, retarding its
march, irritating the young bulls, worrying the cows with
10 their half-grown calves, and driving the wounded bull
mad with helpless rage. For half a day this continued.
Buck multiplied himself, attacking from all sides, envelop-
ing the herd in a whirlwind of menace, cutting out his
victim as fast as it could rejoin its mates, wearing out the
15 patience of creatures preyed upon, which is a lesser
patience than that of creatures preying.

As the day wore along and the sun dropped to its bed
in the north-west (the darkness had come back and the
fall nights were six hours long), the young bulls retraced
20 their steps more and more reluctantly to the aid of their
beset leader. The down-coming winter was harrying them
on to the lower levels, and it seemed they could never
shake off this tireless creature that held them back.
Besides, it was not the life of the herd, or of the young
25 bulls, that was threatened. The life of only one member
was demanded, which was a remoter interest than their
lives, and in the end they were content to pay the toll.

As twilight fell the old bull stood with lowered head,
watching his mates—the cows he had known, the calves
30 he had fathered, the bulls he had mastered—as they
shambled on at a rapid pace through the fading light. He
could not follow, for before his nose leaped the merciless
fanged terror that would not let him go. Three hundred-

의 더 나이 어린 숫사슴들이 몸을 훌쩍 날려 벅에게 덤벼들고서는 그
상처 입은 숫사슴이 다시 무리에 되돌아올 수 있게 하곤 했다.

생명 그 자체처럼 완고하고 지칠 줄 모르고 끈질긴 야성의 인내력이
라는 것이 있어 이 인내력이 거미집에 있는 거미를, 몸을 사리고 있는
뱀을, 매복하고 있는 표범을 끝없이 몇 시간이고 계속하여 꼼짝도 하
지 않게 하는 것이다. 이 인내력은 생물이 살아 있는 먹이를 사냥할
때 특히 생물의 특성이 되는 것이다. 그리하여 벅이 큰 사슴 무리의
측면에 달라붙어 그 무리의 행진을 늦추고, 어린 숫사슴들을 안달나게
하고, 새끼 사슴을 데리고 있는 암사슴들을 괴롭히고, 상처 입은 숫사
슴을 어찌할 수 없는 분노로 광란케 하고 있었을 때 그 인내력은 벅의
것이 되어 있었다. 반나절이나 이런 상태가 계속됐다. 벅은 몇 마리분
(分)의 솜씨를 발휘하여 온갖 측면에서 공격하고, 선풍처럼 모든 면에
서 위협하여 사슴 무리를 봉쇄하고, 그가 겨냥하고 있는 사냥감이 동
료들에게 되돌아갈 수 있었는가 하면 곧 그것을 무리로부터 떼어내어
습격하고 있는 동물의 인내력보다는 훨씬 약한 인내력인 습격당하는
동물들의 인내력을 바닥 나게 하고 있었다.

날이 점점 저물어 태양이 서북쪽 휴식처에 들어가서 (다시 어둠이
돌아왔고 가을 밤의 길이는 여섯 시간이었다) 젊은 숫사슴들은 벅에게
시달리고 있는 자기들의 지도자를 구원하러 되돌아가는 것을 점점 마
음 내켜 하지 않게 되었다. 점차 아래로 아래로 내려오고 있는 겨울이
사슴의 무리를 더 아래쪽 평지로 몰아세우고 있었으며 더구기 그들의
전진을 집요하게 지체시키고 있는, 이 피로를 모르는 동물을 뿌리쳐
떼어 버릴 수가 도저히 없는 것처럼 생각되었다. 더구기 위협받고 있
는 것은 이 무리 전체의 생명은 아니었으며 또는 젊은 숫사슴들의 생
명도 아니었다. 무리 중의 오직 한 구성원만의 목숨이 요구되어 있었
고 그것은 자기들의 목숨에 비하면 비교적 관심이 덜한 것이었으며 결
국 그들은 기꺼이 통행세를 지불하게 되었다.

땅거미가 몰려오니 나이 든 숫사슴은 고개를 떨어뜨리고 자기의 동
료들—그가 알고 있는 암사슴들, 그가 낳은 새끼 사슴들, 그가 지배
해 온 숫사슴들—이 점점 어두워져 가는 황혼의 빛 속을 빠른 발걸음
으로 비틀거리며 멀리 사라져 가는 것을 바라보면서 서 있었다. 그 사

---

⑥ **ambuscade**—매복 장소(place of ambush). ⑦ **it**—life(생물)을 가리킴. **it**—this
patience 를 가리킨다. ⑫ **multiply oneself**—몇 마리분의 일을 하다. ⑮ **creatures preyed
upon**—사냥 표적이 된 동물. ⑰ **wear along**—날이 점점 저물어 가다. ⑲ **retrace one's
steps**—온길을 되돌아가다. ㉑ **beset**—습격을 당한. **harry**—몰아치다, 괴롭 히다.

weight more than half a ton he weighed; he had lived a long, strong life, full of fight and struggle, and at the end he faced death at the teeth of a creature whose head did not reach beyond his great knuckled knees.

5 From then on, night and day, Buck never left his prey, never gave it a moment's rest, never permitted it to browse the leaves of trees or the shoots of young birch and willow. Not did he give the wounded bull opportunity to slake his burning thirst in the slender trickling streams 10 they crossed. Often, in desperation, he burst into long stretches of flight. At such times Buck did not attempt to stay him, but loped easily at his heels, satisfied with the way the game was played, lying down when the moose stood still, attacking him fiercely when he strove to eat or 15 drink.

The great head drooped more and more under its tree of horns, and the shambling trot grew weaker and weaker. He took to standing for long periods, with nose to the ground and dejected ears dropped limply; and 20 Buck found more time in which to get water for himself and in which to rest. At such moments, panting with red lolling tongue and with eyes fixed upon the big bull, it appeared to Buck that a change was coming over the face of things. He could feel a new stir in the land. As the 25 moose were coming into the land, other kinds of life were coming in. Forest and stream and air seemed palpitant with their presence. The news of it was borne in upon him, not by sight or sound, or smell, but by some other and subtler sense. He heard nothing, saw nothing, yet 30 knew that the land was somehow different; that through it strange things were afoot and ranging; and he resolved to investigate after he had finished the business in hand.

At last, at the end of the fourth day, he pulled the

슴은 뒤쫓아갈 수가 없었다. 왜냐하면 코 앞에는 결코 그를 가게 하려고는 하지 않는 무자비한 송곳니를 드러낸 무서운 적이 날뛰고 있었기 때문이다. 그의 체중은 반톤에 300파운드가 더 많았다. 그는 싸움과 투쟁으로 가득 찬 긴, 힘찬 생애를 보내 왔고, 마침내 머리가 자신의 큰 돌출한 무릎 관절밖에 도달하지 않는 동물의 송곳니에 걸려 죽음에 직면하고 있었다.

그 후 밤낮으로 벅은 자기의 먹이에서 떨어지지 않았고, 사슴에게 잠시의 휴식도 주지 않았으며, 그것이 나뭇잎이나 어린 자작나무 또는 버들나무의 새로 난 가지를 먹게 내버려두지 않았다. 또 그는 부상한 숫사슴과 함께 건넌, 물이 졸졸 흐르는 개울에서 숫사슴이 타는 듯한 갈증을 풀 기회도 주지 않았다. 종종 절망한 나머지 숫사슴은 느닷없이 도망 쳐서 긴 거리를 달려가는 일이 있었다. 그런 때 벅은 그를 막으려고 하지 않고 계략대로 되어 가는 데 만족하여 숫사슴의 뒤를 따라 성큼성큼 천천히 뛰어가서 큰 사슴이 걸음을 멈추면 드러누웠고, 큰 사슴이 먹거나 마시려고 하면 세차게 덤벼들었다.

나뭇 가지와 같은 뿔을 이고 있는 큰 머리는 점점 낮게 늘어뜨려졌고, 비틀거리면서 뛰어가는 다리는 점점 약해져 갔다. 그는 코를 땅에 대고 기운이 없는 귀를 축 늘어뜨리고는 오랫 동안 멈추어 서 있게 되었다. 그리고는 벅은 자기만이 물을 마시고 휴식하는 시간을 지금까지보다 더 갖게 되었다. 그럴 때 빨간 혀를 늘어뜨려 헐떡거리면서 물끄러미 큰 숫사슴을 바라보면 벅에게는 만물의 표면에 변화가 일어나고 있는 듯이 생각되었다. 벅은 그곳 땅에 뭔가 새로 꿈틀거리는 것을 느낄 수 있었다. 큰 사슴이 그 땅에 들어왔듯이 다른 종류의 생물도 들어오고 있었다. 숲도 개울도 공기도 그같은 생물의 존재와 더불어 고동 치고 있는 듯했다. 그런 소식을 눈, 귀, 코로써가 아니라 뭔가 다른 미묘한 감각으로써 벅은 확신하게 되었다. 벅은 아무 것도 듣지 않았고, 아무 것도 안 보았지만 이곳 땅이 왠지 다르고, 그 땅에 자기가 모르는 새로운 것들이 움직이고 헤매고 있다는 것을 알았다. 그래서 그는 당면(當面)의 이 일을 끝마친 후 조사해 보기로 결심했다.

마침내 4일째 날이 끝날 때 벅은 그 큰 사슴을 끌어 쓰러뜨렸다. 밤

---

⑤ **From then on**—그 후 줄곧. ⑦ **browse**—새싹(순)을 먹다. ⑨ **slake**—(갈증 따위)를 풀다(appease). ⑫ **stay**—stop, hold back. ⑰ **shamble**—휘청휘청 걷다. ⑱ **take to standing**—끝까지 내내 서 있다. ㉖ **palpitant**—고동 치는(throbbing, trembling). ㉗ **was~him**—그는 확신하게 되었다. ㉘ **by~sound**—눈으로 보거나 귀로 들어서. ㉜ **business in hand**—당연한 일.

great moose down. For a day and a night he remained by the kill, eating and sleeping, turn and turn about. Then, rested, refreshed and strong, he turned his face toward camp and John Thornton. He broke into the long easy lope, and went on, hour after hour, never at loss for the tangled way, heading straight home through strange country with a certitude of direction that put man and his magnetic needle to shame.

As he held on he became more and more conscious of the new stir in the land. There was life abroad in it different from the life which had been there throughout the summer. No longer was this fact borne in upon him in some subtle, mysterious way. The birds talked of it, the squirrels chattered about it, the very breeze whispered of it. Several times he stopped and drew in the fresh morning air in great sniffs, reading a message which made him leap on with greater speed. He was oppressed with a sense of calamity happening, if it were not calamity already happened; and as he crossed the last watershed and dropped down into the valley toward camp, he proceeded with greater caution.

Three miles away he came upon a fresh trail that sent his neck hair rippling and bristling. It led straight toward camp and John Thornton. Buck hurried on, swiftly and stealthily, every nerve straining and tense, alert to the multitudinous details which told a story—all but the end. His nose gave him a varying description of the passage of the life on the heels of which he was travelling. He remarked the pregnant silence of the forest. The bird life· had flitted. The squirrels were in hiding. One only he saw—a sleek grey fellow, flattened against a grey dead limb so that he seemed a part of it, a woody excrescence upon the wood itself.

낮으로 꼬박 하루를 벅은 번갈아 먹기도하고 잠도 자면서 자기가 죽인 먹이의 곁을 떠나지 않았다. 이윽고 휴양하고, 원기를 회복하여, 힘이 붙게 되자 벅은 존 손턴이 있는 야영지쪽으로 얼굴을 돌렸다. 갑자기 성큼성큼 걷기 시작하여, 뒤얽힌 길에도 단 한번 갈피를 못 잡는 일 없이 인간이 쓰는 자침(磁針)을 부끄럽게 할 만큼 정확한 방향 감각으로 낯선 땅을 가로질러 곧장 집으로 향해 몇 시간이고 계속 전진했다.

계속 나아가면서 벅은 이 땅에서 새로 움틀거리는 것을 더욱더 강하게 의식하게 되었다. 여름 내내 그곳에 있었던 것과는 다른 생물이 그 땅에 있었다. 더이상 이 사실은 어떤 미묘한, 신비로운 감각으로 강하게 느껴지는 것은 아니었다. 새들은 그 이야기를 했고, 다람쥐들이 그 일에 관해 지껄였고, 미풍까지도 그것을 속삭였다. 벅은 몇 차례씩이나 멈춰 서서 신선한 아침 공기를 충분히 들여 마셔 그 속에 포함돼 있는 어떤 예감을 냄새 맡아 알아내자 벅은 지금보다도 **빨리** 날아가듯이 뛰어갔다. 벅은 어떤 불행한 일이 이미 발생한 것이 아니더라도 뭔가 재난이 일어나고 있다는 느낌이 들어 마음이 짓눌렸다. 마지막 분수령을 넘어 야영지로 향해 계곡으로 내려오기 시작하자 그는 지금보다 더 조심해서 전진했다.

야영지에서 3마일 떨어진 곳에서 벅은 새로운 발자국을 발견했는데 그것을 보자 목덜미의 털은 굽이치고 곤두섰다. 그 발자국은 존 손턴이 있는 야영지로 곧장 이어졌다. 벅은 온몸의 신경을 긴장시켜 어떤 사건에 관해 그 결말을 제외하고는 모든 것을 말하고 있는 수많은 갖가지 흔적에 주의하여 재빠르게 소리를 내지 않은 채 급히 전진했다. 벅은 후각으로 그가 뒤쫓고 있는 생물이 지나간 자국이 뒤범벅이 되어 제각기 다르다는 것을 알았다. 벅은 의미 심장한 숲의 정막을 눈치 챘다. 새들은 날아가 버리고 없었다. 다람쥐들은 숨어 버리고 없었다. 그가 본 단 한마리 — 번질번질한 회색 생물체 — 는 큰 회색 마른 가지에 찰딱 들러붙어 있었기 때문에 그 나무의 일부인 양 나무 자체에 붙은 혹과 같았다.

---

② **turn ~ about**—교대로, 번갈아(by turns). ④ **break into ~**—급히~하기 시작하다. *cf*. break into tears(왈칵 울음을 터뜨리다). ⑤ **at loss**— at a loss. ⑦ **put ~ to shame**— ~를 부끄럽게 하다. ⑩ **abroad**—일대에, 널리(widely). ㉖ **multitudinous details**—수 많은 흔적. **all ~ end**— all except the end of the story. ㉙ **pregnant**—의미심장한 (full of significance). ㉚ **flit**—훨훨 날아 나다니다. ㉛ **sleek**—커다란(glossy). ㉜ **excrescence**—혹.

As Buck slid along with the obscureness of a gliding shadow, his nose was jerked suddenly to the side as though a positive force had gripped and pulled it. He followed the new scent into a thicket and found Nig. He was lying on his side, dead where he had dragged himself, an arrow protruding, head and feathers, from either side of his body.

A hundred yards farther on, Buck came upon one of the sled-dogs Thornton had bought in Dawson. This dog was thrashing about in a death-struggle, directly on the trail, and Buck passed around him without stopping. From the camp came the faint sound of many voices, rising and falling in a sing-song chant. Bellying forward to the edge of the clearing, he found Hans, lying on his face, feathered with arrows like a porcupine. At the same instant Buck peered out where the spruce-bough lodge had been and saw what made his hair leap straight up on his neck and shoulders. A gust of overpowering rage swept over him. He did not know that he growled, but he growled aloud with a terrible ferocity. For the last time in his life he allowed passion to usurp cunning and reason, and it was because of his great love for John Thornton that he lost his head.

The Yeehats were dancing about the wreckage of the spruce-bough lodge when they heard a fearful roaring and saw rushing upon them an animal the like of which they had never seen before. It was Buck, a live hurricane of fury, hurling himself upon them in a frenzy to destroy. He sprang at the foremost man (it was the chief of the Yeehats), ripping the throat wide open till the rent jugular spouted a fountain of blood. He did not pause to worry the victim, but ripped in passing, with the next bound tearing wide the throat of a second man. There

벅이 소리도 없이 움직이는 그림자처럼 살금살금 걸어가자 갑자기 그의 코가 마치 강한 힘에 잡혀 끌리기라도 하듯 홱 옆으로 움직였다. 벅은 그 새로운 냄새를 쫓아 수풀 속으로 들어가 니그를 발견했다. 니그는 몸을 질질 끌다시피 걸어와서는 그곳에서 옆으로 넘어져 죽어 있었는데 화살 하나가 그의 몸 양쪽에 화살촉과 깃털을 쑥 내밀고 있었다.

백야드 앞쪽에 손턴이 도슨에서 산 썰매를 끄는 개들중 한마리를 벅은 발견했다. 이 개는 바로 발자국 위에서 단말마의 고통으로 몸부림치며 꾸물거렸으나, 벅은 걸음을 멈추지않고 그의 곁을 피해 지나쳤다. 야영지로부터 많은 사람의 소리가 억양이 없는 노래의 가락으로 높아지기도 하고 낮아지기도 하면서 희미하게 들려왔다. 빈 터의 끝으로 옆으로 기어가서 본즉 한스가 호저(豪猪)처럼 화살을 맞고 깃이 생긴 듯이 고개를 수그린 채 넘어져 있는 것을 발견했다. 동시에 벅은 전나무의 큰 가지로 만든 오두막이 있던 곳을 틈사이로 내다 보고서는 목에서 어깨까지의 털을 곧바로 곤두세우게 하는 것을 발견했다. 억제할 수 없는 격분이 돌발적으로 그를 엄습했다. 그는 으르렁대는 소리를 낸 것을 자신도 깨닫지 못했으나 무서울만큼 사납게 큰 소리로 으르렁거렸다. 벌컥 성을 낸 격정이 교활함과 이성 대신 지배하게한 것은 그의 생애에 있어 이번뿐이었고 두 번 다시 없는 일이었다. 그리고 벅이 분별을 잃은 것은 존 손턴에 대한 크나 큰 애정 때문이었다.

이햇족 토인들은 전나무 가지로 만든 오두막의 잔해를 돌면서 춤을 추고 있었는데 이때 그들은 무서운 노호(怒號)를 들었고, 이전에는 본 일이 없는 종류의 동물이 그들을 노리고 돌진해 오는 것을 보았다. 그것은 죽여버리려고 흥분하여 그들을 향해 맹렬히 공격해 오는 세찬 분노의 대폭풍과 같은 벅이었다. 벅은 제일 앞에 있던 남자(그것은 이햇족의 추장이었다)에게 덤벼들어 목을 크게 물어뜯었으며 마침내 찢긴 경정맥(經精脈)은 샘처럼 피를 분출했다. 벅은 그 희생자를 물어뜯고 쥐어 흔들어 괴롭히기 위해 공격의 기세를 늦추지 않고 달려들어 가면서 물어뜯는 바람에 다음 도약으로 또 다음 남자의 목을 물어뜯

---

⑥ **either**—each. ⑩ **thrash about**—몸부림 치며 딩굴다(toss about). ⑬ **sing-song**—독경(讀經)투의, 억양이 없는. **belly forward**—배를 땅에 대고 기어가듯 전진하다. ⑮ **porcupine**—호저. ⑯ **spruce-bough**—전나무 가지. ㉑ **usurp**—~의 기능을 박탈하다. ㉒ **lose one's head**—분별을 잃다. ㉖ **the like**—같은 것, 동류(同類). ㉘ **destroy**—죽이다(kill). ㉛ **jugular**—경정맥(頸靜脈). ㉜ **worry**—물어뜯고 쥐어흔들다. ㉝ **There~him**—그에게 도저히 대항할 수 없었다. (It was impossible to withstand him.)

was no withstanding him. He plunged about in their very midst, tearing, rending, destroying, in constant and terrific motion which defied the arrows they discharged at him. In fact, so inconceivably rapid were his movements,
5 and so closely were the Indians tangled together, that they shot one another with the arrows; and one young hunter, hurling a spear at Buck in mid air, drove it through the chest of another hunter with such force that the point broke through the skin of the back and stood
10 out beyond. Then a panic seized the Yeehats, and they fled in terror to the woods, proclaiming as they fled the advent of the Evil Spirit.

And truly Buck was the Fiend incarnate, raging at their heels and dragging them down like deer as they
15 raced through the trees. It was a fateful day for the Yeehats. They scattered far and wide over the country, and it was not till a week later that the last of the survivors gathered together in a lower valley and counted their losses. As for Buck, wearying of the pursuit, he returned
20 to the desolated camp. He found Pete where he had been killed in his blankets in the first moment of surprise. Thornton's desperate struggle was fresh-written on the earth, and Buck scented every detail of it down to the edge of a deep pool. By the edge, head and fore feet in
25 the water, lay Skeet, faithful to the last. The pool itself, muddy and discoloured from the sluice boxes, effectually hid what it contained, and it contained John Thornton; for Buck followed his trace into the water, from which no trace led away.

30   All day Buck brooded by the pool or roamed restlessly about the camp. Death, as a cessation of movement, as a passing out and away from the lives of the living, he knew, and he knew John Thornton was dead. It left a

었다. 그에게는 도저히 대항할 수 없었다. 벅은 그들의 한가운데서 물어뜯고, 끌어 찢고, 죽이면서 그들이 그를 겨냥하여 쏜 화살들을 무효화할 만큼 끊임없이 맹렬하게 움직여 날뛰었다. 사실 벅의 움직임이 생각할 수 없을 정도로 너무나 빠르고, 또 인디언들이 너무 어수선하게 한 곳에 몰려 있었기 때문에 그들은 자기들의 화살로 서로 상대방을 죽였고, 또 한 젊은 사냥군은 공중을 날기라도하듯 쏜살 같은 벅을 향해 창을 던지자 그 창은 다른 사냥군의 가슴에 대단한 기세로 꽂혔기 때문에 창끝이 등가죽을 꿰뚫고 더 멀리 빠져나갔다. 그러자 이햇족은 공포에 사로잡혀 대경 실색하여 숲속으로 도망쳤고, 도망쳐가면서 악마가 나타났다고 외쳤다.

정말 벅은 악마의 화신(化身)이었다. 그들의 뒤를 추적하여 미쳐 날뛰었고, 그들이 나무 사이를 빠져 도망치는 것을 사슴을 쓰러뜨리듯이 끌어 내어 넘어뜨렸다. 그날은 이햇족에게는 불길한 날이었다. 그들은 그 지방 일대에 뿔뿔이 흩어졌다. 그리고 1주일후에 비로소 최후까지 살아남은 자들이 아래쪽 계곡에 모여 죽은 자의 수를 셈했다. 벅에 관해 말하면 그는 추적에 몰려 황폐화한 야영지로 돌아왔다. 피트는 기습을 당하는 첫 순간에 모포를 덮은 채 피살되었는데 그 장소에서 벅은 피트를 발견했다. 손턴이 필사적으로 싸운 흔적이 지면에 생생하게 기록되어 있었고, 벅은 그 흔적의 냄새를 하나하나 맡아서 따라간 즉 깊은 못의 가장자리에까지 오게 되었다. 그 못의 가장자리에는 머리와 앞발을 물 속에 틀어박은 채 최후까지 충실했던 스키트가 쓰러져 있었다. 세광(洗鑛) 통 때문에 탁해져 변색한 못 자체는 그 속에 가라앉은 것을 모조리 숨기고 있었고, 그 못 속에 존 손턴이 가라앉아 있었다. 왜냐하면 벅은 손턴의 흔적을 물 속까지 뒤쫓을 수 있었으나 그의 흔적은 더 이상 그곳에서 아무 데도 뻗어있지 않았기 때문이다.

하루종일 벅은 못 옆에서 생각에 잠기거나 또는 침착하지 못하고 야영지의 주변을 헤맸다. 죽음은 활동하지 않는 일이고, 살아 있는 생물의 생활에서 멀어져 가고 돌아오지 않는 일이라고 벅은 이해하고 있었고, 존 손턴이 죽어 버렸다는 것을 알았다. 그것은 그의 마음에 커다

---

③ **defy the arrows**—화살을 명중시킬 수 없다. *cf.* The door *defies* all attempts to open it. (그 문은 아무리 해보아도 열리지 않는다.) ⑨ **stand out beyond**—더 빠져나가다(protrude beyond). ⑬ **the Fiend incarnate**—악마의 화신(化身). ⑮ **race**—run swiftly. ㉒ **be fresh-written**—똑똑히 적혀 있다. ㉖ **sluice box**—(사금 채취장의)세광(洗鑛)통(riffle box). ㉚ **brood**—생각에 잠기다, 곰곰이 생각하다. ㉛ **Death ~ knew**—He knew death, as

great void in him, somewhat akin to hunger, but a void
which ached and ached, and which food could not fill.
At times when he paused to contemplate the carcasses of
the Yeehats, he forgot the pain of it; and at such times
5 he was aware of a great pride in himself—a pride greater
than any he had yet experienced. He had killed man, the
noblest game of all, and he had killed in the face of the
law of club and fang. He sniffed the bodies curiously.
They had died so easily. It was harder to kill a husky dog
10 than them. They were no match at all, were it not for
their arrows and spears and clubs. Thenceforward he
would be unafraid of them except when they bore in
their hands their arrows, spears, and clubs.

Night came on, and a full moon rose high over the
15 trees into the sky, lighting the land till it lay bathed in
ghostly day. And with the coming of the night, brooding
and mourning by the pool, Buck became alive to a stirring
of the new life in the forest other than that which the
Yeehats had made. He stood up, listening and scenting.
20 From far away drifted a faint, sharp yelp, followed by a
chorus of similar sharp yelps. As the moments passed the
yelps grew closer and louder. Again Buck knew them
as things heard in that other world which persisted in his
memory. He walked to the centre of the open space and
25 listened. It was the call, the many-noted call, sounding
more luringly and compellingly than ever before. And as
never before, he was ready to obey. John Thornton was
dead. The last tie was broken. Man and the claims of
man no longer bound him.

30 Hunting their living meat, as the Yeehats were hunting
it, on the flanks of the migrating moose, the wolf pack
had at last crossed over from the land of streams and
timber and invaded Buck's valley. Into the clearing where

란 공허(空虛)를 남겼는데 그것은 다소 공복감과 가까운 것이었으나 절실하게 아픔을 느끼는 공허이자 무엇을 먹어도 채울수 없는 공허 였다. 때때로 그가 멈추어 서서 이햇족의 시체를 보고있노라면 그 마음의 아픔을 잊는 일이 있었다. 그리고 그런 때 그는 자기에게 큰 자부심—지금까지 경험한 어느 무엇보다도 큰 자부심—을 느꼈다. 그는 인간, 즉 모든 사냥감 중에서 제일 훌륭한 것을 쓰러뜨렸고, 게다가 곤봉과 송곳니의 법도가 지배하는 곳에서 죽인 것이다. 그는 호기심을 갖고 시체의 냄새를 맡았다. 그들은 아주 간단하게 죽어 버렸다. 그들보다도 에스키모종 개를 죽이는 편이 훨씬 더 어려웠다. 화살과 창, 몽둥이가 없다면 인간은 전혀 벅의 적이 못 되었다. 그후로부터는 인간이 손에 화살이나 창, 몽둥이를 들고 있을 때를 제외하고는 그는 인간을 두려워하려 하지 않았다.

밤이 되어 보름달이 나무 위 높이 하늘에 올라와 땅을 비추고 마침내는 그 주변 일대가 파르스름한 빛으로 가득 찼다. 그리고 밤이 찾아온 것과 동시에 못가에서 생각에 잠겨 슬퍼하면서 벅은 이햇족이 내던 소리와는 다른 새로운 생물이 굼실거리는 것을 숲속에서 느끼게 되었다. 그는 귀를 기울이고, 냄새를 맡으면서 일어섰다. 멀리 떨어진 곳으로부터 날카롭게 짖는 소리가 희미하게 바람을 타고 들려왔고, 뒤이어 날카롭게 짖는 소리의 합창이 들렸다. 시간이 지나감에 따라 짖어대는 소리는 점점 더 가까워지고 커졌다. 이번에도 또 벅은 짖어대는 그 소리를 그의 기억에 남아있는 현실아닌 옛 세계에서 들은 적이 있는 것이라고 생각했다. 그는 공지의 한가운데로 걸어가서 귀를 기울였다. 그것은 그 부르는 소리, 여러가지 가락으로 울리는 부르는 소리였으며 지금까지의 그 어느 때보다도 더 유혹하듯, 또 명령하듯 울려 퍼졌다. 그리고 여태껏 볼 수 없었을 정도로 그는 그 부름에 응하려고 했다. 존 손턴도 죽었고, 최후의 유대는 끊어져 버렸다. 인간도 인간의 요구도 더이상 그를 속박하지 않았다.

이햇족이 살아있는 먹이를 사냥하고 있었듯이 이주하려고 움직이고 있는 큰사슴 떼의 측면에서 살아 있는 먹이를 사냥하면서 늑대 떼는 개울가 나무가 많은 땅으로부터 드디어 산을 넘어서 벅이 있는 계곡으

---

① **void**—공허(a vacuum, a sense of emptiness). ③ **carcass**—시체 (동물의 시체, 또는 경멸의 뜻으로 인간의 시체). ⑩ **were~all**—전혀 벅의 적이 못 되었다. **were~for**—if it were not for = but for (~이 없다면). ⑰ **become alive**—느끼게 되다, 알아차리게 되다. ⑱ **other than**—different from. **that** 는 stirring 을 가리킴. ㉔ **open space**—(나무 등의 장해물이 없는)공지, 광장. ㉛ **migrate**—이주하다, (특히 동물이) 정기적으로 옮겨 살다.

the moonlight streamed, they poured in a silvery flood; and in the centre of the clearing stood Buck, motionless as a statue, waiting their coming. They were awed, so still and large he stood, and a moment's pause fell, till the boldest one leaped straight for him. Like a flash Buck struck, breaking the neck. Then he stood, without movement, as before, the stricken wolf rolling in agony behind him. Three others tried it in sharp succession; and one after the other they drew back, streaming blood from slashed throats or shoulders.

This was sufficient to fling the whole pack forward, pell-mell, crowded together, blocked and confused by its eagerness to pull down the prey. Buck's marvellous quickness and agility stood him in good stead. Pivoting on his hind legs, and snapping and gashing, he was everywhere at once, presenting a front which was apparently unbroken so swiftly did he whirl and guard from side to side. But to prevent them from getting behind him, he was forced back, down past the pool and into a creek bed, till he brought up against a high gravel bank. He worked along to a right angle in the bank which the men had made in the course of mining, and in this angle he came to bay, protected on three sides and with nothing to do but face the front.

And so well did he face it, that at the end of half an hour the wolves drew back discomfited. The tongues of all were out and lolling, the white fangs showing cruelly white in the moonlight. Some were lying down with heads raised and ears pricked forward; others stood on their feet, watching him; and still others were lapping water from the pool. One wolf, long and lean and grey, advanced cautiously, in a friendly manner, and Buck recognised the wild brother with whom he had run for a

로 들어왔다. 달빛이 내려비치고 있는 숲속의 공터로 그들은 은빛의
흐름이 되어 쏟아져 들어갔다. 그러자 그 공터의 한가운데에 마치 조
상(彫像)처럼 꼼짝않고 서서 벅은 그들이 오기를 기다리고 있었다. 늑
대들은 위엄에 눌려 있었고 그 만큼 그는 미동도 하지 않은 채 당당하
게 서 있었다. 한순간 망설임이 있었으나 곧 제일 큰 늑대가 느닷없이
그에게 덤벼들었다. 번개처럼 벅은 공격하여 목을 물어 분질렀다. 그리
고는 전처럼 움직이지 않고 서 있었는데 완전히 패배한 늑대는 벅의
뒤에서 괴로와 신음하면서 데굴데굴 굴렀다. 다른 세 마리가 재빠르게
연거푸 덤벼들었으나 차례차례 물려 베어진 목과 어깨로부터 피를 흘
리면서 손에 떼고 말았다.

그것은 늑대의 떼 전체에게 먹이를 끌어 넘어뜨리려고 기를 써서 돌
리게하고, 뒤죽박죽으로 밀고 밀리게 하고, 서로 충돌시키고 혼란을
일으키는데 충분했다. 놀랍게도 재빠르고 민첩한 벅의 행동이 크게 도
움이 됐다. 뒷발을 축(軸)으로하여 홱 돌고, 덤벼들어 물고 뜯음으로
그는 동시에 여러 곳에 있는 듯했다. 그리고 그는 아주 빨리 방향을
바꾸어 끝에서 끝으로 적을 막았기 때문에 겉보기에는 연속되어 뜸이
없는 전선을 전개하고 있는 듯 했다. 그러나 그들이 자기 뒤로 못 가
도록 방지하기 위해 뒷걸음질 치지 않을 수 없게 되어 못가를 지나 개
울 바닥으로 들어가 마침내 높은 자갈둑을 배경으로하여 걸음을 멈추
었다. 그는 한발한발 전진하여 손턴과 그 일행이 채금(採金)을 하던
때 만든 둑의 직각으로 곳으로 패인 들어갔다. 그리고 세 방향이 둑으로
보호되어 다만 정면의 적에게만 맞서면 되는 그 패인 곳에 그는 배수
의 진을 치고 대항했다.

또 그는 아주 훌륭히 정면의 적에 맞섰기 때문에 반시간 후에는 늑
대들이 패해 손을 떼고 물러가 있었다. 늑대들의 혀는 모두 쭉 처졌
고, 흰 송곳니는 달빛속에서 무참히 빛나고 있었다. 머리를 들어 귀를
앞쪽으로 곤두세우고 엎드려 누운 놈도 있고, 또 못의 물을 마시는 놈
도 있었다. 몸둥이가 길고 야윈 회색 늑대 한 마리가 적대심이 없는
태도로 조심스럽게 앞으로 걸어 나왔으며, 벅은 그것이 지난날 꼬박

---

④ **the boldest one**—one은 wolf를 가리킴. ⑧ **sharp**—rapid. ⑨ **draw back**—물러나
다, 주춤하다, 손을 떼다. ⑫ **pell-mell**—혼란한(confused, in disorder). ⑭ **agility**—기민,
민첩. **stand~stead**—그에게 아주 도움이 되다. **stead**=service, advantage. ⑰ **unbroken**
—계속되는 (continuous, not interrupted). ⑳ **bring up**—정지하다(come to a stop).
against—having as background (배경으로 하여). ㉑ **work along**—서서히 나아가다. ㉓
come to bay—배수의 진을 치다. ㉖ **discomfit**—defeat.

night and a day. He was whining softly, and, as Buck whined, they touched noses.

Then an old wolf, gaunt and battle-scarred, came forward. Buck writhed his lips into the preliminary of a
5 snarl, but sniffed noses with him. Whereupon the old wolf sat down, pointed nose at the moon, and broke out the long wolf howl. The others sat down and howled. And now the call came to Buck in unmistakable accents. He, too, sat down and howled. This over, he came out
10 of his angle and the pack crowded around him, sniffing in half-friendly, half-savage manner. The leaders lifted the yelp of the pack and sprang away into the woods. The wolves swung in behind, yelping in chorus. And Buck ran with them, side by side with the wild brother,
15 yelping as he ran.

And here may well end the story of Buck. The years were not many when the Yeehats noted a change in the breed of timber wolves; for some were seen with splashes of brown on head and muzzle, and with a rift of white
20 centring down the chest. But more remarkable than this, the Yeehats tell of a Ghost Dog that runs at the head of the pack. They are afraid of this Ghost Dog, for it has cunning greater than they, stealing from their camps in fierce winters, robbing their traps, slaying their dogs, and
25 defying their bravest hunters.

Nay, the tale grows worse. Hunters there are who fail to return to the camp, and hunters there have been whom their tribesmen found with throats slashed cruelly open and with wolf prints about them in the snow
30 greater than the prints of any wolf. Each fall, when the Yeehats follow the movement of the moose, there is a certain valley which they never enter. And women there are who become sad when the word goes over the fire of

한나절과 밤 동안 함께 달린 적이 있는 그 황야의 형제임을 알았다. 그 늑대는 부드럽게 킹킹거리고 있었고, 벅도 킹킹거리자 그들은 서로 코를 맞대었다.

뒤이어 수척하고 싸움의 상처가 있는 늙은 늑대 한 마리가 앞으로 나왔다. 벅은 당장에라도 으르렁대려는 듯이 입술을 뒤틀었으나 그 늑대와 서로 쿵쿵거리며 코로 냄새를 맡았다. 그러자 늙은 늑대는 앉아서 코를 달 쪽으로 돌려 목소리를 길게 뽑아 짖었다. 그리고 지금이야말로 그 부르는 소리는 들릴 여지가 없는 억양으로 벅에게 들렸다. 그도 역시 앉아 목소리를 길게 뽑아 짖었다. 이것이 끝나자 그는 움푹패인 곳에서 나왔고, 늑대의 떼는 그의 주변에 모여 와서 반은 친한 체 반은 노한 듯이 냄새를 맡았다. 지도자가 되는 늑대들은 그들의 무리에게 독특한 짖는 소리를 내고 숲속으로 뛰어갔다. 늑대들은 모두 함께 짖으면서 뒤좇아 지체 없이 달려갔다. 그리고 벅도 그 황야의 형제와 나란히 늑대들과 함께 달렸고, 달려가면서 짖었다.

벅의 이야기는 여기서 끝나는 것이 좋을것 같다. 그후 몇해가 안지나 이햇족은 숲속 늑대족에 어떤 변종(變種)이 생긴것을 깨달았다. 머리와 주둥아리에 갈색 반점이 있고, 흰털 줄무늬가 가슴 한가운데를 지나고 있는 늑대 몇 마리가 발견되었기 때문이다. 그러나 그보다도 더 주목할 일은 이햇족 토인들이 늑대 무리의 선두에서 달리고 있는 '도깨비 같은 개'에 관한 이야기를 하고 있다는 점이다. 토인들은 이 '도깨비 같은 개'를 두려워하는데 그 이유는 그 개가 자기들보다 더 교활한 꾀를 갖고 있어 엄동(嚴冬)에 그들의 야영지로부터 물건을 훔쳐 가고, 그들의 덫을 뺏아 가고 그들의 개를 죽이고, 그들의 제일 용감한 사냥군들도 이 개를 당해 낼 수 없기 때문이다. 아니 토인들의 이야기는 더 심해진다. 야영지로 되돌아오지 못하는 사냥군들이 있고, 목을 참혹하게 빠끔히 물려 뜯기고 주변 눈속에는 늑대의 발자국보다 훨씬 큰 발자국이 있는 것을 부족들에게 발견된 사냥군들도 있었다. 해마다 가을이 되어 이햇족이 이동하는 큰사슴을 뒤따라 움직일 때 절대로 안 들어가는 어느 한 계곡이 있다. 그리고 어떻게 해서 그 '악마'

---

④ **preliminary**—예비 행위. ⑨ **This over**—이것이 끝나자(This being over; When this was over). ⑯ **may well end**—당연히 끝내도 좋다. ⑰ **note**—observe, perceive. ⑲ **rift**—끊어진 (갈라진) 틈. ㉒ **Ghost Dog**—도깨비 같은 무서운 개. ㉙ **print**—발자국(footprint). ㉝ **over the fire**—모닥불을 쬐면서, 화로를 둘러싸고.

how the Evil Spirit came to select that valley for an abiding-place.

In the summers there is one visitor, however, to that valley, of which the Yeehats do not know. It is a great, gloriously coated wolf, like, and yet unlike, all other wolves. He crosses alone from the smiling timber land and comes down into an open space among the trees. Here a yellow stream flows from rotted moose-hide sacks and sinks into the ground, with long grasses growing through it and vegetable mould overrunning it and hiding its yellow from the sun; and here he muses for a time, howling once, long and mournfully, ere he departs.

But he is not always alone. When the long winter nights come on and the wolves follow their meat into the lower valleys, he may be seen running at the head of the pack through the pale moonlight or glimmering borealis, leaping gigantic above his fellows, his great throat a-bellow as he sings a song of the younger world, which is the song of the pack.

,가 저 계곡을 거처로 택하게 되었느냐는 이야기가 불을 쪼이면서 오고 갈 때에는 슬퍼지는 여성들이 있다.

그러나 여름이 되면 늘 홀로 그 계곡을 찾는 것이 있는데 이에 관해서는 이햇족은 모르고 있다. 그것은 다른 모든 늑대와 비슷하지만 역시 다른 데가 있는 털의 결이 멋진 큰 늑대이다. 이 늑대는 명랑한 숲 지대로부터 홀로 산을 넘어 나무 사이의 공지로 내려온다. 이 공지는 썩은 큰사슴 가죽주머니에서 노란색 흐름이 흘러 내려 땅속으로 스며들어 거기서 긴 잡초가 자라 식물의 부식초가 일대를 뒤덮어 황색을 태양으로부터 숨기고 있다. 그리고 이곳에서 그 늑대는 잠시 묵상에 잠기고, 한차례 슬프게 긴 소리로 짖은 후 떠나가 버린다.

그러나 그 늑대는 늘 홀로 있는 것은 아니다. 긴 겨울밤이 돌아와 늑대들이 먹이를 쫓아 훨씬 아래쪽 계곡으로 들어갈 무렵 파르스름한 달빛이나 희미하게 빛나는 북극광 속을 한 무리의 앞장을 서서 자기 동료들보다 한층 더 날뛰고 지금도 늑대 무리의 노래인 태고적 세계의 노래를 불러 크게 으르렁거리면서 그가 달려가는 것을 볼 수 있을 것이다. (끝)

---

① **the Evil Spirit**—Buck을 가리킴. ② **abiding-place**—거처(dwelling place). ⑧ **a yellow stream**—사금이 있는 개울 (a stream of gold dust and nuggets). ⑨ **sink**—스며 들다(permeate). ⑩ **vegetable mould**—부식토(腐蝕土). ⑯ **borealis**—북극광(aurora borealis). ⑰ **great~a-bellow**—크게 으르렁거리면서(with his great throat bellowing). ⑱ **the younger world**—태고의 세계(the primordial world).

원문과 함께 감상하는 세계명작의 향기!

英韓 대역문고 (전100권)

1 노인과 바다 The Old Man and the Sea
행동의 작가 헤밍웨이의 노벨문학상 수상작「노인과 바다」. 심볼리즘과 운율을 유감없이 구사하여 그린 용기 있는 한 남성의 처절한 비극이다. "생애에 쓰기를 벼르다가 끝내 쓰고야 만 작품"이라고 작가 자신이 말한 니힐리즘의 극치를 보여주는 불후의 명작. / Ernest M. Hemingway 원작

2 생쥐와 인간 Of Mice and Men
미국문학에서 소위 30년대의 사회주의 리얼리즘을 대표하는 노벨문학상 수상 작가 스타인벡. 그의 소설 중에서도 가장 잘 읽히는「생쥐와 인간」. 장기 베스트 셀러는 물론이고 연극 무대에 올려져서도 보기 드물게 흥행에 성공한 너무나 재미있는 소설. / John E. Steinbeck 원작

3 북경에서 온 편지 Letter from Peking
노벨문학상 수상 작가 펄벅여사의「북경에서 온 편지」는 인간이 경험할 수 있는 사랑과 갈등과 외로움의 정서를 의식의 흐름의 수법으로 감명적인 분위기 묘사와 함께 감파한 작품이다. 이 소설을 읽는 우리는 여하한 경우에도 남을 미워할 줄 모르는 주인공 엘리자베트를 사랑하지 않을 수 없게 된다. / Pearl S. Buck 원작

4 좁은 문 Strait Is the Gate
노벨문학상 수상 작가 앙드레 지드의 대표작. 천상의 사랑이라고 할 지고지순한 사랑을 추구하다가 결국 버리므로 끝나는 순결한 두 영혼의 이야기. 뜨거운 애정을 신앙의 경지로까지 승화시키며, 영혼의 빛을 찾아가는 순례자적인 갈등과 투쟁이 감동적으로 그려져 있다. / André Gide 원작

5 어린 왕자 The Little Prince
쌩떽쥐뻬리의「어린 왕자」는 어른을 위한 아름다운 동화이다. 그러나 단순한 하나의 동화에 그치는 것이 아니다. 실존주의 철학에 입각한 존재와 본질에의 접근을 예시해 주고 있는 심오한 철학을 담은 명작. / Antoine de Saint Exupéry 원작

6 체홉 단편선 Chekhov's Short Stories
사회의 개혁을 통해서 그로테스크하게 고착되어 버린 속세와 속인의 성격을 변화시켜 누구든지 인간다운 삶을 누리도록 해야 한다는 체홉의 의지는 그의 작품들을 진정한 휴머니즘에 근거한 뛰어난 것으로 만들고 있다. 그의 작품 전반에는 기막힌 기지와 해학이 번뜩이고 있다. / Anton Chekhov 원작

7 스케치 북 The Sketch Book
미국 단편소설의 기틀을 마련하여 미국문학의 아버지라 불리는 워싱턴 어빙의「스케치 북」은 영어 학습의 필독서이다.「스케치 북」전편에는 기이한 이야기, 여행 이야기, 영국의 풍물에 대한 이야기 등이 관현악처럼 울리고 있고 어빙의 예지가 빈번히 독자를 감동케 한다. / Washington Irving 원작

8 굿바이, 미스터 칩스 Goodbye, Mr. Chips
교직에 일생을 바친 노교사의 애환을 그려 모든 교사의 지표가 되는 작품이다. "독자의 가슴을 훈훈하게 해주고 정신을 고양시켜 주는 가장 심금을 울리는 감동적인 이야기." 이 말은 이 소설 출판 당시 비평가 A. Woollcott가 한 말이다. / James Hilton 원작

9 진주 The Pearl
세상에서 제일 비싼 진주를 우연히 얻게 된 인디언 청년 키노와 그의 아내가 겪는 처절한 비극이다. 독특한 스타인벡 스타일의 재미있는 이야기 전개와 상징적인 분위기 묘사로 인간성 본질에 끈질기게 도전하여 픽션의 리얼리티를 실감시켜 주는 그의 대표적 소설의 하나이다. / John E. Steinbeck 원작

🔟 데이지 밀러 Daisy Miller

심리적 사실주의의 개척자이며 근대 영미소설의 새로운 장을 펼친 헨리 제임스의 대표작. 한 순진한 말괄량이 아가씨를 통해 순진성과 세속성으로 대변되는 미국과 유럽의 갈등적 문화양상과 인간의 내면을 제임스 특유의 혜안과 깊이 있는 시적 문체로 파헤쳐 가는 사회소설의 백미이다. /Henry James 원작

11 포우 단편선 E.A.Poe's Short Stories

탐정 뒤팽과 르그랑을 창조하여 추리소설의 장르를 개척한 포우의 단편 모음. "검은 재해의 벌판에 떨어진 조용한 운석", "위대한 서정시인"이라는 평을 듣는 포우는 이들 걸작품에서 수학자와 같은 냉정한, 그러면서도 흥미진진한 방법으로 불합리에 도전한다. /Edgar Allan Poe 원작

12 동물농장 Animal Farm

「1984년」의 작가 오웰이 소비에트 권력체제를 풍자한 우화소설이다. "내 평생에 피땀을 쏟아 넣은 유일한 작품" 이라고 저자 자신이 말했듯 기지가 넘치는 관찰과 생동적인 표현으로 가득찬 걸작. 독재자 스탈린은 과연 어떤 모양으로 희화되어 있는가 ? /George Orwell 원작

13 톨스토이 단편선 Tolstoy's Short Stories

세계 문학사상 최대의 구도자적 작가이며 조화와 완벽을 과시한 섬세한 예술가 톨스토이. 복음서의 진리를 일반 대중이 이해하기 쉬운 간결하고 정확한 언어로 표현한 그의 주옥 같은 민화들이 우리 영혼에 영원한 교훈으로 남는다. /Leo Nikolaevich Tolstoy 원작

14 미국 단편 걸작선 Great American Short Stories

미국인의 이상적인 꿈을 묘사한「큰 바위 얼굴」속세 지향적인 지속성과 예술가의 심미적 취향과의 갈등을 그린 「문제아 폴」, 2차 세계대전 중의 눈물겨운 전우애를 설득력있게 묘파(描破)하고 있는「의리 있는 전우」등 미국의 세 걸작 단편선. /Irwin Shaw/Willa Cather/Nathaniel Hawthorne 원작

15 폭풍의 언덕 Wuthering Heights

서머셋 모옴이 세계 10대소설의 하나로 손꼽은「폭풍의 언덕」. 히드가 무성한 황야를 배경으로 한 캐더린과 히드클리프의 죽음을 초월한 이 사랑의 이야기를 읽으면 파격적인 자연, 리얼리티를 초월한 리얼리티, 즉 시적 진실 을 느끼게 되고 그리스인이 비극의 성신이라고 말한 연민과 공포감에 여지 없이 사로잡힌다. /Emily Bronte 원작

16 데미안 Demian

2차세계대전 때 수많은 유럽의 청년들이 가슴에 품은 채 전사했다는「데미안」. 이 소설은 시련과 갈등으로 신음하는 모든 젊은이들을 위로하고 구원해준다. 토마스 만과 함께 독일의 문화유산을 현대문학에 유치한 헤르만 헤세의 대표작이다. /Hermann Hesse 원작

17 이솝 우화 Fables of Aesop

그 자신 노예생활을 한 적이 있고 지독히 못생겼던 인물로도 유명한 이솝의 지혜로운 우화. 사회의 현실에 존재하는 모순이나 불만을 의인화한 동물을 통해서 재미있게 풍자하고 있다. /Aesop 원작

18 고도를 기다리며 Waiting for Godot

현대의 고전이라고 인정받고 있는 이 작품은 소위 부조리극에 대한 세인의 관심을 **고조시켰다.** 사르트르가 최초의 완벽한 최비극이라고 부른 이 작품은 현대인을 자아를 상실하고 희망을 잃어버린 존재로 파악하는 실존주의의 기본적 전제와도 맥을 같이 한다. /Samuel Beckett 원작

19 주홍글씨 The Scarlet Letter

퓨리터니즘을 비판하고 죄와 벌의 문제를 진지하게 다루고 있는 작품. 심리 묘사의 탁월함과 구성의 치밀함 이외에도 헤스터의 참회, 칠링워드의 복수에 의한 자학 등 영혼에 대한 문제의식을 제기하고 있다. /Nathaniel Hawthorne 원작

20 아가사 크리스티 단편선 Agatha Christie's Short Stories

추리 소설의 여왕 크리스티가 창조한 포아로는 셜록 홈즈 이래 가장 뛰어난 사립 탐정으로 평가받는다. "명료하고 간결한 영어를 쓰는 그녀의 능력을 흠모한다."라고 영국의 전 수상 C.R. Attlee가 말할 정도로 표준 영어를 구사하는 크리스티의 걸작품. /Agatha Christie 원작

21 오 · 헨리 단편선 O.Henry's Short Stories

프랑스의 모파상과 러시아의 체홉과 더불어 트리오를 이루는, 뉴욕시의 서민들을 더없이 사랑한 단편소설의 귀재 오 · 헨리. 그는 타고난 이야기꾼으로서의 재능을 발휘하여 베르먼의 최후의 걸작인 마지막 잎을, 서로 친구 사이인 빔인과 순경의 이야기를, 가난한 젊은 부부의 애틋한 사랑을 재미있고 감동적으로 그리고 있다. /O. Henry 원작

22 러브 스토리 Love Story

출판 즉시 베스트 셀러 1위에 군림한 것은 물론 26개국에서 번역되어 세계 젊은이들을 흥분시켰고 영화화되어 젊은 연인들의 눈시울을 적셔 놓았던 「러브 스토리」 이 소설을 읽으면 "사랑이란 결코 미안하다는 말을 할 필요가 없는 것"이란 말을 이해할 수 있다. /Erich. Segal 원작

23 아이아코카 자서전 The Autobiography of Lee Iacocca

살아 있는 전설적 인물 리 아이아코카. 가난한 이주민의 아들로 태어난 그는 이제 미국의 다음 대통령 후보로까지 거론된다. 그의 성공의 비결은 무엇인가? 상식과 인간관계와 가정이라는 그의 트로이카를 날카로운 눈으로 조명해 가는 근면과 성실의 인간 아이아코카의 자서전. /Lee Iacocca 원작

24 누구를 위하여 종은 울리나 For Whom the Bell Tolls

헤밍웨이는 이 작품을 통하여 많은 기법상의 실험을 도입하고 있다. 순간순간의 장소의 바뀜, 내면 독백을 통한 의식의 흐름 수법, 시간의 흐름을 응축 내지 확장하는 기법, 수많은 상징의 사용 등은 작가의 끊임없는 모색의 자세를 보여주고 있다. /Ernest M.Hemingway 원작

25 이방인 The Outsider

살인죄보다는 사회의 규범을 어겼다는 죄로 사형을 언도받은 뫼르쏘. 까뮈는 뫼르쏘를 통해 사회의 궁극적 가치에 의문을 제기한다. 진정한 이방인은 정말 누구인가? 사회의 규범을 지키기 위해 자신을 속이는 자가 이방인인가? 아니면 자신의 이성을 따르는 자가 이방인인가?
/Albert Camus 원작

26 사과나무 外 The Apple Tree 外

노벨 문학상 수상 작가 골즈워디의 두 편의 사랑 이야기. 사과꽃이 만발한 아름다운 전원 풍경 속에서 펼쳐지는 짜릿한 첫사랑의 추억을 그린 「사과나무」, 인생의 황혼기에 새로운 불꽃처럼 타오르는 한 노인의 정열을 묘사한 「포사이트 노인의 마지막 청춘」. / John Galsworthy 원작

27 서밍업 The Summing Up

상상력이 뛰어나고 입심이 좋기로 유명한 인기 작가 모옴의 문학적 자서전. 모옴은 이 작품에서 문학 전반에 대한 자신의 견해를 그 누구보다도 우아하고 명쾌하며 확고하게 제시하고 있다. 그의 쉽고 자상하게 이야기하는 듯한 문장 때문에 독자는 모옴 자신을 직접 대하는 듯한 착각에 빠지게 된다.
/W. Somerset Maugham 원작

28 벤지 Benji

국내에서도 영화로 소개되어 선풍적인 인기를 끈 「벤지」. 벤지의 사랑과 모험의 세계가 흥미진진하게 전개되며, 인간과 동물 사이의 훈훈한 애정이 감동적으로 그려져 있다. /Allison Thomas 원작

29 세일즈맨의 죽음 Death of a Salesman

퓰리처상 수상작품인 「세일즈맨의 죽음」은 시간과 공간을 초월한 등장 인물들의 의식의 발전을 묘사하고 있다. 이를 위해 밀러는 실험적으로 시도한 현재와 과거의 동시 재현, 나뭇잎, 플루트 소리, 상상의 벽 등의 극작술을 이 작품에서 구사하고 있다. /Arthur Miller 원작

30 대 지 The Good Earth

펄벅여사의 퓰리처상과 노벨문학상 수상작. 왕룽은 노예 아란을 아내로 맞고, 홍수, 한발, 굶주림, 메뚜기의 내습, 그리고 폭동… 쉬지 않고 일만 하는 아란, 첩 연화와 이화, 의화단의 난, 신해혁명, 청국의 멸망, 국민당 창당, 공산당 창립… 언제 읽어도 큰 작품인 대하장편소설 / Pearl S.Buck 원작

31 영국 단편 걸작선 Great English Short Stories

음울함과 으시시함이 작품 전반에 흐르는 「신호수」, 쫓는 자와 쫓기는 자를 모델로 한 「다리 건너서」, 본능과 이성의 대립을 그린 「맹인」, 순수한 동심의 세계를 그린 「마술 상점」, 문명의 위선을 폭로한 「문명의 진초지」 등 다섯 편의 대표작 영국 단편. /C. Dickens/G. Greene/D. H. Lawrence/H. G. Wells/J. Conrad 원작

32 50가지 재미있는 이야기 Fifty Famous Stories

조지 워싱턴의 어린 시절의 일화, 킹립 시드니그의 용감한 죽음, 징기스칸의 사냥매에 얽힌 이야기, 나폴레옹의 이탈리아 진군, 쥴리어스 시저의 일화, 디오게네스와 소크라테스 사이의 일화, 윌리암 텔 이야기, 로빈 훗 이야기 등등 올바른 가치관을 제시해주는 감명과 교훈의 이야기들이 평이한 문체로 소개된다.
/James M.Baldwin 원작

33 죠스 Jaws
1974년 미국에서 출판된 이후 전세계적으로 베스트 셀러가 된 화제의 대작. 한여름 피서지에 출몰한 거대한 상어를 중심으로, 인간의 욕망과 그 한계, 나아가 궁극적인 인간 승리를 감명적으로 그리고 있다. 특히 이 작품에는 미국 구어체 표현이 담뿍 들어 있어 현대 영어를 공부하는데 있어 최적의 교재라 할 수 있다. /Peter Benchley 원작

34 셜록 홈즈 이야기 Sherlock Holmes Stories
명탐정 셜록 홈즈를 창조하여 영국은 물론이고 전세계적으로 많은 사람들에 의해 애독되는 코난 도일(Conan Doyle)의 명(名) 추리 단편선. 시험 바로 전날 시험지 원고를 잃어버린 교수의 이야기를 다룬 「세 명의 학생」을 비롯한 세 편의 작품에 작가 특유의 유머와 위트가 넘친다. /Sir Arthur Conan Doyle 원작

35 현대 英詩選 Selected Modern English Poems
세계시를 대표하는 영시. 현대 영시 최대의 시인으로 일컬어지는 예이츠, 현대 영시에 혁명적인 실험을 전개한 엘리어트(장시 「황무지」전재)등 20세기의 주요한 영시인 20명의 대표작 70여 편을 실었다. 30년간 대학에서 현대 영시를 강의해온 김종길 교수가 직접 번역과 함께 주석을 단 현대 영시의 교과서. /Thomas Hardy 外

36 모비 딕 Moby Dick
미국 문학의 고전으로 평가받는 이 작품은 죄와 구원의 문제 등을 여러 상징의 투영과 함께 본격적으로 다루고 있다. 단순한 고래의 이야기가 아니라, 인간과 자연과의 영원한 투쟁, 선과 악, 영과 육, 현재와 영원과의 대립 및 갈등을 음미하게 하는 대파노라마이다. /Herman Melville 원작

37 맨스필드 단편선 K.Mansfield's Short Stories
뉴질랜드 태생의 여류 작가 맨스필드의 걸작 단편 모음. 흔히 러시아의 안톤 체홉과 비교되는 그녀는 그녀 주변의 일상적 경험을 토대로 복잡미묘한 감성의 뒤얽힘을 시적 산문으로 그리고 있다. 천재적 시인인 맨스필드 특유의 여성적 섬세함을 유감없이 보여주는 작품집. /Katherine Mansfield 원작

38 역사란 무엇인가? What Is History?
역사철학의 새 지평을 연 노(老) 석학 카아 교수의 주옥같은 역사철학 입문서. 20세기의 두 차례 세계대전을 계기로 제기된 "역사란 과연 무엇이냐?"하는 의문에 답하여 역사의 본질을 평이한 문체로 풀어나간 명편. 전세계에서 널리 애독되는 이 책은 현대 지성인의 필독서이다. /Edward Hallett Carr 원작

39 인간의 굴레 Of Human Bondage
모옴의 대표작이자 반자서전적 소설인 「인간의 굴레」. 작가 자신의 반생을 그대로 추적한 영적 편력의 기록인 이 작품에는 인생에 대한 모옴의 예리한 통찰력이 번득인다. 모옴의 작품들은 영어학습에 있어서 필독서로 인식되고 있는 바 독자는 이 작품에서 문학적 감동과 아울러 어학적인 면에서도 크게 얻는 바 있을 것이다. /W.Somerset Maugham 원작

40 로렌스 단편선 D.H.Lawrence's Short Stories
현대의 물질 문명을 증오하고 자연의 본능으로서의 성애(性愛)로 돌아갈 것을 주장하는 「채털리 부인의 사랑」의 작가 로렌스. 이른바 '탐험의 문학가'인 로렌스의 작품 세계를 유감없이 보여주는 「건초더미 속의 사랑」과 「영국, 나의 조국」등 두 편의 작품이 소개된다. /David Herbert Lawrence 원작

41 욕망이라는 이름의 전차 A Streetcar Named Desire
퓰리처상 수상 작가 테네시 윌리엄즈가 쓴 이 작품은 전후 미국 드라마 중 최고의 걸작이라 평가받는다. 타락한 블랑쉬, 그의 여동생 스텔라, 그리고 여동생의 남편 스탠리가 벌이는 삼각의 갈등… 블랑쉬는 「욕망이란 이름의 전차」를 타고 정신병원으로 떠나버렸는가? 아니면 우리 가운데 아직 남아 있는가? /Tennessee Williams 원작

42 야성의 절규 The Call of the Wild
잭 런던은 생존 본능, 야성, 폭력이 지배하는 세계를 이 작품에서 그리고 있다. 먹느냐 먹히느냐의 치열한 경쟁에서 이겨낸 주인공 개(犬)인 벅은 결국 지배자가 된다. 그러나 벅은 황야에서 들려오는 야성의 소리에 유혹되어 늑대의 무리 속으로 들어가버린다. 거기에 담긴 의미는 무엇인가? 오늘날 유럽, 특히 소련의 독자들이 즐겨 읽는 소설. /Jack London 원작

43 사랑의 기술 The Art of Loving
이 책에서 저자는 시공을 초월한 인간의 사랑에 대한 체계적인 이론을 펼치고 있다. 아직도 사랑의 우연성 내지 기회성을 믿고 있는 현대인이 있는가? 사랑에는 일종의 기술이 필요한 것이 아닐까? 인간의 실존문제에 대한 유일한 답은 사랑인 것이다. 정신분석학자이자 사회철학자인 에릭 프롬의 역작. /Erich Fromm 원작

44 인간 희극 The Human Comedy

상업이 예술의 은인처럼 행세하는 것은 바람직하지 않다고 하여 퓰리처상을 거절한 용기있는 작가 사로얀 출판 즉시 Book of the Month Club의 추천도서가 된 이 작품은 자아의식에 눈뜬 인간 내면의 고뇌와 성인의 정신적 비애를 어린이의 눈을 통해서 조명하고 있다. / William Saroyan 원작

45 파리 대왕 Lord of the Flies

인간이 내면에 지니고 있는 악과 그 신비를 즐겨 다루는 윌리엄 골딩의 대표작. 이 우화소설에서 작가는 절해 (絶海) 의 고도에 남게 된 일단의 소년들을 통해 인간의 악한 일면을 교묘하게 파헤치고 있다. 노벨문학상 수상 작가인 골딩의 역작. / William G.Golding 원작

46 제인 에어 Jane Eyre

정열적인 기질의 고아 제인 에어, 심술궂은 숙모, 로드 기숙학교, 손필드 홀에서의 가정교사 생활, 저택주인 로체스터와의 사랑, 로체스터의 미친 부인, 그 부인이 걸어 있는 밀실, 그 집을 뛰쳐나와 광야를 걷는 제인, 리버즈 목사… 빅토리아 시대의 영국 사회에 있어서 제인 에어의 출현은 하나의 혁명이었다. 영국 소설 가운데 대표작의 하나인 「제인 에어」. / Charlotte Brontë원작

47 유리 동물원 The Glass Menagerie

무대의 시인 테네시 윌리엄스가 무대 위에 그려 놓은 쉬르리얼리즘의 시 「유리 동물원」. 작가는 촛불, 유리 동물, 일각수, 화재피난계단, 낡아빠진 축음기 등등의 무수한 상징과 이미지를 사용, 일가(一家) 가 현실에 대응하지 못하고 붕괴·이산되어가는 과정을 회상극의 형식으로 그려나간다. 왜 톰은 매일 밤 영화관에 가지 않으면 안되나? / Tennessee Williams 원작

48 갈매기 조나단 Jonathan Livingston Seagull

조나단 리빙스턴 시걸은 날기를 열망하는 갈매기이다. 자유와 삶의 의미를 찾아 자신에게 씌워진 제약을 깨고 나오는 갈매기의 모습에서 우리의 생활을 돌아보게 된다. 우리는|하루하루의 생활에 급급해서 삶의 진선한 의미를 잊고 살아가고 있는 것이나 아닐까? / Richard Bach 원작

49 헉슬리 단편선 A.Huxley's Short Stories

기지, 냉소, 그리고 주지주의의 귀재 헉슬리의 대표 단편 둘을 실었다. 자조에 가까운 통렬한 풍자를 미스터리식의 플롯에 담은 흥미진진한 「조콘다의 미소」. 소설의 형식에다가 본격적인 천재론(天才論) 과 음악이론과 수학이론을 전개해 나가는 희귀한 작품 「어린 아르키메데스」. 천재가 아닌 우리는 정말 'teachable animal' 에 불과하단 말인가? / Aldous Huxley 원작

50 행복의 정복 The Conquest of Happiness

행복에 이르는 길은 무엇인가? 저자는 이 책에서 읽히고 설킨 현대생활의 구조 속에서 인간이 앓는 불행을 치유할 수 있는 처방을 알려준다. 명확한 문장, 풍부한 어휘, 심오한 인도주의적 사상… 핵확산 금지운동의 선봉장이었으며, 미국의 월남정책을 강력히 반대했던 노벨 문학상 수상 작가 럿셀경의 명저. / Bertrand Russell 원작

51 채털리 부인의 사랑 Lady Chatterley's Lover

「채털리 부인의 사랑」은 단순히 성적 흥분을 유발시키는 포르노 문학과는 구별된다. 로렌스는 산업주의라는 서구의 백색 신화를 혐오했으며, 그것에 저항하기 위한 가장 적절한 '상징은 성(性) 이라고 인식했다. 이 작품에서 주목해야 할 것은 산업화의 병리적 현상에 대한 로렌스의 값진 통찰이다. / David Herbert Lawrence 원작

52 권력과 영광 The Power and the Glory

공산혁명 치하의 멕시코를 배경으로 펼쳐지는 선과 악, 기독교와 공산주의, 영과 육의 대결. 간음죄를 범한 알콜 중독자 위스키 신부는 결국 경찰에 의해 총살형을 당하나 자신의 고통을 통해 궁극적인 영적 승리를 쟁취한다. 그레엄 그린의 대표작이자 현대 기독교 문학의 금자탑. / Graham Greene 원작

53 역사 이야기 Glimpses of World History
- 네루의 옥중서한 -

인도 독립 운동 중 아홉차례나 투옥된 네루. 이 작품은 그가 여섯 번째의 옥중 생활에서 3년간에 걸쳐 무남독녀인 인디라 간디에게 쓴 서간집이다. 이 책에서 그는 서양 중심의 역사관을 배격하고, 세계를 올바르게 보는 눈을 뜨게 해주며, 위대한 정신력과 민족의식을 심어준다. 아버지로부터 이런 교육을 받은 인디라 간디는 나중에…. / Jawaharlal Nehru 원작

54 오만과 편견 Pride and Prejudice

서머셋 모옴이 세계 10대 소설의 하나로 선정한 「오만과 편견」. 발랄한 거동과 심리를 생동감 넘치게 묘사함으로써 여주인공 Elizabeth를 '영원한 여성' 으로 만들고 있는 것이 이 소설의 가장 큰 매력이 되고 있다. Mrs.Bennet와 Mr.Collins의 희극적인 요소도 이 소설의 재미를 더해주고 있다. / Jane Austen 원작

55 자유로부터의 도피 Escape from Freedom

이른바 "인간주의적 정신 분석"을 주장한 Erich Fromm. 그는 현대의 신경증이나 정신적 불안은 개인적인 정신 분석 요법으로는 치료될 수 없는 사회적 문제라고 보고, 사회구조의 변혁과 인간의 심리적 해방을 연결시키고 있다. 근대인에 있어서의 자유의 의미를 추구한 프롬의 역저(力著)./Erich Fromm원작

56 인형의 집 A Doll's House

근대극을 확립했을 뿐만 아니라 근대사상과 여성해방 운동에까지 절대적인 영향을 끼친 입센의 「인형의 집」. 인형 다루듯 자기를 귀여워하는 남편에 반발하여 뛰쳐나간 노라는 아직도 가정에 돌아오지 않았는가? 당신은 노라에게 박수갈채를 보내는가, 아니면 비난의 화살을 보내는가?/Henrik Ibsen 원작

57 무기여 잘 있거라 A Farewell to Arms

전쟁의 허무함과 고전적인 비련(悲戀)을 그 테마로 한 전쟁문학의 결작편. 이 작품은 행동의 작가 헤밍웨이 문학의 진수를 보여준다. 혼전(婚前) 임신과 출산, 전선 이탈자를 영웅시하는 것 등으로 질타를 받기도 했으나, 그 애틋한 사랑의 이야기는 모든 사람들의 가슴에 뭉클함을 안겨준다./Ernest M. Hemingway 원작

58 소유나 존재나? To Have or to Be?

삶의 양식을 「소유 양식」과 「존재 양식」으로 나누어 대조함으로써 생성·변화하는 인간의 동적인 존재를 분명하게 내세우고 있는 에릭 프롬의 역저. 그는 실천적 휴머니즘의 관점에서 인간 존재를 다루고 있다. / Erich Fromm 원작

59 달과 6펜스 The Moon and Sixpence

프랑스 화가 폴 고갱의 생애에서 암시를 받아 쓴 「달과 6펜스」는 인간이 만든 비속한 최저액의 화폐 '6펜스'와 인간의 흥망성쇠를 초연히 굽어 보는 '달'을 대조시킨다. 나이 40에 처자를 버리고 예술의 세계에 뛰어 들어 결국 나병에 걸려 처절한 죽음을 맞이하는 주인공 Strickland. 그를 통해서 우리는 예술의 힘이 얼마나 위대한 것인가를 점감하게 된다./W. Somerset Maugham 원작

60 허클베리 핀의 모험 The Adventures of Huckleberry Finn

프론티어 정신의 찬가인 「허클베리 핀의 모험」. 문명사회를 거부하고 인간의 위선으로 멍들지 않은 순수한 자연 속에서 모험을 즐기는 자연아(自然兒) 허클베리. 그의 맑은 두 눈은 문명 사회의 허위와 그 속에 묻혀 사는 인간들의 편협과 비정을 낱낱이 들추어 낸다./Mark Twain 원작

61 지킬 박사와 하이드씨 The Strange Case of Dr. Jekyll and Mr. Hyde

「지킬 박사와 하이드씨」는 이제 '이중 인격자'의 대명사가 됐다. 악을 저지르고 싶은 충동을 억누를 수 없는 주인공. 그는 자기를 변신시키는 어떤 약을 발명한다. 악의 충동을 자기로부터 분리시키기 위해서 제2의 육신을 이용한다. 그러나…. 인간성 안에 내재한 선과 악의 문제를 다룬 현대적 우화!/Robert Louis Stevenson 원작

62 그리고 아무 말도 하지 않았다 And Never Said a Word

1953년에 발표한 이 소설에서 하인리히 뵐은 전후의 빈곤, 주택난, 전쟁의 상흔으로 인한 허무주의, 부도덕한 사회상 등 자신의 보편적 주제를 다루고 있다. 한 부부의 narration으로 된 특이한 구성을 통해 부부 사이의 치밀한 심리 묘사와 섬세한 분위기를 꾀하고 있다./Heinrich Böll 원작

63 호밀밭의 파수꾼 The Catcher in the Rye

퇴학당한 홀든 콜필드는 술집을 전전한다. 창녀를 만난다. 걸거리를 방황한다. 미국 사회의 부조리를 고발한다. 어린 여동생 피비는 과연 그를 영원히 구원해줄 것인가? 그의 단 한 가지 소원은 호밀밭에서 놀고 있는 어린이들을 보호해주는 파수꾼의 역할이었다./J.D. Salinger 원작

64 키다리 아저씨 Daddy-Long-Legs

고아 소녀 Jerusha는 한 평의원의 후원으로 대학에 진학하고 그 대신 매달 한 번씩 대학생활을 그에게 편지로 알린다. 본 작품은 이 편지들을 모은 것이다. Jerusha는 고아이면서도 항상 웃음을 잃지 않고 이웃을 따뜻하게 대할 줄 아는 소녀. 그녀는 우리에게 건전한 인간상, 대학생상을 제시해준다. / Jean Webster 원작

65 슬픔이여 안녕 Bonjour Tristesse

19세에 「슬픔이여 안녕」을 내놓아 수초 같은 감동으로 전 세계인에게 충격을 준 사강. 그녀의 이 작품은 출판 수 개월만에 25만 부나 팔리면서 세계 각국이 다투어 번역했다. 17세 소녀 세실, 그녀의 40대 홀아버지, 새 어머니가 될 안느의 출현… 이들을 중심으로 펼쳐지는 애증의 드라마. /Françoise Sagan 원작

66 왕 룽 外 Wang Lung and Other Stories

늙은 사자 중국에 혁명이 일어나고 서구의 새로운 문명이 흘러 들어온다. 봉건적인 인습과 새로운 생활 풍습 사이에, 낡은 세대와 새로운 세대 사이에 이는 갈등과 증오. 빈한하면서도 끈질긴 중국인들의 생존. 펄 벅의 문제는 세밀하고, 펄 벅의 문학은 스케일이 크다. 동양을 사랑하는 펄 벅의 대표 단편선. /Pearl S.Buck 원작

67 프랑스 단편 걸작선 Great French Short Stories

인간의 냉혹한 복수심을 그린 Balzac, 실존주의 문학의 대표주자 Camus, 프랑스의 Dickens로 불리는 Daudet, 프랑스의 사실주의 문학을 탄생시킨 Maupassant, 프랑스 계몽기의 대표적 문학가 Voltaire, 비제의 오페라 「카르멘」의 자료를 제공한 Mérimée의 대표적인 단편들을 여기에 모았다. /H.Balzac/A.Camus/A.Daudet/ G.Maupassant/Voltaire/P.Mérimée 원작

68 독일 단편 걸작선 Great German Short Stories

철학과 음악의 나라 독일, 독일 문학은 철학적 심오함과 음악적 예술성을 함께 지닌다. 독일 근대 문학의 시조 호프만, 낭만주의의 대가 릴케, 현대 문학의 세 거봉 토마스 만, 헤세, 카프카의 단편들을 한데 묶어 독일 문학의 심오하고 예술적인 세계를 엿볼 수 있게 했다./E.T.A.Hoffmann/R.M.Rilke/T.Mann/H.Hesse/ F.Kafka 원작

69 꿈 속의 여인 外 The Dream Woman and Other Stories

Collins 작품의 가장 두드러진 특징은 하나같이 흥미진진하다는 점이다. 이야기의 구성, 분위기 설정, 인물의 배치 등 한번 잡으면 다 읽기 않고는 못배길 정도로 독자의 마음을 사로잡는다. 여기 수록된 4개의 단편은 이러한 면모를 가장 잘 보여 주는 Collins의 대표적 탐정·공포소설들이다. /William Wilkie Collins 원작

70 세익스피어 이야기 Tales from Shakespeare

세익스피어의 작품을 당시 영국의 최고의 문장가인 찰즈 램 남매가 개작한 「세익스피어 이야기」. 우리는 이 한 권의 책을 통해 세익스피어 특유의 현란한 은유와 직유를, 로미오와 줄리엣의 사랑의 비극을, 햄릿의 갈등을, 오델로의 질투를, 리어왕의 슬픔을, 맥베스의 비극을 맛보게 된다. /Charles and Mary Lamb 원작

71 영국 수필선 Selected English Essays

소위 'interbellum writers'의 작품들을 엄선했다. 일반론이 허용되지 않는, 철저히 개성적인 이들의 수필은 찰즈 램에서 비롯하는 영국수필의 전통을 대표한다. 유럽 문명과 세익스피어를 위시한 유럽 고전 문학에 대한 이해를 돕는 영국 수필 모음. /Alfred G.Gardiner/A.A.Milne/Robert Lynd/Gilbert K.Chesterton/Aldous Huxley 원작

72 킬리만자로의 눈 外 The Snows of Kilimanjaro and Other Stories

일종의 스토이시즘의 작가 헤밍웨이는 결국 권총 자살을 한다. 그의 죽음을 예시하거나 하는 듯한 「킬리만자로의 눈」, 회저(壞疽), 보기 흉한 독수리, 산꼭대기의 흰눈 … 등의 탁월한 상징 속에서의 작가의 자의식의 묘사, 폭력에의 묵묵한, 그리고 강인한 저항을 묘사한 「살인자들」. 우리는 헤밍웨이의 주옥같은 단편들을 읽으면서 그에게 반해버리지 않을 수 없다. /Ernest M.Hemingway 원작

73 행복한 왕자 外 The Happy Prince and Other Stories

유미주의 운동의 기수로서 영국에서 그 꽃을 피웠던 Wilde는 그의 독특한 역설로 인간의 메마른 마음에 애수와 연민의 아름다운 샘이 솟아나게 한다. 그는 인간 세태를 볼록렌즈에 비추어 너늦 파헤치는 힘이 있는 작가이다. 「행복한 왕자」를 비롯, 너무도 아름다운 이야기 여섯 편을 골라 실었다. /Oscar Wilde 원작

74 비 外 Rain and Other Stories

남양에 줄기차게 비는 내리고, 모든 정욕은 가두어져 있다. 곧 정욕이요 죽음인 비… "Rain." 환상적인 사랑과 실제적인 사랑은 그 거리가 얼마나 먼가를 여실히 보여주는 "Red." 정욕의 덧없음을 교묘한 이중 구조 속에서 묘사한 "Honolulu." 이 세 단편에서 우리는 모음의 진면목을 볼 수 있다. /W.Somerset Maugham 원작

75 구토 Nausea

1964년 노벨문학상을 거부해 화제가 됐던 사르트르. 그에 의하면 미래도 과거와 비슷하며, 역사는 무의미하고 인생은 우스꽝스럽다. 이 세상의 모든 것은 우연의 결과이며, 어느 누구도 존재해야 할 하등의 이유가 없다. 도대체 필연성이란 존재하지 않는 것이다. 우리는 무엇을 토해내야 하는가? / Jean Paul Sartre 원작

76 영국 낭만시선 Selected English Romantic Poems

낭만시는 실로 우리 마음의 영원한 고향이다. 거기에는 감성의 해방이 있고, 무한에의 동경과 이상이 있고, 질서와 논리에의 반항이 있다. 본서에서는 영국 낭만시의 선구적 시인인 Blake와 Bums, 본격적인 낭만시인인 Wordsworth, Coleridge 등 모두 11명의 주옥같은 작품들을 역주와 함께 수록했다. / William Blake 外

77 알리샤의 일기 外 Alicia's Diary and Other Stories
영국 리얼리즘 문학의 최고봉이며, "최후의 위대한 빅토리아인" 토마스 하디. 찰즈 다윈의 진화론을 신봉했던
그는 자연 속에 엄연히 도사리고 있는 숙명적 악의가 인간의 보잘것없는 저항을 좌절시켜버리는 것을 그리고
있다. 하디의 염세적 세계관과 숙명론을 보여주는 네 편의 중·단편을 실었다. /Thomas Hardy 원작

78 선샤인 Sunshine
16살에 부모의 반대에도 불구하고 데이비드와 결혼한 주인공 케이트. 그러나 케이트는 데이비드와 별거하고
산에서 만난 샘과 동거하다가 데이비드의 딸을 낳는다. 케이트는 암에 걸리고, 데이비드와 정식으로 이혼,
샘과 결혼식을 올린다. 죽음에 초연해지는 케이트. 케이트는 드디어… / Norman Klein 원작

79 야망의 계절(上) Rich Man, Poor Man
「젊은 사자들」의 작가 Irwin Shaw 가 그린 미국의 자화상이 바로 「야망의 계절」이다. 미국으로 이민 오기 위해
살인까지 하는 악셀 죠다쉬. 죠다쉬 집안의 유일한 희망인 루돌프, 불량배 톰은 십자가에 불을 지르고 집을
떠나고, 그리고 누이 그레첸은 많은 남성 편력을 가지고 있었지만… /Irwin Shaw 원작

80 야망의 계절(下) Rich Man, Poor Man
사회적으로 기반을 서서히 굳혀 자신의 야망을 펼치려는 루돌프. 그에게는 돈과 사랑과 명예가 뒤따르지만
톰은 또다시 방탕한 생활과 폭행의 대가로 미국을 떠나야 한다. 재능있는 연출가와 새 생활을 시작했던
그레첸은 다시 한번 이별의 슬픔을 맛보게 되고… 이 세 남매의 인생 행로는 어떻게 전개될 것인가?
/ Irwin Shaw 원작

81 위대한 개츠비 The Great Gatsby
가장 미국적인 소설이라고 일컬어지는 이 작품은 미국의 서부인들이 간직하는 소박한 American dream 이
동부의 Sophisticated cruelty에 부딪쳐 산산조각이 나는 모습을 그리고 있다. 프린스턴 대학 출신의 작가와 남부의
미녀 젤다세이어 부부의 방종과 사치는 당시의 미국 사회에서 커다란 화제였다. /F.Scott Fitzgerald원작

82 해는 또 다시 떠오른다 The Sun Also Rises
밝은 남국의 햇빛 아래 전쟁에서 상처입은 사람들의 메마른 허무감을 그린 헤밍웨이의 초기 대표작. 전쟁에서
부상을 당하여 성불구자가 된 제이크 반스, 역시 같은 전쟁경험을 가진 지원 간호부인 귀족부인 브레트와의
사랑, 낭비벽이 심한 그녀의 약혼자 마이크, 또 유태인이라는 열등감 때문에 괴로워 하는 로버트 콘. hard-
boiled 작가 헤밍웨이가 그려내는 대로망. /Ernest M. Hemingway원작

83 테스 Tess of the D'urbervilles
순결한 여성 테스는 악의에 찬 운명의 힘에 쫓겨 두 남자 사이에서 희롱당하다가 결국 교수형에 처해진다.
불가항력적인 의지(Immanent Will) 때문에 비극을 맞는 테스의 이야기는 19세기의 물질주의와 재래의 기독교적
신념을 거부한 작가 하디의 인간에 대한 깊은 연민을 보여준다. 그 비장함의 폭에 있어 그리이스 비극과도
흡사한 하디의 대표작. / Thomas Hardy원작

84 분노의 포도 The Grapes of Wrath
톰 조우드 일가내에 흐르는 따뜻한 시선들과 손길들, 살인경력을 가진 톰이 자기 가족에게 보이는 굳건한 사랑과
신념, 더 이상 사이비 설교사이기를 거부하고 인간적인 인간이 될것을 선언한 케이시, 톰의 어머니가 이 소박한
집단에 대해 보이는 뜨거운 애정은 병든 사회를 소생시키는 원동력을 제공한다. /John E. Steinbeck원작

85 이반 데니소비치의 하루 One Day in the Life of Ivan Denisovich
터부시되어 있는 소련의 강제 수용소의 내막을 폭로했을 뿐만 아니라, 19세기 러시아 문학의 전통을 잇는 본격
문학. 이 작품에서 러시아의 비극이며 공산주의 국가 소련의 치부를 묘사함으로써 솔제니친은 반(反) 에고이즘을
선언하여 노벨문학상을 획득했다. / Alexander Solzhenitsyn 원작

86 사건의 핵심 The Heart of the Matter
형이상학적 스릴러 작가 Graham Green. 그의 문학적 특질은 초자연적 신앙의 가능성으로서 악의 지배와 신의
사랑을 증명하려는 데 있다. 타인에 대한 책임과 연민이 빚어내는 인간 비극인 이 작품은 신에 대한 사랑과
인간에 대한 사랑 사이의 도덕적 갈등을 그린다. /Graham Greene원작

87 톰 소여의 모험 The Adventures of Tom Sawyer
부와 명예를 얻는다는 것, 즉 미국의 꿈(American Dream)에 대한 동경과 그에 대한 갈등을 다룸으로써 작가는
이 작품에서 대(對) 사회비평을 가하고 있다. 대표적 미국소설의 하나로서 솔직하고 따뜻한 인간의 채온을
풍자와 해학으로 나타낸 걸작편. /Mark Twain원작

88 첫사랑/잉여인간의 일기 First Love/The Diary of a Superfluous Man

"사랑의 가수" 혹은 "여성 심리의 명수"라고 평가받는 투르게네프. 미에 대한 섬세한 감각과 예술적 향훈이
충만하는 모범적인 문장들로 그는 이 두 작품에서 사랑스런 소년의 순진한 동경을, 사람과 사람 사이의
삼각관계를, 지성은 있으나 인생에 대한 싫증 때문에 잉여인간일 수밖에 없는 슬픔 사람들을 그리고 있다.
Ivan S. Turgenev원작

89 현대 美詩選 Selected Modern American Poems

미국시의 대부 휫트먼을 비롯, 미국 시의 4대 거인 프로스트, 스티븐즈, 윌리엄즈, 파운드, 그리고 H.D.
등의 디킨슨 이후의 4대 여류 시인, 랜섬 등의 신비평학파의 미국 남부시인, 로웰로 대표되는 고백파
시인들, 비트파, 아카데미파의 대표적 시인 저렐, 반(反)아카데믹의 기수 샤피로, 신초현실주의파, 뉴욕파 등
현대 미국시 69편을 역주와 함께 수록. /Walt Whitman 外 원작

90 야간 비행 Night Flight

쌩떽쥐뻬리는 리비에르라는 인물을 통해 지도자의 고독과 용기와 진정한 가치를 추구하는 강인한 의지를 보여
주고 있다. 캄캄한 밤 속에서 외롭게 투쟁하다 사라진 조종사 파비앙의 죽음 앞에서 리비에르가 맛보는 참담한
심정과 패배의식은 지도자만이 느낄 수 있는 고독이다. /Antoine de Saint Exupéry원작

91 안네의 일기 Anne Frank : The Diary of a Young Girl

영어 번역판만도 400만부 이상이 팔리고 연극, 영화화되어 많은 사랑을 받은 작품. 행복한 생활을 하던 안네의
가족은 게쉬타포에게 쫓겨 은신처로 숨어든다. 차츰 사랑에 눈을 뜨는 안네. 안네가 페터의 사랑을 확인하고
갈망하는 과정이 애틋하고도 풋풋하게 그려지고 있다. /Anne Frank 원작

92 주 예수의 생애/크리스마스 캐롤 The Life of Our Lord/A Christmas Carol

저자 자신의 사랑하는 자녀에게 읽히기 위해 신약 4복음서에 기록된 예수의 행적을 쉽게 풀어 쓴「주 예수의
생애」, 자린고비인 스크루지 영감의 회심(回心)을 통해 신비의 지경에까지 이르는 따뜻한 인간애를 그린
「크리스마스 캐롤」. /Charles Dickens원작

93 천로역정 The Pilgrim's Progress

주인공인 크리스챤은 사랑하는 처자를 떠나 등에 죄의 무거운 짐을 진 채, 한 손에 성서를 들고 고향인 멸망의
도시를 떠나 천성을 향한다. 아폴리온과 거인 절망을 만나고, 절망의 수렁, 죽음의 그늘 계곡, 허영의 시장을
만난다. 이 작품을 단순한 기독교적 메시지로만 간주해서는 안된다. /John Bunyan원작

94 러시아 단편 걸작선 Great Russian Short Stories

러시아문학에 사실주의를 확립시킨 푸쉬킨,「눈물 속의 미소」라고 스스로가 이름지었던 풍자를 통해 독자들의
마음에 경종을 울리는 고골리, 서정성이 풍부한 특자적 사회심리 소설을 쓴 투르게네프, 인간혼과 고뇌의 예술적
표현력으로 세계문학 속에 독보적인 지위를 차지하고 있는 도스토옙스키. 그들의 목소리는 순교자의 음성 바로
그것이다. /A.S.Pushkin원작

95 쥐덫 The Mousetrap

끝까지 읽지 않고는 도저히 배겨낼 수 없다. 1952년 초연(初演) 이래 오늘날까지 많은 나라의 무대에 올려져
관객의 손에 땀을 쥐게 한 추리소설의 여왕 크리스티의 대표작. 크리스티의 추리소설의 특징인 간결 명료한
영어와 특유의 치밀한 구성이 화합하여 이루어내는 기적을 맘껏 즐길 수 있도록 해준다. /Agatha Christie 원작

96 서양의 지혜/그리스도교 입문 The Wisdom of the West/An Introduction to Christianity

소피아 대학 영문과 교수인 피터 밀워드가 자신의 경험담을 곁들여 가며 서양의 격언을 동양인에게 소개하는
〈서양의 지혜〉는 곧 동양의 지혜이기도 하다. 주관적 취향의 문제가 아닌 객관적 진리의 문제로서의 종교를
부르짖는〈그리스도교 입문〉은 한번쯤 우리들의 현재를 반성케 한다. /Peter Milward, S. J. 원작

97 프랭클린 자서전 The Autobiography of Benjamin Franklin

피뢰침을 발명한 프랭클린은 미 독립선언문 기초위원이었다. 순전히 독학을 하고, 인쇄공으로부터 출발하여,
출판업자, 저술가, 신문발행인, 철학자, 외교관 등 실로 다방면에 걸쳐 명성을 날린 프랭클린. 그가 쓴〈자서전〉은
미국의 불후의 산문작품이다. 프랭클린은 선천적인 자유주의자였으며 전형적인 아메리칸이었다. /Benjamin
Franklin원작

98 더블린 사람들 Dubliners

Ezra Pound 가 발굴해낸 James Joyce 자신은「더블린 사람들」에 일관적으로 흐르고 있는 주제나 분위기가
마비(paralysis)임을 강조하고 있다. 그때그때에 따라, 소년의 환멸, 탈출의 욕구, 인간관계의 단절, 사랑을
두려워하는 이기주의 등으로 나타나는 이 마비는 엄청나게 새로운 세계를 제시한다. /James Joyce 원작

99 세계 최고 知性 36人이 말하는 21세기의 世界 (上) 36 Celebrities Say (上)

금세기의 세계적 석학들이 현대인들에게 선사하는 주옥같은 명언, 연설, 수필 모음. 아인슈타인, M. L. King, 간디, 솔제니친, 솔 벨로우, 사르뜨르, 토플러, 모리타 등 각 분야의 세계 최고 지성인들의 격조높은 글들만을 엄선해서 실었다. / M.L.king, Jr. 外 원작

100 세계 최고 知性 36人이 말하는 21세기의 世界 (下) 36 Celebrities Say (下)

금세기의 세계적 석학들이 현대인들에게 선사하는 주옥같은 명언, 연설, 수필 모음. 아인슈타인, M. L. King, 간디, 솔제니친, 솔 벨로우, 사르뜨르, 토플러, 모리타 등 각 분야의 세계 최고 지성인들의 격조높은 글들만을 엄선해서 실었다. / A. Toffler 外 원작

Microsoft®가 인증하고 YBM Si-sa 가 발행하는

MOUS Test

MOUS는 Microsoft가 세계적으로 인증하는 Word, Excel, PowerPoint, Access, Outlook 테스트입니다. 취업의 길을 활짝 여는 21세기 컴퓨터 능력 시험 MOUS에 완벽 대비하세요

Word 2000(일반 및 상급),
Excel 2000(일반), Excel 2000(상급),
PowerPoint, Access / CD-ROM 포함

"마우스 바이블을 공개합니다."
MOUS 족보공개

100% 적중률의 MOUS 족보공개!
바로 당신의 합격을 위해
YBM~시사가 발행한 정통 MOUS 대비서!
프로그램에 관한 모든 것이 총망라된 지침서로
평생 두고 두고 볼 수 있다.

Excel 2000(일반), Word 2000(일반)

"만점을 향해 돌진!"
MOUS 스피드 실전 테스트

시험을 앞두고 총정리와 모의 테스트가 필요한 사람,
합격은 물론 고득점을 노리는 사람에게 꼭 필요한 교재!
실제 시험과 똑같은 문제풀이 연습과 동영상 풀이과정까지
MOUS 모의 테스트 5회로 만점을 향해 돌진!

Excel 2000(일반), Word 2000(일반)

"왕초보를 위해 탄생!"
10일 완성 MOUS 정복하기

"나는 MS Office 프로그램을 어떻게 실행하는지도 모르는데..."
이런 왕초보를 위해 탄생한 MOUS 무조건 따라 하기!
딱 10일만 따라 하면 MOUS 감을 잡고
합격 방법까지 터득하는 마법의 교재.

완벽 대비 시리즈 전26권

Excel 2000(기초편), Excel 2000(심화편),
Word 2000(기초편), Word 2000(심화편)

"마우스 기초를 다져주는~"

MOUS 뛰어넘기

"글씨만 잔뜩! 무슨 말인지 하나도 이해할 수가 없네..."
이런 초보자들을 위해 기능 하나하나마다
화면과 함께 설명하여 이해도를 높이노록 구성하였다.
이제 MOUS 기초는 간단히 뗄 수 있다!

Windows 2000(일반 · 상급),
PowerPoint 2000(일반 · 상급),
Excel 2000(일반 · 상급), Word 2000(일반 · 상급),
Access 2000(일반 · 상급), Outlook 2000(일반 · 상급), Microsoft 발행 / CD-ROM 포함

"단계별로 차곡차곡 실력을 쌓자!"

Step by Step 단계별 공략

미국에서 개인 자습서로는 물론 최고의 강의 교재로 활용되는
Step by Step! 눈에 쏙 들어오는 깔끔한 디자인으로 핵심을
짚어주며, 과제 중심의 학습 방법으로 일상 생활에
바로 활용할 수 있는 실력을 키운다.

Excel 2000(일반), Word 2000(일반)

"나만의 마우스 선생님!"

MOUS STUDY GUIDE

미국에서 MOUS 준비서로 널리 알려진 Study Guide 시리즈!
제시된 학습 목표에 맞추어 모든 페이지들이
구성되어 있어 원하는 학습 내용을 쉽게 찾을 수 있다.
숨어 있는 엑셀과 워드의 고급 기능도 알려준다.

▶ 구입문의 (02)2000-0515

영한대역문고

1986년 12월 1일 초판발행
2010년 6월 1일 인   쇄
2010년 6월 5일 중쇄발행

 역 자 : ㈜ YBM)Si-sa 편집국
발행인 : 민   선   식

YBM)Si-sa

서울특별시 종로구 종로2가 55-1
TEL. (02) 2000-0515
등록일자 : 1964년 3월 28일
등록번호 : 제 1-214호

─────────────

＊낙장 및 파본은 교환해 드립니다.

인터넷 홈페이지 : http://www.ybmbooks.com